Bankinformatik-Studien

Herausgegeben von Professor Dr. Dieter Bartmann
Institut für Bankinformatik an der Universität Regensburg

Band 4

Titel der bisher erschienenen Bände

Band 1: B. A. KERSCHER
Telekommunikation
im Bankgeschäft
1998. ISBN 3-7908-1067-3

Band 2: M. KREUZER
Elektronische Bankvertriebswege
1998. ISBN 3-7908-1068-1

Band 3: C. STOCKMANN
Elektronische Bankfilialen
und virtuelle Banken
1998. ISBN 3-7908-1069-X

Christiane Fotschki

Kooperationen an der elektronischen Bank-Kunde-Schnittstelle

Mit 41 Abbildungen

Physica-Verlag
Ein Unternehmen
des Springer-Verlags

Dr. Christiane Fotschki
Beraterin bei Booz-Allen & Hamilton
Lenbachplatz 3
D-80333 München

ISBN-13: 978-3-7908-1085-1

Die Deutsche Bibliothek - CIP-Einheitsaufnahme
Fotschki, Christiane:
Kooperationen an der elektronischen Bank-Kunde-Schnittstelle /
Christiane Fotschki. -
Heidelberg : Physica-Verl., 1998
(Bankinformatik-Studien; Bd. 4)
ISBN-13: 978-3-7908-1085-1 e-ISBN-13: 978-3-642-47020-2
DOI: 10.1007/978-3-642-47020-2

Umschlaggestaltung: Claudia Binder, Graphikdesign, Erding
SPIN 10661670 88/2202-5 4 3 2 1 0 - Gedruckt auf säurefreiem Papier

Für meinen lieben Papi von ganzem Herzen

Vorwort des Herausgebers

Kreditinstitute gehören zu denjenigen Unternehmen, die einen hohen Anteil an Information innerhalb ihrer Wertschöpfungskette aufweisen. Wettbewerbsvorteile sind nur erzielbar, wenn die Informations- und Kommunikationsinfrastruktur auf dem neuesten technischen Stand ist und das notwendige IT-Know how vorhanden ist, ohne welches innovative Produkt- und Vertriebsideen nicht umgesetzt werden können. Darüber hinaus verlangt der Markt die nahtlose Integration der Finanzdienstleister in die Informationssysteme und in die IT-Infrastruktur der Kunden. Nicht zuletzt fordert der Markt umfassende Lösungen der Kundenprobleme.

Von einem Kreditinstitut kann dies in der geforderten Qualität nur dann geleistet werden, wenn es Kooperationen mit Soft- und Hardwareunternehmen, IT-Dienstleistungsunternehmen, mit Handels- und Dienstleistungsunternehmen und nicht zuletzt auch mit anderen Banken eingeht.

Für die Banken gewinnen damit Kooperationen verstärkt an Bedeutung. Die Beherrschung der Kooperationsprozesse wird selbst zu einer Kernkompetenz. Eine Zielrichtung ist Verbesserung der Produkt- und der Vertriebsstrategie. Die operationale Basis hierfür ist die elektronische Bank-Kunde-Schnittstelle. Deshalb ist es für Banken sehr wichtig zu verstehen, welchen Einfluß Kooperationsstrategien auf die elektronische Bank-Kunde-Schnittstelle ausüben.

Die von der Verfasserin untersuchten Fragestellungen lauten daher: In welchen Bereichen der elektronischen Bank-Kunde-Schnittstelle finden überwiegend Kooperationen statt? Wie sind sie ausgestaltet und welche Anreize und Wirkungen haben sie?

Im Rahmen des strategischen Managements der Banken sind die Entscheidungsträger gefordert, Kooperationsentscheidungen richtig zu treffen. Voraussetzung hierfür ist die genaue Kenntnis der bereits bestehenden Kooperationsstrukturen an der elektronischen Bank-Kunde-Schnittstelle. Das vorliegende Buch schafft diese Voraussetzung. Dabei stellt es einen engen Bezug zur Bankpraxis durch eine Vielzahl von Praxisbeispielen her.

Regensburg, im Juli 1997 Dieter Bartmann

Vorwort

Seit Mitte der achtziger Jahre hält Electronic Banking bei Banken Einzug. Mittlerweile können Kunden über eine Vielzahl elektronischer Bankvertriebswege - wie kartengestützte Zahlungssysteme, Telefonbanking oder Internet Banking - Bankmarktleistungen in Anspruch nehmen. Mit diesem verstärkten Einsatz von Informations- und Kommunikationstechnologien ist ein verändertes Chancen- und insbesondere Risikopotential verbunden. Nur wenige Kreditinstitute weisen zum gegenwärtigen Zeitpunkt die notwendige Leistungsfähigkeit auf, diesen Anforderungen alleine gerecht zu werden. Im Zuge einer strategischen Neuausrichtung werden Kooperationen mit Softwareunternehmen, IT-Dienstleistungsunternehmen und auch anderen Banken immer wichtiger.

Das Buch betrachtet den Einfluß von Kooperationsstrategien auf die elektronische Bank- Kunde-Schnittstelle.
Analysiert werden dabei die Ausgestaltung von Kooperationen, deren Anreize und Wirkungen. Dabei wird insbesondere auf die wesentlichen Bereiche der elektronischen Bank-Kunde-Schnittstelle, die Telekommunikation, der Elektronische Markt, das Automatenbanking sowie der Zahlungsverkehr eingegangen. Das Buch zeigt nicht nur die möglichen Synergieeffekte der Kooperationen auf, sondern weist auch auf mögliche Problemfelder hin.

Entstanden ist das Buch im Kompetenzzentrum Medien des Instituts für Bankinformatik an der Universität Regensburg. Projektpartner sind die Bayerische Vereinsbank, die Bayerische Landesbank, der Bayerische Sparkassen- und Giroverband sowie die SchmidtBank. Im Rahmen des Forschungsprojektes „Finanzdienstleistungen in der Informationsgesellschaft" untersucht das Kompetenzzentrum Medien die Auswirkungen der zunehmenden Einführung von IuK-Technologien an der Schnittstelle zum Kunden. Die vorliegende Arbeit stellt einen Teil dieses Gesamtforschungsauftrages dar.

Die vorliegende Arbeit hätte nicht entstehen können ohne das Engagement meines Doktorvaters, Herrn Prof. Dr. Dieter Bartmann. Ganz allein ihm ist es zu verdanken, daß das Institut für Bankinformatik in der heutigen Form praxisnahe Forschung betreiben kann. Herrn Prof. Dr. Dieter Bartmann gebührt daher mein herzlicher Dank. Nicht weniger danke ich Herrn Prof. Dr. Alexander Gerybadze für die Übernahme des Zweitgutachtens. Mit ihm ist untrennbar die „River Boat Party" verbunden. Ebenso möchte ich mich bei den Bankpartnern bedanken, ohne deren finanzielle Unterstützung das Institut für Bankinformatik nicht hätte gegründet werden können. Dies gilt auch für Frau Gabriele Matzinger, der guten Seele unseres Instituts. Ohne sie wäre unsere Arbeit und so manches Fest nur halb so schön geworden. Schließlich danke ich meinen Kollegen am Institut für Bankinformatik und speziell im Kompetenzzentrum Medien für das freundschaftliche und produktive Arbeitsklima.
Meinen Eltern danke ich dafür, daß ich eine unbeschwerte Kindheit erleben durfte.

Besonderer Dank gebührt meinem lieben Vater, der es schon sehr früh auf wundervolle Weise verstanden hat, mich zu motivieren und für etwas zu begeistern. Deshalb ist diese Arbeit speziell ihm gewidmet. Zu meinem tiefen Bedauern konnte er das Ende meiner Promotion nicht mehr miterleben.

Ein ganz lieber Dank geht auch an meinen Freund Michi: Ihm habe ich es zu verdanken, daß in dieser traurigen und arbeitsintensiven Zeit peu à peu wieder die Sonne schien.

Christiane Fotschki Regensburg im Juni 1997

Inhaltsverzeichnis

Abkürzungsverzeichnis

ACH	Automated Clearing House
ATM	Asynchronous Transfer Mode
BCS	Banking Communication Standard
BdB	Bundesverband deutscher Banken
BIC	Bank Identifier Code
BIK	Betriebswirtschaftliches Institut der Kreditgenossenschaften
BVR	Bundesverband der Deutschen Volks- und Raiffeisenbanken
CEN	Comité Européen de Normalisation
CHAPS	Clearing House Automated Payment System
CHIPS	Clearing House Interbank Payment System
CIM	Computer Integrated Manufacturing
CN	Corporate Network
Datex-P	Paketvermittelter Datendienst
DFÜ	Datenfernübertragung
DSGV	Deutscher Sparkassen- und Giroverband
DTA	Datenträgeraustausch
DTAZV	Datenträgeraustausch im Auslandszahlungsverkehr
Dvg	Hannover Datenverarbeitungsgesellschaft mbH
EAF	Elektronische Abrechnung Frankfurt
EDI	Electronic Data Interchange
EDIFACT	Electronic Data Interchange For Administration, Commerce and Transport
EFTPOS	Electronic Funds Transfer at Point of Sale
EG	Europäische Gemeinschaft
EITO	European Information Technology Observatory
EMV	Europay, Mastercard und Visa
EU	Europäische Union
EUFISERV	European Savings Banks Financial Services Company
FTP	File Transfer Protocol
GAA	Geldausgabeautomat
GSM	Groupe Speciale Mobile
GWB	Gesetz gegen Wettbewerbsbeschränkungen
GZS	Gesellschaft für Zahlungssysteme
HTML	Hypertext Markup Language
ISDN	Integrated Services Digital Network
ISO	International Standardization Organization
ISP	Internet Service Provider
KAD	Kontoauszugsdrucker
LAN	Local Area Network
MT	Message Type
PC	Personal Computer
POS	Point of Sale

S.W.I.F.T.	Society for Worldwide Interbank Financial Telecommunication
SB	Selbstbedienung
SCHUFA	Schutzgemeinschaft für allgemeine Kreditsicherung
SEPP	Secure Electronic Payment Protocol
SET	Secure Electronic Transactions
SIC	Swiss Interbank Clearing
STT	Secure Transaction Technology
TIPANET	Transfers Interbancaires de Paiements Automatisées
TK	Telekommunikation
TQM	Total Quality Management
VAS	Value Added Services
VÖB	Verband Öffentlicher Banken
VR	Volks- und Raiffeisenbanken
WWW	World Wide Web
ZKA	Zentraler Kreditausschuß
ZVDFÜ	ZahlungsVerkehrs-Datenfernübertragung

Übersicht

Das zentrale Problem

Mit der Einführung von Geldausgabeautomaten und Kontoauszugsdruckern Ende der siebziger Jahre begann in der Kreditwirtschaft der Einzug elektronischer Vertriebswege. Seitdem ist deren Bedeutung und damit auch die Bedeutung der elektronischen Bank-Kunde-Schnittstelle stark gestiegen. Inzwischen können Privatkunden Bankmarktleistungen über eine Vielzahl elektronischer Vertriebswege, wie kartengestützte Zahlungssysteme, PC-Banking, Telefonbanking und Automatenbanking, in Anspruch nehmen. In Kürze können Banktransaktionen auch über das Internet sicher durchgeführt werden. Im Firmenkundengeschäft ist die elektronische Initiierung von Zahlungstransaktionen schon zur Regel geworden.
Damit Kreditinstitute in Zukunft im Wettbewerb bestehen können, ist technologisches Know-how zwingend notwendig. Kurze Innovationszyklen bei neuen Technologien erfordern eine permanente Aktualisierung des Wissensstandes. Gleichzeitig steigen die Anforderungen an die Verfügbarkeit und Leistungsfähigkeit von Netzwerkkapazitäten. Mit der Internationalisierung der Wirtschaftsprozesse und der Globalisierung ganzer Branchen erlangt der Zugriff auf und das Management von länderübergreifenden Netzwerkkapazitäten für Banken eine fast existentielle Bedeutung.
Mit elektronischen Vertriebswegen sinken auch die Markteintrittsbarrieren von neuen Wettbewerbern. Die klassischen Filialbanken sind daher gefordert, gerade an der elektronischen Bank-Kunde-Schnittstelle durch eine attraktive Produktpalette, durch innovative Marketingkonzepte sowie durch Serviceleistungen die Kundenbindung zu sichern und zu erhöhen. Im Automatenbanking wird die Nutzung attraktiver Standorte im Zuge der Änderung der Kundenbedürfnisse im Privatkundengeschäft erfolgsentscheidend sein.
Nur wenige Kreditinstitute weisen zum gegenwärtigen Zeitpunkt die notwendige Leistungsfähigkeit auf, diesen Anforderungen alleine gerecht zu werden. Defizite bestehen vor allem bezüglich des technologischen Know-hows, der Netzinfrastruktur, beim Marktzugang und bei den Ressourcen (Finanz- und Personalressourcen). Über ein Netzwerk von Kooperationsbeziehungen können diese Defizite wesentlich reduziert werden. Im Automatenbanking erhalten die Banken über Kooperationen mit bankfremden Unternehmen Zugang zu attraktiven Standorten. Die Leistungsfähigkeit von Telekommunikationsdienstleistungen, sowohl als Inputfaktor für Bankmarktleistungen als auch als innovative Bankmarktleistung selbst, kann durch die Zusammenarbeit mit anderen Unternehmen wesentlich verbessert werden. Der Vertrieb von Bankmarktleistungen im Elektronischen Markt erfordert innovative Marketingkonzepte, die von Banken in der geforderten Qualität häufig allein nicht erbracht werden können. Darüber hinaus werden an der elektronischen Bank-Kunde-Schnittstelle und im Backoffice immer häufiger Integrationstechnologien eingesetzt, die allein schon durch ihren unternehmensübergreifenden Charakter Kooperationen erfordern.

Im schnellen Wandel der Technologien an der elektronischen Bank-Kunde-Schnittstelle sind Flexibilität, schnelle Reagibilität und insbesondere eine umfassende Lösung der Kundenprobleme erfolgsentscheidend. Kooperationen von Banken mit Soft- und Hardwareunternehmen, IT-Dienstleistungsunternehmen, mit Handels- und Dienstleistungsunternehmen und nicht zuletzt auch mit anderen Banken werden in Zukunft mehr denn je notwendige Voraussetzung sein, um erfolgreich im Wettbewerb bestehen zu können.

Zum Inhalt

Im Zentrum der Untersuchung stehen Kooperationen an der elektronischen Bank-Kunde-Schnittstelle. Ziel der Arbeit ist, die Ausgestaltung von Kooperationen an der elektronischen Bank-Kunde-Schnittstelle sowie deren Anreize und Wirkungen zu erarbeiten und darauf aufbauend mögliche Problemfelder aufzuzeigen. Auf der Grundlage der Ergebnisse sollen dann in einem zweiten Schritt Kooperationsstrukturen für die Bereiche Telekommunikation, Automatenbanking, Elektronischer Markt und Zahlungsverkehr abgeleitet werden.

Die vorliegende Untersuchung ist dazu in acht Kapitel gegliedert.

In Kapitel eins wird die Problemstellung aufgezeigt. Dazu werden die veränderten Rahmenbedingungen im Finanzdienstleistungssektor dargestellt und daraus die Notwendigkeit einer gesamtbankstrategischen Neuausrichtung abgeleitet. Im Kontext dieser Veränderungen gewinnen Kooperationsstrategien neben organisatorischen Anpassungsmaßnahmen eine wesentliche Bedeutung. Die Notwendigkeit einer gesamtbankstrategischen Neuausrichtung wird in Kapitel eins dargestellt, und darauf aufbauend werden die Kernfragestellungen der Untersuchung formuliert. Das Kapitel schließt mit einer Situationsanalyse von Kooperationen bei Banken.

Kapitel zwei schafft die begrifflichen Grundlagen. Dazu wird der Kooperationsbegriff spezifiziert sowie eine Klassifikation von Unternehmenskooperationen vorgenommen. Weiterhin betrachtet Kapitel zwei Kooperationsformen, Motive und Ziele von Kooperationen sowie Problemfelder und grenzt Kooperationen gegenüber anderen Koordinationsformen ab. Das Kapitel endet mit einer Einordnung von Kooperationsstrategien in das strategische Management.

Kapitel drei diskutiert die einzelnen Betrachtungsteilfelder der elektronischen Bank-Kunde-Schnittstelle anhand eines Gesamtmodells. Aus strategischer Sicht sind die Betrachtungsteilfelder Telekommunikation, Automatenbanking, Elektronischer Markt und Zahlungsverkehr von besonderem Interesse. Sie sind daher auch zentraler Gegenstand der vorliegenden Untersuchung. Kapitel drei erweitert den Kooperationsbegriff an der elektronischen Bank-Kunde-Schnittstelle und entwickelt einen Merkmalskatalog zur Beschreibung von Kooperationen an der elektronischen Bank-Kunde-Schnittstelle.
Dies schafft die Grundlage zur Untersuchung von Kooperationen an der elektronischen Bank-Kunde-Schnittstelle in den folgenden Kapiteln.

Kapitel vier untersucht Kooperationen im Teilfeld Telekommunikation. Es stellt die veränderte Wettbewerbssituation als bestimmenden Einflußfaktor auf die Bildung von Kooperationen im Telekommunikationssektor dar. Darauf aufbauend werden die branchenunabhängigen sowie die bankspezifischen Anreize für Kooperationen diskutiert. Die Arbeit untersucht aktuelle internationale und nationale Kooperationen im Telekommunikationssektor und leitet daraus spezifische Kooperationsstrukturen ab.

Kapitel fünf definiert und klassifiziert zunächst Kooperationen zwischen Banken und Nichtbanken bei Selbstbedienungsautomaten. Es stellt die Entwicklung von Standortkooperationen hin zum Automatensharing dar und diskutiert die jeweiligen Anreize und Wirkungen. Beim Automatensharing wird insbesondere auf die Bedeutung der richtigen Partnerwahl eingegangen und ein Kriterienkatalog für das Anforderungsprofil des Partners entwickelt. Anhand eines Praxisbeispiels werden die gewonnenen Erkenntnisse reflektiert. Daran anschließend werden Geldausgabeautomatenverbundsysteme als eine besondere Form von Kooperationen beim Automatenbanking diskutiert. Neben den Anreizen und Wirkungen wird auf die Kooperationsform und rechtliche Ausgestaltung sowie auf die Probleme der Zusammenarbeit bei Geldausgabeautomatenverbundsystemen eingegangen. Kapitel fünf endet mit einer Wettbewerbsbetrachtung der Verbundsysteme.

Kapitel sechs betrachtet Kooperationen im Elektronischen Markt. Ausgehend von der Darstellung der spezifischen Eigenschaften eines Elektronischen Marktes gegenüber klassischen Märkten wird zunächst die besondere Eignung Elektronischer Märkte für kooperative Unternehmensformen herausgearbeitet. Auf Basis dieser Erkenntnisse werden die Chancen und Risiken sowie die Gestaltungsanforderungen an virtuelle Unternehmen, virtuelle Banken, virtuelle Marktplätze sowie an Elektronische Marktplätze diskutiert. Für Banken als Anbieter im Elektronischen Markt ergeben sich aus den spezifischen Eigenschaften des Elektronischen Marktes und der Bankmarktleistungen selbst erschwerte Wettbewerbsbedingungen. Daher gewinnen Kooperationen zwischen Banken und Informationsdienstleistern, Online-Dienste-Anbietern und Internet Service Providern als Strategie zur Differenzierung von Mitbewerbern an Bedeutung. Sie werden in vorliegender Untersuchung deshalb vor allem hinsichtlich der resultierenden Differenzierungsvorteile diskutiert. Die gewonnen Erkenntnisse werden anhand eines Praxisbeispiels dokumentiert. Das Kapitel schließt mit einer Betrachtung von kooperativen Informationsagenturen und von Kooperationsstrategien bei Zahlungsverfahren für den Elektronischen Markt.

Gegenstand des siebten Kapitels ist der Zahlungsverkehr. Der nationale Zahlungsverkehr ist aufgrund seiner Zurechenbarkeit zu Systemtechnologien ein Bereich, in dem seit jeher Kooperationen eine wichtige Rolle spielen. Im Zuge der Internationalisierung und Technologisierung des elektronischen Zahlungsverkehrs gewinnen Kooperationen im Auslandszahlungsverkehr sowie bei kartengestützten Zahlungssystemen verstärkt an Bedeutung. Daher untersucht vorliegende Arbeit institutsspezifische Clearingnetze, Automated Clearing Houses sowie das Nachrichtenübermittlungssystem S.W.I.F.T.. Am Beispiel der elektronischen Geldbörse wird die Notwendigkeit kooperativen Handelns zwischen Banken, Herstellern und Verbrauchervertretungen dargelegt. Es zeigt sich, daß kartengestützte Zahlungssysteme Systemguteigenschaften aufweisen, bei denen das Kriterium der kritischen Masse Gültigkeit hat. Aus diesem Grunde bedarf es der Schaffung von Verbundsystemen. Dies wird am Beispiel von edc/Maestro diskutiert. Im letzten Teil des Kapitels wird der Kooperationsbedarf bei EDIFACT-Service-Centern aufgezeigt. Es wird deutlich dargelegt, daß die Aufteilung der Investitionskosten wesentliches Kooperationsmotiv ist und sich daher die Kooperation als Strategie insbesondere für kleinere, regional strukturierte Banken empfiehlt.

In Kapitel acht werden die Hauptergebnisse der Untersuchung abschließend dargestellt und in Beziehung zueinander gesetzt. Über alle Betrachtungsteilfelder hinweg wird eine Gesamtsystematik der Kooperationsstrukturen erarbeitet und auf Grundlage dieser sowie der Schlußfolgerungen aus der Analyse der Teilfelder die zentralen Aussagen der Gesamtuntersuchung abgeleitet. Es wird aufgezeigt, in welchen Themenfeldern weitergehender Forschungsbedarf besteht.

Vorgehensweise und Informationsgrundlage

In den Kapiteln, die die Betrachtungsteilfelder untersuchen, wurde zur Beantwortung der Kernfragen eine unterschiedliche Vorgehensweise gewählt.
Anlaß hierfür ist, daß in den Betrachtungsteilfeldern Automatenbanking, Elektronischer Markt und Zahlungsverkehr die Anreizstrukturen stark differieren. Damit ergeben sich unterschiedliche Wirkungen und Problemfelder. Deshalb empfiehlt sich eine separate Vorgehensweise. So werden beispielsweise im Automatenbanking die zu untersuchenden Kooperationen weiterhin in Standortkooperationen, Automatensharing und Geldausgabeautomatenverbundsysteme unterschieden.
Beim Betrachtungsteilfeld Telekommunikation, das in seinen Wirkungen auf die Bankstrategie und die Bank-Kunde-Schnittstelle eher globaler zu betrachten ist, ist eine weitergehende Differenzierung nicht erforderlich.
Bei der Informationsbeschaffung zur Erstellung der vorliegenden Untersuchung wurden unterschiedliche Quellen benutzt:

- Literaturstudium: Grundlage der Untersuchung bildet die verfügbare wissenschaftliche Literatur über Kooperationen und Banken. Daneben stützt sich diese Untersuchung aufgrund ihres Aktualitätsgrades auf diverse Publikationen in Fachzeitschriften, im World Wide Web, auf bankinterne Veröffentlichungen, Kongreßunterlagen sowie auf Herstellerinformationen.
- Experteninterviews: Zur Erstellung dieser Untersuchung wurden diverse Interviews mit Experten von Banken, Systemlieferanten, Technologieunternehmen und Telekommunikationsunternehmen geführt. Diese sind in einem gesonderten Verzeichnis aufgeführt.
- Kundenbefragung: Einige quantitative Aussagen dieser Untersuchung stützen sich auf empirische Erhebungen bei Bankkunden und Experten, die im Rahmen des Projektauftrages am Institut für Bankinformatik durchgeführt wurden.

1 Problemstellung und Situationsanalyse

1.1 Problemstellung

1.1.1 Veränderte Rahmenbedingungen erhöhen den Kooperationsbedarf

Die Rahmenbedingungen im Finanzdienstleistungsmarkt haben sich in den letzten Jahren deutlich verändert. Wirtschaftliches Handeln vollzieht sich in einem globalen Umfeld, die Erträge von Banken sind gesunken, neue Wettbewerber treten verstärkt in den Finanzdienstleistungsmarkt ein und Qualität und Zeit bestimmen immer mehr die Wettbewerbsposition der einzelnen Bank. Im Zuge dieser Entwicklung etablierten sich neben dem Filialvertrieb und dem Außendienst auch elektronische Vertriebswege. Ebenso ist ein Bedeutungszuwachs von Kooperationsstrategien im elektronischen Bankgeschäft festzustellen. Im folgenden sollen diese veränderten Rahmenbedingungen als Ursache für die steigende Bedeutung der elektronischen Bank-Kunde-Schnittstelle und der sich dabei zeigenden Kooperationsstrategien dargestellt werden.

Veränderungen des weltwirtschaftlichen Umfeldes

Der Abbau von Handelshemmnissen, der EU-Binnenmarkt, neue Kommunikationstechnologien, billigere Verkehrsmittel sowie die politischen und wirtschaftlichen Umstrukturierungen osteuropäischer Länder haben zu einer Globalisierung der Wirtschaft geführt. Während bis vor kurzem noch die Märkte der Triade Europa, USA und Japan als Wachstumsmärkte betrachtet wurden, sind dies zunehmend Asien, Lateinamerika und Osteuropa.[1]
Diese wachsende internationale Verflechtung läßt sich anhand der Entwicklung der deutschen Direktinvestitionen im Ausland nachvollziehen. So sind die mittelbaren und unmittelbaren Direktinvestitionen aller Wirtschaftszweige im Zeitraum von 1991 bis 1993 um über 30% angestiegen.[2] Die Direktinvestitionen von Banken sind mit einer überdurchschnittlichen Wachstumsrate von 52% im Zeitraum von 1991 bis 1993 angewachsen.[3] Dieser Trend betrifft sowohl den Vertrieb von Bankmarktleistungen als auch den Leistungserstellungsprozeß von Bankmarktleistungen. Teilbereiche der Leistungserstellung werden zentralisiert und zum Teil an ausländische Standorte verlegt. Wesentliche Gründe hierfür sind die vorhande-

[1] Bis zum Jahr 2000 prognostiziert die Weltbank, daß unter den 15 größten Industrienationen neun Staaten sein werden, die heute noch als dritte Welt Länder gehandelt werden [o.V. 1995h, S. 120].

[2] Von 26010 Millionen DM in 1991 auf 33905 Millionen DM in 1993 [vgl. o.V. 1995i, S. 14-15].

[3] Von 2495 Millionen DM in 1991 auf 3813 Millionen DM in 1993 [vgl. o.V. 1995i, S. 14-15].

nen Kernkompetenzen sowie die Konzentrationstendenzen.[1]
Für Banken hat diese Internationalisierung zwei wesentliche Konsequenzen. Zum einen wird die Kapitalbeschaffung internationaler, zum anderen müssen die Kreditinstitute verstärkt dem internationalen Handeln ihrer Kunden gerecht werden. Daher werden internationale Finanzdienstleistungen, wie z.B. der grenzüberschreitende Zahlungsverkehr oder länderübergreifend einsetzbare Cash Management-Systeme, verstärkt nachgefragt. Im Zuge dieser Entwicklung gewinnen auch neue Bankmarktleistungen, wie das Anbieten von Telekommunikationsdienstleistungen, an Bedeutung. Hier werden neue Geschäftsfelder für Banken entstehen. Gleichzeitig wird zunehmend Know-how von Seiten der Bank in Hinblick auf Kultur, Recht und Steuergesetzgebung des jeweiligen Investitionslandes gefordert sein. Um diesen Anforderungen gerecht werden zu können, verstärken Banken die Zusammenarbeit mit ausländischen Banken und Unternehmen. In anderen Branchen - insbesondere im produzierenden Gewerbe - setzte dieser Trend zu Kooperationen bereits schon früher ein. Kürzere Produktlebenszyklen und damit einhergehend kürzere Amortisationszeiten erforderten Risikoteilung und die Realisierung von Economies of Scale. Banken und Versicherungen folgen diesem Trend erst später. Aufgrund der Immaterialität von Bankmarktleistungen und dem fehlenden Patentschutz [Süchting 1990, S. 702] sind Produktinnovationen leicht kopierbar, so daß kooperative Entwicklungen in diesem Bereich nur geringfügige Wettbewerbsvorteile versprechen.
Durch die Globalisierungstendenz zeigt sich eine Umkehr dieser Situation. Eine Vielzahl von Kooperationen bei Banken sind als Antwort auf die Globalisierungstendenzen der Kunden zu sehen. Im Zuge des international verstärkten Wettbewerbs innerhalb der Finanzdienstleistungsbranche hängt die Wettbewerbsposition der einzelnen Bank jetzt nicht mehr nur von den internen Fähigkeiten ab, sondern verstärkt auch von den Beziehungen zu anderen Unternehmen. Kooperationen werden daher - unter dem Gesichtspunkt der Internationalisierung - zu einer Kernkompetenz von Banken [Bronder 1993, S. 20].

Veränderte Ertragssituation der Banken

Die Ertragssituation der Banken hat sich im Laufe der letzten 10 Jahre deutlich verschlechtert. Die Eigenkapitalrentabilität[2] als Kennziffer für den Erfolg einer Bank ist, wie Abb. 1-1 zeigt, von 1983 bis 1994 beständig gesunken und liegt Ende 1994 nur noch bei 11,83% [o.V. 1995e, S. 32].

---

1 So hat die Deutsche Bank ihr gesamtes internationales Investmentbanking Geschäft zu Morgan Greenfell nach London ausgelagert, in Singapore wurde ein Center of Competence für das Electronic Banking gegründet. Für die Zukunft ist daher damit zu rechnen, daß Banken verstärkt in den Wachstumsmarkt Telekommunikation einsteigen werden und gleichzeitig Centers of Competence bilden.

2 Die Eigenkapitalrentabilität bezeichnet den Jahresüberschuß vor Steuern in Prozent des Eigenkapitals.

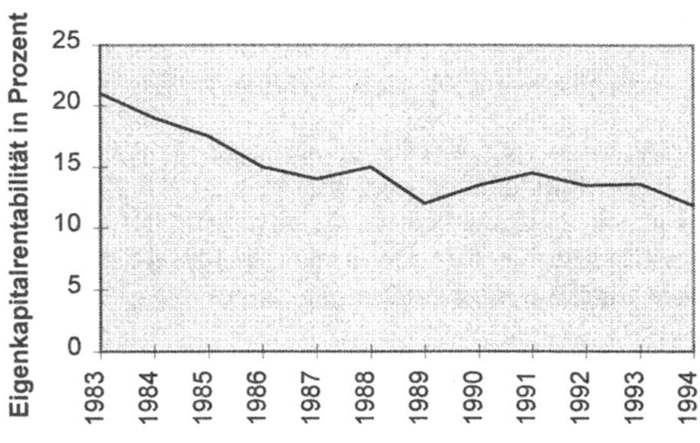

Abb. 1-1: Entwicklung der Eigenkapitalrentabilität bei deutschen Kreditinstituten in Prozent

Die Ursachen hierfür sind - neben der Aufstockung des Eigenkapitals vieler Kreditinstitute [vgl. o.V. 1995e, S. 32] - in einer veränderten Wettbewerbssituation und damit einhergehend in einer veränderten Kosten- und Ertragssituation der Banken zu suchen.

Als Indikator für die Kosten- und Ertragssituation der Banken können die drei bestimmenden Größen der Gewinn- und Verlustrechnung, der Zins- und Provisionsüberschuß[1] der Banken sowie die Höhe des Verwaltungsaufwandes, herangezogen werden. Sowohl der Zins- und Provisionsüberschuß als auch der Verwaltungsaufwand der Banken sind absolut betrachtet angestiegen. Allerdings sind bis Ende 1992 die Kosten stärker angestiegen als die Erträge. In der Literatur wird dies häufig als Kosten- und Erlösschere bezeichnet. Ursache hierfür sind auf der Ertragsseite eine Verringerung der Margen, eine preisbewußtere Kundschaft, die zunehmend ihre Einlagen in höherverzinsliche Anlagen umschichtet [vgl. Priewasser 1994, S. 101] sowie neue, stark marktzinsabhängige Anlageformen, wie die ab August 1994 zugelassenen Geldmarktfonds [Schultze-Kimmle 1994, S. 76] [vgl. o.V. 1995e, S. 23]. Sie alle führen zu einer Verteuerung der Passivseite.

Seit 1987 hat die verstärkte Nachfrage nach höherverzinslichen Anlagen, wie Aktien, festverzinslichen Wertpapieren und Investmentzertifikaten, zu einem starken Wachstum des Provisionsüberschusses beigetragen, wobei jedoch die Wachstumsrate gesunken ist.[2] Setzt sich diese Tendenz fort, ist für die Zukunft mit einem sinkenden Provisionsüberschuß zu rechnen. Die bereits einsetzende Konkurrenz durch Finanzinstitute, die über neue Kommunikationstechnologien Wertpapiere zu geringeren Kosten anbieten [vgl. o.V. 1995e, S. 25], wird langfristig zu niedrigeren Provisionssätzen führen. Am stärksten sind hiervon zunächst die Großbanken betroffen, da ein großer Anteil ihres Ertrages provisionsabhängig

[1] Als Provisionsüberschuß wird die Differenz aus Provisionserträgen und -aufwendungen bezeichnet.

[2] Während sich der Provisionsüberschuß von 1992 auf 1993 noch um 16% erhöhte, stieg er 1994 nur noch um 2% an.

ist.[1] Sparkassen und Raiffeisenbanken, die einen Großteil ihres Ertrages aus dem zinsabhängigen Geschäft erwirtschaften, werden dann betroffen sein, wenn zukünftig verstärkt auch Sondersparformen über Direktvertriebswege angeboten werden.
Bis 1992 ist der Verwaltungsaufwand stärker als der Zins- und Provisionsüberschuß gewachsen. Für diese Entwicklung sind vor allem die hohen Sach- und Personalkosten verantwortlich. Die Sachkosten, die etwa 70% der Personalkosten deutscher Kreditinstitute betragen, sind in den letzten Jahren vor allem aufgrund hoher Ausgaben für die Informationsverarbeitung angestiegen [vgl. Hammes 1994, S. 275].
Ab 1993 hat sich die vielzitierte Kosten- und Erlösschere der Banken wieder geschlossen. Neben der Erhöhung des Zinsüberschusses ist der gedämpfte Anstieg des Verwaltungsaufwandes, insbesondere der Komponente Personalaufwand,[2] für diese Entwicklung verantwortlich. Das geringere Wachstum des Personalaufwandes ist neben einem moderaten Anstieg der Vergütungen auf den verstärkten Einsatz von Kundenselbstbedienung zurückzuführen. Gleichzeitig haben die Kreditinstitute versucht, ihre Kosten durch Outsourcing von Teilaktivitäten, durch den Eingang von Kooperationen und durch den Zusammenschluß zu größeren Einheiten zu senken. Wie Abb. 1-2 zeigt, hat die Anzahl der Kreditinstitute im Betrachtungszeitraum - mit Ausnahme der durch die deutsche Wiedervereinigung bedingten Erhöhung im Jahre 1990 - stetig abgenommen.
Einher mit dieser Entwicklung geht seit 1987 eine Verringerung der Zweigstellendichte. Im Jahre 1994 wurden in Deutschland bereits 397 Zweigstellen geschlossen [o.V. 1995d, S. 104]. Laut einer Studie von Arthur D. Little sollen bis zum Jahr 2000 etwa ein Drittel der Zweigstellen wegfallen.

Mit dem weiteren Ausbau elektronischer Vertriebswege werden die Kosten der Banken weiter reduziert. Jedoch führen die erhöhte Transparenz zwischen den Bankangeboten[3] und die geringeren Gebühren für elektronisch abgewickelte Bankgeschäfte tendenziell zu einem weiteren Sinken der Margen. So werden durch den Ausbau elektronischer Vertriebswege die Kosten zwar gesenkt, der Ertrag jedoch ebenfalls geschmälert.

---

[1] Der durchschnittliche Provisionsüberschuß (über alle Bankengruppen hinweg) beträgt etwa 20% des Zinsüberschusses. Während er bei Großbanken bei ca. 40% des Zinsüberschusses liegt, beträgt er bei Kreditgenossenschaften nur etwa 14% [vgl.o.V. 1995e, S. 35].

[2] Hierzu haben die moderaten Tarifabschlüsse von 2,3% in 1994 in Westdeutschland beigetragen [vgl.o.V. 1995e, S. 26].

[3] Beispielsweise wird durch intelligente Finanzsoftware oder elektronische Agenten ein einfacher Konditionenvergleich zwischen den Banken ermöglicht.

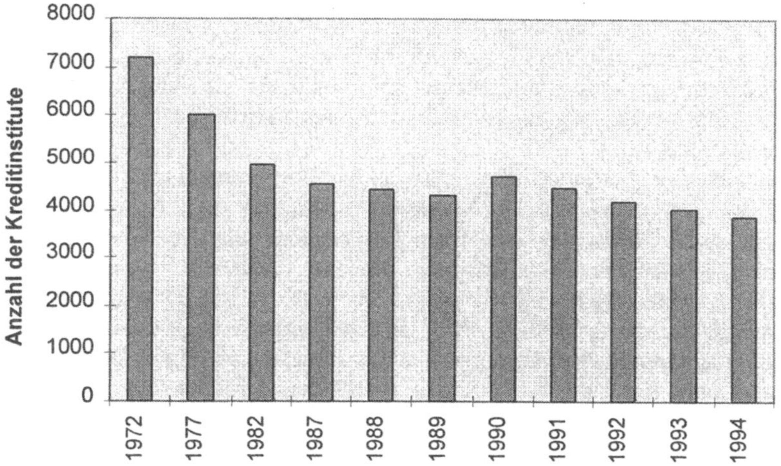

Abb. 1-2 : Entwicklung der Kreditinstitute in Deutschland zwischen 1972 und 1994

Neue Wettbewerber durch sinkende Markteintrittsbarrieren

Elektronische Vertriebswege sowie im Zuge der Liberalisierung fallende Telekommunikationskosten senken die Markteintrittsbarrieren ins Bankgeschäft. Damit erleichtert sich der Markteintritt für ausländische, überregionale und branchenfremde Anbieter sowie für neue Anbieter, wie z.B. für Direktbanken. Unter Direktbanken sind dabei Banken zu verstehen, die mit Kunden über Formen des Telebanking[1] kommunizieren und dabei mindestens einen Vertriebsweg anbieten, der im Einflußbereich des Kunden liegt (Telefax, Telefon, T-Online).[2] Unter Direktbanken fallen beispielsweise die sogenannten Discount Broker. Diese bieten Wertpapiergeschäfte an, allerdings ohne Beratung. Beiden ist gemein, daß sie als Vertriebsweg elektronische Medien nutzen, deren Investitionskosten und laufende Kosten im Vergleich zum stationären Filialbetrieb geringer sind. Die niedrigeren Kosten können in Form von niedrigeren Gebühren an die Kunden weitergegeben werden und führen damit zu einem Wettbewerbsvorteil gegenüber den Filialbanken. Im Zuge dieser Entwicklung werden die Standortvorteile regional strukturierter Filialbanken reduziert.

Für den Vertrieb von Bankmarktleistungen über elektronische Medien eignen sich standardisierte Produkte, die sich durch einen niedrigen Grad an Erklärungsbe-

[1] Ein elektronischer Bankvertriebsweg ist als Kommunikationskanal zwischen Bank und Kunde aufzufassen. Die Kommunikation erfolgt über Kommunikationsendgeräte auf Seiten des Kunden und auf Seiten der Bank. Befindet sich das Kommunikationsendgerät im Einflußbereich des Kunden, so spricht man von Telebanking [Kreuzer 1996, S. 14ff.].

[2] Banken, die ausschließlich über Automatenbanking und Briefverkehr mit ihren Kunden in Kontakt treten, sind nach dieser Definition keine Direktbanken.

dürftigkeit auszeichnen. Direktbanken bieten daher gegenwärtig vor allem einfach strukturierte Bankmarktleistungen an. Mit fortschreitender technischer Entwicklung werden in Zukunft aber auch komplexere Produkte über elektronische Medien vertrieben werden können. Zwischenformen, etwa im Rahmen des semipersonalen Vertriebs über Videokonferenzsysteme, etablieren sich bereits. Direktbanken werden somit langfristig auch in klassische Geschäftsfelder der Universalbanken vordringen können.
Universalbanken reagieren auf diese Entwicklung und gründen eigene Direktbanken. Bei der Umsetzung von Direktbankstrategien sind zwei Ausprägungen zu beobachten. Beim Differenzierungsansatz kommt es zu einer Auslagerung der neu gegründeten Direktbank. Beim Integrationsansatz, der seltener vorzufinden ist, wird die neue Technologie und Vertriebsstrategie in die bereits bestehende Bank integriert [vgl. Bartmann 1995, S. 6ff.].[1] Während Großbanken über ausreichend personelle und finanzielle Ressourcen zur Konzeption und Implementation einer Direktbank, eines Discount Brokers oder zur Nutzung des Internet als Vertriebsplattform verfügen, sind gerade kleinere Kreditinstitute aus dem Genossenschafts- und Sparkassenbereich auf Kooperationen innerhalb der eigenen Institutsgruppe angewiesen.[2]

Liberalisierung und Deregulierung der Finanzmärkte

Der Globalisierungsprozeß der Wirtschaft führt neben dem Abbau von Zoll- und Handelshemmnissen auch zu einem Abbau von Regulierungsmaßnahmen im Bankgeschäft [Büschgen 1993, S. 300]. Zu nennen sind hier die Deregulierungstendenzen in den USA mit der Errichtung einer Banken-Freihandelszone, die Abschaffung der Quellensteuer sowie die Öffnung der deutschen Finanzmärkte für innovative Finanzierungsformen.
Im Rahmen der Vollendung des Europäischen Binnenmarktes ergeben sich durch die Erste und die Zweite Bankrechtskoordinierungsrichtlinie Erleichterungen im Zulassungsverfahren für eine EU-weite Tätigkeit der Banken, die zu Einsparungen bei den Regulierungskosten für Banken führen [vgl. Klöppelt 1994, S. 65]. Die in der Zweiten Bankrechtskoordinierungsrichtlinie geregelte Niederlassungs-

---

[1] Als Beispiele für den Differenzierungsansatz sind die Bank 24 (Tochter der Deutschen Bank), Comdirect (Tochter der Commerzbank) sowie ConSors (Tochter der SchmidtBank) zu nennen. Demgegenüber ist die Dresdner Bank, die intern diversifizierte Angebote je nach Vertriebsweg anbietet, dem Integrationsansatz zuzurechnen [vgl. o.V. 1995j, S. 20].

[2] Diese Entwicklung zeigt sich bereits. So haben die Bayerischen Genossenschaftsbanken das „Konto Direkt" entwickelt. Dabei handelt es sich um ein Direktvertriebskonzept, bei dem die Kunden der verschiedenen Volks-und Raiffeisenbanken bei einer zentralen Orderannahme ihre Wertpapiergeschäfte zu Discountpreisen tätigen können, wobei durchaus regionale Vermarktungsunterschiede der einzelnen Primärinstitute bestehen können [vgl. o.V. 1995k, S. 35]. Auch die bayerischen Sparkassen beabsichtigen die Gründung einer Servicegesellschaft. Diese Gesellschaft, die gemeinsam vom Bayerischen Sparkassen- und Giroverband (BSGV) und den regionalen Datenverarbeitungsgesellschaften getragen wird, bietet eine einheitliche Telefonnummer sowie einheitliche Produktbezeichnungen. Die Kontoführung bleibt weiterhin bei den jeweiligen Sparkassen [o.V. 1995l, S. 24]. Es zeigt sich, daß beide Konzepte dem Integrationsansatz folgen.

und Dienstleistungsfreiheit für Banken aus EU-Staaten ermöglicht es den Finanzdienstleistungsinstituten, Bankmarktleistungen auch in allen übrigen EU-Staaten anzubieten.[1]
Um in ausländische Finanzdienstleistungsmärkte einzutreten, können die Banken dabei mehrere Strategien verfolgen - die Akquisition, die Beteiligung, die Kooperation oder den Alleingang, wobei entweder der Aufbau eines eigenen Geschäftsstellennetzes oder die Entwicklung einer eigenen Telebankingstrategie möglich sind [vgl. Kajüter 1994, S. 197]. Gegenwärtige Entwicklungen auf dem deutschen Finanzdienstleistungsmarkt zeigen, daß die deutschen Großbanken sowohl die Akquisitions-, Beteiligungs- als auch die Kooperationsstrategie wählen. Bei Genossenschafts- und Sparkasseninstituten ist aufgrund ihres Regionalitätsprinzips überwiegend die Kooperationsstrategie zu beobachten [vgl. Klöppelt 1994, S. 70]. Der Aufbau einer ausländischen deutschen Präsenz über Formen des Telebanking ist eher selten. Mit der steigenden Bedeutung des Elektronischen Marktes wird sich dies jedoch ändern. Demgegenüber ist auf dem deutschen Finanzdienstleistungsmarkt bereits zu beobachten, daß einige große ausländische Banken, wie z.B. die Barclays Bank oder die Banco de Santander, das Telebanking als Markteintrittsstrategie gewählt haben.
In Zukunft ist damit zu rechnen, daß Telebanking an Bedeutung gewinnen wird. Telebanking wird - genauso wie die sinkenden Regulierungskosten und die Niederlassungs- und Dienstleistungsfreiheit - zu einer weiteren Zunahme der Finanzdienstleistungsanbieter im EU-Binnenmarkt führen - auch aus dem Nichtbankenbereich und banknahen Bereich - und damit den Wettbewerb weiter verschärfen [vgl. Klöppelt 1994, S. 65].

Zunehmende Bedeutung der Faktoren Qualität und Zeit

Mit der Intensivierung des Wettbewerbs - durch elektronische Medien, neue Anbieter und den EU-Binnenmarkt - wird die Dienstleistungsqualität immer mehr zum strategischen Erfolgsfaktor bei der Differenzierung gegenüber Mitbewerbern [Stauss 1995, S. 11]. Die zunehmende Qualitätsorientierung vieler Dienstleistungsunternehmen, wie Banken, Versicherungen und Beratungsunternehmen, zeigt sich durch die steigende Anzahl von Zertifizierungen, i.d.R. nach DIN EN ISO 9000 [Wolf 1995, S. 16].[2]
Als Managementkonzept für Qualität hat sich dabei das Total Quality Management (TQM) durchgesetzt [Stauss 1995, S. 11].[3] TQM, das als Managementinstrument im Güter-Produktionsprozeß bereits schon früher eingesetzt wurde und langsam auch in Banken eingeführt wird, zielt auf die kontinuierliche Verbesserung und Sicherstellung der Qualität des Erstellungsprozesses von Bankmarktlei-

---

[1] Lt. der Zweiten Bankrechtskoordinierungsrichtlinie ist dabei eine Anpassung der Leistung an die jeweilige nationale Gesetzgebung nicht erforderlich [Klöppelt 1994, S. 67].

[2] ISO 9000 ist eine Zertifizierungsnorm, nach der die Qualität des Produktionsprozesses gesichert wird.

[3] Es handelt sich bei TQM um eine Führungsphilosphie und eine System von Prinzipien und praktischen Instrumenten, mit deren Hilfe die Effizienz der internen Prozesse und die Qualität der Produkte und Dienstleistungen kontinuierlich verbessert werden sollen, um eine optimale Bedürfnisbefriedigung der Kunden zu ermöglichen [Stauss 1995, S. 11].

stungen sowie der angebotenen Bankmarktleistungen selbst ab. Im Mittelpunkt der Qualitätsorientierung steht die konsequente Ausrichtung der Bank auf die Anforderungen des Kunden. Denn die Kundenzufriedenheit ist die wesentliche Voraussetzung für den ökonomischen Erfolg einer Bank. Inwieweit die Bank die Kunden durch die Bankmarktleistungen zufriedenstellen kann, ist dabei auch von der Qualität der innerbetrieblichen Prozesse abhängig. An der Schnittstelle zum Kunden wird die Gesamtqualität durch die Teilbereiche Produktqualität, Beratungsqualität und Kommunikationsqualität [vgl. Böhnke 1995, S. 30] sichtbar. Teilleistungen, in denen Banken keine Kernkompetenzen aufweisen, können möglicherweise besser durch externe Partner erbracht werden. In diesen Bereichen sind Kooperationen empfehlenswert.
Gleichzeitig gewinnt der Faktor Zeit beim Erstellungsprozeß von Bankmarktleistungen sowie bei der Generierung von Bankmarktleistungsinnovationen an Bedeutung. Häufig können nur die ersten im Markt bedeutende Marktanteile erzielen. Die Entwicklung beispielsweise beim Telefonbanking bestätigt diese These.[1] Realisierungen im Alleingang sind häufig zeitintensiver, da der unternehmensinterne Know-how-Aufbau Zeit in Anspruch nimmt. Daher empfehlen sich unter Reaktionszeitgesichtspunkten Kooperationen als Umsetzungsstrategie.

Von der Produkt- zur Problemlösung

Das ausschlaggebende Kriterium für die Produkt- und Beratungsqualität eines Kreditinstituts ist das bedarfsgerechte Angebot für die Kunden. Die Kunden akzeptieren langfristig weder ein Produkt, welches aufgrund spezifischer Vertriebsvorgaben verkauft werden soll, noch möchten sie nur ein Produktangebot pro Produktsegment.
Vielmehr benötigen sie eine Lösung für ihr Problemfeld „Finanzbedarf". Für Kreditinstitute bedeutet dies, daß individuelle Problemlösungen in Form von Produktbündeln gegenüber den reinen Produktangeboten an Bedeutung gewinnen werden. Zentrale Voraussetzung ist dabei die genaue Analyse des Finanzbedarfs der Kunden. Pro Produktsegment werden zukünftig unterschiedliche Produkte, je nach Kundenanforderung, angeboten werden. Um diesen Bedarf an individuellen Lösungen zu decken, wird in Zukunft stärker als bisher die Zusammenarbeit mit anderen Unternehmen, etwa mit Investmentgesellschaften, Versicherungen und Informationsanbietern zur Abrundung des Allfinanzangebotes, erforderlich werden.

Information als zentraler Produktionsfaktor

Informationen sowie deren wachsende Verbreitung und Verarbeitung über elektronische Medien sind entscheidende Charakteristika fortgeschrittener Gesellschaften. Der Wert einer Information hängt von der Art ihrer Verwendung und den vorgegebenen Zielen ab [Heinen 1991, S. 250]. Er kann durch das Hinzufü-

[1] Die Citibank, als erste im Jahre 1990 im Markt, erzielte durch ihr frühzeitiges Agieren einen bedeutenden Imagegewinn, bedingt durch die Qualitätsverbesserung ihrer Vertriebswege und eine bedeutende Anzahl an Neukunden. Sämtliche Nachfolgerbanken konnten nur einen geringen Neukundenzuwachs durch das Telefonbanking erzielen.

gen, Selektieren, Aggregieren, Konkretisieren oder Weglassen verändert werden. Die Effizienz von Unternehmen hängt zunehmend von der Aufbereitung, Verarbeitung und Verteilung von Informationen sowie deren schneller Verfügbarkeit ab. Daher wird Information auch als ein zentraler Produktionsfaktor neben Boden, Rohstoffen, Kapital und Arbeit bezeichnet [Stock 1995, S. 15]. Dieser Wandel betrifft insbesondere diejenigen Unternehmen, die einen hohen Anteil an Information innerhalb ihrer Wertschöpfungskette aufweisen. Dazu zählen Medienkonzerne, Information Broker, Banken und Versicherungen. Für sie ist die Information sowohl Bestandteil des Produktionsprozesses als auch Bestandteil ihrer Produkte und Dienstleistungen, oder auch eigenständiges Produkt. Denn zunehmend entwickelt sich das Anbieten von Informationen als eigenständiger Geschäftsbereich bei Banken. Unter der Bezeichnung „Information Banking“ bieten Banken ihren Kunden unter Einsatz moderner Kommunikationstechnologien Informationen (in Reinform oder in aufbereiteter Form), wie Bilanzanalysedaten, Branchendaten oder volkswirtschaftliche Daten, an [Dolzanski 1994, S. 2]. Durch diese neuen Bankmarktleistungen und die bankübergreifenden Kommunikationsinfrastrukturen verlieren traditionelle Marktsegmentierungen und Branchenstrukturen an Bedeutung [vgl. Szyperski/Klein 1993, S. 195]. Der Wettbewerb verschärft sich. „Wenn in zunehmendem Maße die Generierung, Bereitstellung, Be- und Verarbeitung von Informationen die wesentliche Wertschöpfung von Banken darstellt, dann sind im Retailbereich die Quelles, Metros und Bertelsmänner dieser Welt prädestiniert, in den Wettbewerb mit Banken einzusteigen, wobei die aufsichtsrechtlich notwendige Banklizenz lediglich ein Ausstattungsmerkmal einer organisatorischen Einheit in dem jeweiligen Großkonzern darstellt“ [Kauermann 1994, S. 9]. Damit gewinnt die interne und besonders die externe Informationslogistik[1] für Banken an strategischer Bedeutung. Der schnelle Zugriff auf externe Informationsquellen [vgl. Claußen 1995, S. 32] im Rahmen eines Netzes von Kooperations- und Vertragsbeziehungen mit Herstellern, Dienstleistungsunternehmen, Nachrichtendiensten, etc. als Teil einer Differenzierungsstrategie wird für Banken somit immer wichtiger [vgl. Szyperski/Klein 1993, S. 195]. Demgegenüber werden sich Kooperationen zwischen Banken mit dem Ziel der Informationsbeschaffung aufgrund des hohen strategischen Stellenwertes, den die Information für die einzelne Bank einnimmt, auf wenige Bereiche beschränken. Ein solcher Bereich ist beispielsweise das Kreditgeschäft, wo durch die Einrichtung der SCHUFA[2] das Kreditausfallrisiko aller daran beteiligten Banken und Unternehmen reduziert werden konnte.

---

[1] Unter Informationslogistik werden die betrieblichen Funktionen einer umfassenden Steuerung und Koordination von Informationsströmen in der Unternehmung und ihrem Umfeld sowie die Nutzung der Informationsströme zur Koordination wirtschaftlicher Prozesse bezeichnet [vgl. Szyperski/Klein 1995, S. 187].

[2] Die Schutzgemeinschaft für allgemeine Kreditsicherung (SCHUFA) ist eine Gemeinschafteinrichtung der kreditgebenden Wirtschaft. Es gibt in der Bundesrepublik Deutschland 13 regionale SCHUFA-Gesellschaften, die in der Vereinigung der deutschen Schutzgemeinschaft für allgemeine Kreditsicherung e.V. zusammengeschlossen sind. SCHUFA-Gesellschaften sind Sparkassen, Banken, Volksbanken, Raiffeisenbanken, Teilzahlungsinstitute sowie Einzel- und Versandhandelsunternehmen [Grill/Perczynski 1993, S.197].

1.1.2 Bedeutung von Kooperationen im Kontext einer gesamtbankstrategischen Neuausrichtung

Dieser Strukturwandel in der Bankbranche führt zu einer verschärften Wettbewerbssituation. Für Banken entsteht Handlungsbedarf in mehreren Richtungen.

- Die neue Wettbewerbssituation erfordert eine Anpassung der Gesamtbankstrategie.
- Die Unternehmensorganisation muß den strukturellen Veränderungen Rechnung tragen. Prozeßorientierte Ansätze werden an Bedeutung gewinnen. Diese tragen dem Erfordernis nach Problemlösungen besser Rechnung. Gleichzeitig wird die projektorientierte Arbeitsweise immer wichtiger.
- Die technische Infrastruktur muß diesen veränderten Bedingungen angepaßt werden.

Für Banken ergibt sich damit eine insgesamt neue Geschäftsarchitektur. Dabei gewinnen Kooperationen im Rahmen der Neuausrichtung der Gesamtbankstrategie verstärkt an Bedeutung. Die Ursachen für die steigende Bedeutung von Kooperationen im Bankwesen ergeben sich aus den veränderten Rahmenbedingungen. Im wesentlichen sind die steigende Internationalisierung des Bankgeschäftes, die zunehmende Bedeutung von Informations- und Kommunikationstechnologien, insbesondere von Systemtechnologien, sowie die durch den steigenden Wettbewerbsdruck erforderliche Notwendigkeit der Differenzierung gegenüber Mitbewerbern für diese Entwicklung verantwortlich. Im Verlauf der vorliegenden Untersuchung zeigt sich, daß auch vermehrt Marketingaspekte beim Einsatz elektronischer Vertriebswege für das Entstehen von Kooperationen verantwortlich sind.

1.1.3 Kernfragestellungen der Untersuchung

Die vorliegende Untersuchung entstand im Kompetenzzentrum Medien des Instituts für Bankinformatik an der Universität Regensburg. Projektpartner sind die Bayerische Vereinsbank, die Bayerische Landesbank, der Bayerische Sparkassen- und Giroverband sowie die SchmidtBank. Grundlage für diese Arbeit bildet ein Projektauftrag, aus dem sich die Kernfragen dieser Arbeit ableiten. Im Mittelpunkt des Projektauftrages steht die elektronische Bank-Kunde-Schnittstelle. Die Entwicklung der elektronischen Bank-Kunde-Schnittstelle wird von einer Reihe wichtiger Einflußfaktoren bestimmt. Zu nennen sind die Kundenpräferenzen, die technologische Entwicklung, das Wettbewerbsumfeld sowie die gewählten Bankziele und Strategien. Diese Kräfte wirken einzeln oder in Wechselwirkung auf die verschiedenen Teilfelder der elektronischen Bank-Kunde-Schnittstelle ein.
Die vorliegende Untersuchung betrachtet den Einfluß von Kooperationsstrategien auf die elektronische Bank-Kunde-Schnittstelle. Ziel ist dabei, folgende Kernfragen zu beantworten:

- In welchen Bereichen der elektronischen Bank-Kunde-Schnittstelle finden überwiegend Kooperationen statt?
- Wie sind diese Kooperationen ausgestaltet?
- Welche Anreize und Wirkungen haben diese Kooperationen?

- Lassen sich für die einzelnen Teilfelder der elektronischen Bank-Kunde-Schnittstelle Kooperationsstrukturen ableiten?

Die Betrachtung der Kooperationsstrategien beschränkt sich hauptsächlich auf Universalbanken. An Stellen, an denen Kooperationen auch eine besondere strategische Bedeutung für Direktbanken und Non&Near Banks haben, wird die Untersuchung auch auf diese Finanzdienstleistungsunternehmen ausgeweitet.
Dabei haben die untersuchten Kooperationen sowohl Auswirkungen auf das Privatkunden- als auch auf das Firmenkundengeschäft. Die Untersuchung teilt in Betrachtungsteilfelder auf. In den einzelnen Betrachtungsteilfeldern kann dabei das Wirkungsausmaß auf das Privat- bzw. Firmenkundengeschäft durchaus unterschiedlich sein.

1.2 Situationsanalyse: Kooperationen bei Banken

1.2.1 Kooperationen zwischen nationalen Banken

Nachdem die Problemstellung dargestellt wurde und die Kernfragestellungen der Untersuchung erarbeitet wurden, soll zum Abschluß des ersten Kapitels nun gezeigt werden, wie heute Kooperationen zwischen nationalen und internationalen Banken sowie zwischen Banken und Nichtbanken aussehen.
Kooperationen zwischen nationalen Banken existieren bereits in vielfältiger Ausprägung. Eine Vielzahl von Kooperationen sind im Bereich einzelner Institutsgruppen vorzufinden. Im Rahmen dieser sektorbezogenen Kooperationspolitik werden Teilaufgaben an die jeweilige Verbandsorganisation übertragen und in Abstimmung mit den jeweiligen Primärinstituten von dieser wahrgenommen [vgl. Priewasser 1992, S. 101]. Zu den Kreditinstitutsverbänden mit bundesweitem Tätigkeitsfeld zählen der Bundesverband deutscher Banken, der Deutsche Sparkassen- und Giroverband, der Bundesverband der Deutschen Volksbanken und Raiffeisenbanken sowie der Verband öffentlicher Banken.[1] Die Verbände übernehmen die Informationspolitik (z.B. über ordnungspolitische Normen, die Entwicklung des Bankenmarktes und anderer Branchen) für die ihnen angeschlossenen Kreditinstitute, die Interessensvertretung in der Öffentlichkeit sowie bei den Sparkassen- und Genossenschaftsverbänden die Revision und das gemeinsame Marketing. Für die Zahlungsverkehrsabwicklung haben die einzelnen Institutsgruppen eigene Gironetze aufgebaut.
Bei den Genossenschafts- und Sparkasseninstituten haben die Verbände und ihre Rechenzentren aufgrund der häufig sehr kleinen Betriebsgröße der Primärbanken eine besonders hohe Bedeutung. So erfolgt der Liquiditätsausgleich zwischen den einzelnen Primärinstituten des Sparkassen- und Genossenschaftssektors in den institutseigenen Clearing-Zentren, d.h. den Girozentralen bei den Sparkassen sowie bei der DG Bank. Die Rechenzentralen übernehmen die Datenverarbeitung

[1] Darüber hinaus zählen der Verband der Deutschen Freien Öffentlichen Sparkassen, der Verband deutscher Hypothekenbanken, der Bankenfachverband sowie der Verband der Auslandsbanken in Deutschland dazu [vgl. Priewasser 1992, S. 101].

für die angeschlossenen Institute und sind darüber hinaus für die technologische Entwicklung der Institutsgruppe zuständig.
Die institutsübergreifende Zusammenarbeit der Verbände erfolgt im Zentralen Kreditausschuß (ZKA).[1]
Darüber hinaus konzentriert sich die nationale Zusammenarbeit der Banken auf den Bereich des Zahlungsverkehrs. Die gesamte deutsche Kreditwirtschaft hat institutsübergreifend die GZS Gesellschaft für Zahlungssysteme zur Abwicklung von Kredit- und ec-Karten gegründet, an der die Privatbanken und Sparkassen zu je 40% und die Kreditgenossenschaften zu 20% beteiligt sind [Grill/Perczynski 1993, S. 124].

1.2.2 Kooperationen zwischen internationalen Banken

Seit der Etablierung des EU-Binnenmarktes beschäftigen sich die Banken verstärkt mit der Planung von Internationalisierungsstrategien. Allen voran haben Mitte der achtziger Jahre die Großbanken begonnen, ausländische Repräsentanzen aufzubauen. Strategische Überlegungen führten zum Kauf ausländischer Banken mit einem großen Geschäftsstellennetz, zur Beteiligung an ausländischen Banken sowie zur Bildung von Kooperationen mit ausländischen Partnern. In welchem Umfang die deutschen Banken im Ausland aktiv wurden, zeigen folgende Zahlen: So stieg in der Zeit von 1985 bis Mitte Juni 1995 die Anzahl der Kreditinstitute mit Auslandsfilialen von 23 auf 61 an. Die Zahl der Auslandsfilialen erhöhte sich von 99 in 1985 auf 152 im Juni 1995 [vgl. Klöppelt 1994, S. 69] [vgl. o.V. 1996a, S. 38]. Die einzelnen Institutsgruppen haben dabei unterschiedliche Strategien verfolgt. Die Großbanken - allen voran die Deutsche Bank - haben zunächst zahlreiche ausländische Banken - hauptsächlich in Europa - aufgekauft und sind dann in einer zweiten Phase verstärkt Kooperationen eingegangen.[2] Das Aktionsfeld der Sparkassen im internationalen Markt ist demgegenüber beschränkter. Aufgrund ihres öffentlichen Auftrages, des Regional- und Verbundprinzips, der öffentlichen Rechtsform, dem Grundsatz der Gemeinnützigkeit und ihrer beschränkten finanziellen und personellen Ressourcen sucht die Sparkassenorganisation vor allem über Kooperationsabkommen mit ausländischen Partnerinstituten den Einstieg in

---

[1] „Der Zentrale Kreditausschuß (ZKA) ist eine Arbeitsgemeinschaft der Spitzenverbände der Kreditwirtschaft. Diese sind der Deutsche Sparkassen- und Giroverband (DSGV), der Bundesverband der Deutschen Volks- und Raiffeisenbanken (BVR), der Bundesverband deutscher Banken (BdB) sowie die Postbank und der Verband öffentlicher Banken. Die erste Sitzung des ZKA fand 1953 statt. Als Arbeitsgemeinschaft hat der ZKA keine eigene Geschäftsadresse. Im jährlichen Wechsel übernimmt einer der drei großen Spitzenverbände die Federführung des ZKA, d.h. vertritt ihn nach außen und leitet die Zusammenkünfte in seinen Geschäftsräumen. 1996 hat der BdB und 1997 der BVR den Vorsitz im ZKA" [Source 1995a, S. 157].

[2] So ist beispielsweise die Dresdner Bank eine enge Kooperation mit der Banque Nationale de Paris und der London and Manchester Group eingegangen. Über die Gründung von Joint Ventures in verschiedenen europäischen Ländern wollen die drei Banken in den wichtigsten europäischen Kernländern sowie an allen europäischen Finanzplätzen präsent sein [vgl. Klöppelt 1994, S. 70].

das internationale Privat- und Firmenkundengeschäft [vgl. Klöppelt 1994, S. 72].[1] Auch die Landesbanken, die insbesondere das Auslandsgeschäft der Sparkassen abwickeln sollen, haben ausländische Tochtergesellschaften gegründet oder sind Joint Ventures eingegangen. Eine ähnliche Strategie verfolgen die genossenschaftlichen Primärinstitute sowie deren Zentralbanken. Um ihren Vorteil, in der Fläche präsent zu sein, weiter auszubauen, streben die Genossenschaftsbanken Präsenzen im Ausland an, die hauptsächlich über Kooperationsverträge realisiert werden. Beispiele hierfür sind das Unico-Banking sowie der VR-Kooperationsservice für mittelständische Unternehmen, der Firmenkunden Informationen über ausländische Branchen, Partnerbanken, etc. zur Verfügung stellt [vgl. o.V. 1995m]. Neben diesen institutsinternen Kooperationen, die hauptsächlich der Stärkung der eigenen Institutsgruppe dienen, existieren auch zahlreiche institutsübergreifende Kooperationen, die häufig der technischen Abwicklung dienen, so z.B. im internationalen Auslandszahlungsverkehr. Hier wurde beispielsweise 1973 der Nachrichtenübermittlungsdienst S.W.I.F.T. als Kooperation aus 239 Gründungsbanken aufgebaut (vgl. 7.3.3).

1.2.3 Kooperationen zwischen Banken und Nichtbanken

Darüber hinaus haben Banken ihre Allfinanzangebote durch Kooperationen mit Versicherungen und Investmentgesellschaften erweitert. Sie haben damit u.a. auf den zunehmenden Erfolg von Finanzdienstleistungsunternehmen, wie MLP und Allgemeiner Deutscher Wirtschaftsdienst, reagiert, die über ein umfassendes und vergleichsweise objektives Produktangebot verfügen und den Kunden im Sinne einer Problemlösung Produkte unterschiedlicher Kooperationspartner anbieten.
In Zukunft, und dies soll im Rahmen dieser Untersuchung gezeigt werden, werden Nichtbanken als Kooperationspartner über den Bereich des Anbietens komplementärer Produkte und Dienstleistungen hinaus interessant werden. Nichtbanken, wie z.B. Telekommunikationsunternehmen, bieten sich als Kooperationspartner für die technische Realisierung des Bankgeschäftes an. Mineralölgesellschaften und große Handelsunternehmen verfügen über attraktive Standorte und bieten sich damit als Partner für das Automatenbanking an. Auch Kooperationen mit Betreibern elektronischer Kaufhäuser im Elektronischen Markt werden zunehmend an Bedeutung gewinnen. Die Kooperation mit Nichtbanken wird damit zukünftig eine wichtige bankbetriebliche Strategie darstellen.

---

[1] Mit der von allen Mitgliedern der Europäischen Sparkassenvereinigung 1990 unterzeichneten „Charta der Zusammenarbeit" wurde die Grundlage für eine bilaterale und multilaterale geschäftliche Kooperation der Sparkassen aus 19 Ländern geschaffen.

2 Begriffliche Grundlagen

2.1 Traditioneller Kooperationsbegriff

Für die Untersuchung von Kooperationen an der elektronischen Bank-Kunde-Schnittstelle ist es in einem ersten Schritt erforderlich, einen Überblick über Kooperationen, deren Anreize und Problemfelder zu geben und eine Abgrenzung gegenüber alternativen Koordinationsformen vorzunehmen. Da folgende Ausführungen nicht nur für Banken Gültigkeit haben, wird die Betrachtung auf Unternehmen ganz allgemein ausgeweitet. In der Literatur existieren eine Vielzahl von Definitionen über Kooperationen, wobei die einzelnen Autoren - je nach individueller Sichtweise - unterschiedliche Schwerpunkte und Akzente setzen. Dies ist verständlich, denn bei näherer Betrachtung zeigt sich, daß kooperative Vereinbarungen zwischen Unternehmen vielschichtige Konsequenzen nach sich ziehen. Zum einen haben sie Auswirkungen auf das Unternehmen selbst, sie tangieren also betriebswirtschaftliche Aspekte. Zum anderen verändern kooperative Interaktionsprozesse die Marktkonstellation und sind damit für volkswirtschaftliche Betrachtungsweisen von Interesse. Die folgende Abbildung skizziert daher kurz die Hauptuntersuchungsgebiete aus volks- und betriebswirtschaftlicher Sicht.

Betriebswirtschaft	Volkswirtschaft
Anreize: Know-how Transfer Nutzung von Skaleneffekten Größenvorteile Zeitvorteile Zugang zu neuen Märkten **Ausgestaltung:** Rechtsform Kooperationsbereich Gewinnverteilung zwischen den Partnern Konstitutive Merkmale (Dauer, Gruppengröße, Nationalisierungsgrad) **Problemfelder:** Exogene Unsicherheit Unterschiede in der Unternehmenskultur Unterschiede in den Unternehmensstrategien	**Anreize:** Überwindung von Markteintrittsbarrieren Verhinderung von Markteintritten **Ausgestaltung:** Kooperation als Spiel **Problemfelder:** Asymmetrische Informationsverteilung Präferenzoffenbahrung **Wettbewerbswirkungen:** Wettbewerbsbeschränkungen Wettbewerbserweiterungen Wohlfahrtseffekte

Abb. 2-1: Kooperationen aus betriebs- und volkswirtschaftlicher Sicht

Vorliegende Untersuchung legt primär die betriebswirtschaftliche Sichtweise zugrunde. Zum Teil sind im Rahmen der Untersuchung auch volkswirtschaftliche Aspekte berücksichtigt. Dies ist v.a. im Bereich der Wettbewerbswirkungen von Kooperationen der Fall.

Die Einordnung von Kooperationsformen zwischen Markt und Hierarchie gestaltet sich fließend. Sydow hat in diesem Zusammenhang den Begriff der interorganisationalen Netzwerke geprägt. Netzwerke kombinieren nach seiner Definition sowohl Merkmale hierarchischer als auch marktlicher Koordination [vgl. Sydow 1992, S. 247]. Der Grad der wirtschaftlichen Selbständigkeit wird durch die Kooperation zwar tendenziell eingeschränkt; grundsätzlich bleibt aber die wirtschaftliche Selbständigkeit solange gewahrt, wie ein Unternehmen einer Kooperationsform freiwillig beigetreten ist und auch wieder die Möglichkeit hat, auszutreten [vgl. Schneider 1973, S. 40]. Ziel von Unternehmensnetzwerken ist, durch eine koordinierte und kollektive Strategie mehrerer formal unabhängiger Unternehmen eine Steigerung der Effizienz zu erzielen und damit die individuelle Wettbewerbsposition zu verbessern [vgl. Siebert 1991, S. 291]. Dabei können die einzelnen Unternehmen in unterschiedlichem Ausmaß an den Effizienzgewinnen partizipieren. Nicht zuletzt hängen die realisierten Synergien aus der Kooperation von den Machtkonstellationen der einzelnen Partner ab. So zeigt sich, daß bei Just-in-Time-Lieferverträgen in der Automobilindustrie die Automobilhersteller von den Kooperationsvereinbarungen profitieren, den Zulieferern aber vor allem das Risiko der zeitpunktgenauen Lieferung bleibt.

Kooperationen können - wie folgende Abbildung zeigt - unterschiedliche Ausprägungen haben. Zum einen können sie in unterschiedlichen funktionalen Bereichen der Wertschöpfungskette angesiedelt sein, zum anderen können sie einen unterschiedlichen rechtlichen und wirtschaftlichen Verflechtungsgrad aufweisen.

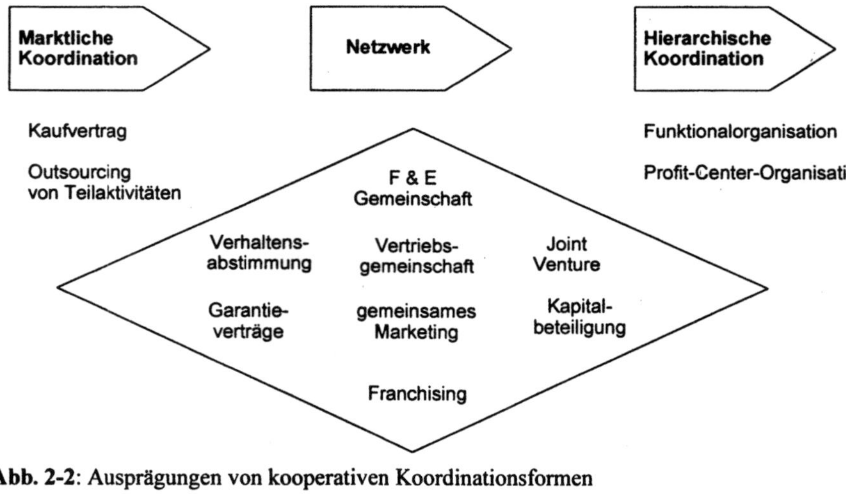

Abb. 2-2: Ausprägungen von kooperativen Koordinationsformen

Anhand der Abbildung wird ersichtlich, daß die Übergänge zwischen Markt und Hierarchie fließend sind. Gerade innerhalb der Netzwerke läßt sich nur schwer eine Zuordnung finden. Daher kann bei Netzwerken lediglich die Aussage getroffen werden, daß bestimmte Formen, wie z.B. die Verhaltensabstimmung, eher der marktlichen Koordination zuzurechnen sind, wohingegen beispielsweise das Joint

Venture eher im Bereich der hierarchischen Koordination einzuordnen ist.

2.2 Klassifikation von Unternehmenskooperationen

2.2.1 Konstitutive Merkmale von Kooperationen

Obgleich - wie bereits dargestellt - keine allgemeingültige Definition für Kooperationen existiert, haben sich im Laufe der Zeit konstitutive Merkmale herausgebildet, mit deren Hilfe sich Kooperationen wie folgt beschreiben lassen:

- Gemeinsames Ziel der Partner.
- Die Zusammenarbeit erfolgt freiwillig.
- Wirtschaftliche Unabhängigkeit der Partner. Zunehmend wird in Teilbereichen, in denen die Unternehmen zusammenarbeiten, auch die wirtschaftliche Unabhängigkeit der Partner durch Verknüpfung der Wertschöpfungsketten aufgegeben [Rühli 1994, S. 55] [Michel 1994, S. 21].
- Rechtliche Unabhängigkeit der Partner. Gegenwärtige Entwicklungen bei Unternehmenskooperationen zeigen allerdings, daß die Unternehmen verstärkt auch eine rechtliche Verflechtung aufweisen.
- Genaue inhaltliche Fixierung der Kooperation. Die Zusammenarbeit konzentriert sich in der Regel auf ein oder mehrere Geschäftsfelder der Partner. In den übrigen Geschäftsfeldern bleiben die kooperierenden Unternehmen Wettbewerber.
- Gemeinschaftliche Erfüllung von Aufgaben; entweder durch Ausgliederung oder durch kollektive Ausübung.

Die Merkmale beschreiben eine sehr weite Begriffsfassung von Kooperation. Eine höhere Spezifität läßt sich erreichen, wenn man Kooperationen näher eingrenzt. Es lassen sich dann - wie folgende Abbildung zeigt - vier verschiedene Formen von Kooperationen abgrenzen.

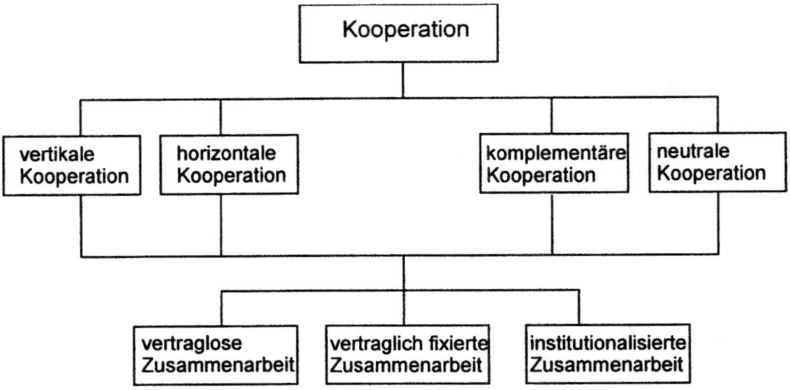

Abb. 2-3: Formen der Kooperation [in Anlehnung an Hammes 1994, S. 39]

Diese, hinsichtlich ihrer Ausrichtung unterschiedenen vier Grundtypen - vertikale Kooperation, horizontale Kooperation, komplementäre Kooperation und neutrale Kooperation - lassen sich wiederum hinsichtlich ihrer Bindungsintensität (z.B. Art und Ausmaß der in der Kooperation gebundenen Ressourcen, zeitliche Dauer) und hinsichtlich ihrer rechtlichen Gestaltungsform unterscheiden. Grundsätzlich wird dabei die vertraglose, die vertraglich fixierte und die institutionalisierte Zusammenarbeit unterschieden. In 2.3 werden einige häufig praktizierte rechtliche Gestaltungsformen von Kooperationen vorgestellt, die sich in den letzten Jahren insbesondere auf internationaler Ebene bevorzugt herausgebildet haben.

2.2.2 Vertikale Kooperationen

Vertikale Kooperationen zeichnen sich dadurch aus, daß die kooperierenden Unternehmen weder in einer direkten noch in einer indirekten Wettbewerbsposition zueinander stehen. Vielmehr sind sie Teil eines einzigen Wertschöpfungssystems. Durch die Kooperation wird versucht, die Schnittstellen zwischen vor- und nachgelagerten Wertschöpfungsketten zu optimieren. Ein Beispiel hierfür sind Servicevereinbarungen mit Softwareunternehmen. Ziel vertikaler Verknüpfungen ist, Kosten- und Differenzierungsvorteile auch ohne Vorwärts- oder Rückwärtsintegration zu erzielen und gleichzeitig die Koordinierungsschwierigkeiten, die ein Marktbezug nach sich zieht, zu vermeiden [Porter 1992a, S. 87].

2.2.3 Horizontale Kooperationen

Bei horizontalen Kooperationen stehen die kooperierenden Unternehmen entweder bereits in einer direkten Wettbewerbsposition oder sind potentielle Wettbewerber. Aufgrund ihres strategischen Charakters hat sich für horizontale Kooperationen der Begriff der strategischen Allianz herausgebildet. Ziel ist der Aufbau von strategischen Wettbewerbsvorteilen bzw. die Stärkung der Wettbewerbsposition der Partner [vgl. Lutz 1993, S. 44] über die Gewährung von gegenseitigem Zugang zu wettbewerbsrelevanten Ressourcen. Die Zusammenarbeit zwischen

mindestens zwei Unternehmen bezieht sich dabei auf eine oder mehrere strategische Geschäftseinheiten, wobei die Unternehmen in den übrigen Geschäftsfeldern als Wettbewerber agieren können.
Bei horizontalen Kooperationen wird die wirtschaftliche Selbständigkeit der Unternehmen häufig eingeschränkt. Der Grad der Einschränkung der wirtschaftlichen Selbständigkeit erfolgt nicht nur beim Eintritt in die Kooperation, sondern kann sich auch im Verlauf der Kooperation durch Interdependenzverschiebungen verändern [vgl. Lutz 1993, S. 35]. Wenn es beispielsweise im Laufe der Kooperation zu strikten Aufgabenteilungen zwischen den Partnern kommt, kann sich die gegenseitige wirtschaftliche Abhängigkeit so stark erhöhen, daß ein Austritt aus der Kooperation unwahrscheinlich wird. Die Spezialisierung auf einzelne Aufgaben kann dann soweit reichen, daß im Extremfall ein Partner ohne den anderen nicht mehr existieren kann. Die Unternehmen sind dann wirtschaftlich völlig voneinander abhängig.
Demgegenüber wurde in der Vergangenheit davon ausgegangen, daß die rechtliche Selbständigkeit der Partner bei strategischen Allianzen erhalten bleibt. Kapitalbeteiligungen sind in diesem Sinne möglich, sofern es sich um ein- oder wechselseitige Minderheitsbeteiligungen handelt, durch die keine Kontrollmehrheit entsteht [Lutz 1993, S. 46].
Im Zuge der Bildung globaler Unternehmensnetze läßt sich die Frage nach einer Minderheitsbeteiligung und damit nach der rechtlichen Selbständigkeit eines Unternehmens jedoch nicht mehr so einfach beantworten. Der Trend geht zu komplexen Kooperationsnetzwerken, die zum Teil weit über hundert Kooperationen umfassen [Gneisenau/Krimmer/Kreindl 1995, S. 7]. Es ist davon auszugehen, daß die kooperierenden Unternehmen so stark verflochten sind, daß eine eindeutige Zuordnung häufig nicht mehr möglich ist. Daher muß die Aussage, daß bei strategischen Allianzen die rechtliche Selbständigkeit immer gewahrt bleibt, eingeschränkt werden. Die Vielzahl von Joint Ventures im Telekommunikationssektor bestätigt diese Aussage.

2.2.4 Komplementäre Kooperationen

Bei komplementären Kooperationen ergänzen sich Leistungen und Produkte der kooperierenden Unternehmen. Komplementäre Kooperationen unterstützen daher das steigende Bedürfnis der Kunden nach Komplettlösungen und Produktbündeln und ermöglichen aus Kundensicht das „one-stop-shopping“. Die teilnehmenden Unternehmen können dabei aus der gleichen Branche oder aus unterschiedlichen Branchen stammen und stehen in der Regel nicht in einer direkten Wettbewerbsbeziehung zueinander. Die rechtliche Selbständigkeit der kooperierenden Unternehmen bleibt bei komplementären Kooperationen erhalten. Ein Beispiel für komplementäre Kooperationen sind Servicevereinbarungen zwischen Banken und Softwareherstellern. Die Banken übernehmen den Vertrieb der Zahlungsverkehrssoftware an ihre Kunden, die Softwarehersteller die Installation, Schulung und Wartung.

2.2.5 Neutrale Kooperationen

Bei neutralen Kooperationen arbeiten Unternehmen zusammen, die weder in einem Zulieferer/Abnehmer-Verhältnis, noch in einem direkten Wettbewerbsverhältnis zueinander stehen und auch keine komplementären Produkte anbieten. Häufig gehören die Unternehmen unterschiedlichen Branchen an. Die Zusammenarbeit erstreckt sich zumeist auf Geschäftsfelder mit geringer strategischer Bedeutung. Neutrale Kooperationen finden in Bereichen der Forschung und Entwicklung statt, die für das jeweilige Unternehmen von geringer strategischer Bedeutung sind. Beispiele hierfür sind Forschungs- und Entwicklungskooperationen bei der Entsorgung von Abfallprodukten.

2.3 Rechtliche Gestaltungsformen von Kooperationen

2.3.1 Verhaltensabstimmung

Bei einer Verhaltensabstimmung handelt es sich um ein explizites (etwa durch mündliche oder schriftliche Vereinbarungen) oder implizites gleichgerichtetes Verhalten von Unternehmen. Die Verhaltensabstimmung ist eine sehr lose Form der Zusammenarbeit. Aufgrund der geringen Sanktionsmöglichkeiten bei der vorzeitigen Aufgabe der Zusammenarbeit durch einen Partner ist diese Form der Kooperation vergleichsweise unsicher und instabil.

2.3.2 Management- und technische Beratungsverträge

Bei Management- und technischen Beratungsverträgen erfolgt eine Bereitstellung von technischem und organisatorischem Wissen. Im Unterschied zur Lizenzvergabe, bei der der Lizenznehmer das tranferierte Wissen selbst anwenden muß, übt bei Beratungsverträgen der Management-Geber selbst seine Kenntnisse im empfangenden Unternehmen aus. Das Motiv für Management-und Beratungsverträge liegt im wesentlichen darin, daß kurzfristig im jeweiligen Unternehmen kein Personal mit entsprechenden technischen und organisatorischen Fähigkeiten vorhanden ist [vgl. Rath 1990, S. 49]. In Zukunft wird gerade im Finanzdienstleistungsbereich, und hier insbesondere im Umfeld des Electronic Banking, mit Management- und technischen Beratungsverträgen zu rechnen sein. Denn der zunehmende Einzug neuer Technologien an die Schnittstelle zum Kunden, die Schnellebigkeit neuer Technologien sowie neue Geschäftsfelder, hier vor allem im Firmenkundengeschäft, erfordern schnell verfügbares technisches Spezialwissen, das bisher in den Banken noch nicht vorhanden ist.

2.3.3 Lizenzen und Franchising

Bei Lizenzen erwirbt der Lizenznehmer das Recht, das Wissen eines anderen zu benutzen, um Produkte zu erstellen, zu gebrauchen oder Dienstleistungen in Anspruch zu nehmen. Dabei handelt es sich vorzugsweise um Nutzungsrechte an

Patenten oder Warenzeichen des Lizenzgebers. Der Lizenznehmer entrichtet dafür eine Lizenzgebühr [vgl. Meckl 1993, S. 21].
Das Franchising kann als eine erweiterte Form der Lizenzvergabe bezeichnet werden, wobei der Franchisenehmer weitreichende Managementunterstützung erhält, die Marketingleistungen, Schulung von Management und Personal sowie sonstige Beratungsleistungen umfassen kann. Ein wesentliches Charakteristikum von Franchisingverträgen ist, daß sie in der Regel auf die Erreichung eines einheitlichen Erscheinungsbildes nach außen gerichtet sind, was sich u.a. durch partielle Weisungsrechte des Franchisinggebers gegenüber dem Franchisingnehmer auszeichnet [vgl. Rath 1990, S. 45]. Franchisingverträge sind vorwiegend in der Konsumgüterindustrie, im Handel und Dienstleistungsbereich vorzufinden. Im Finanzdienstleistungsbereich, insbesondere an der elektronischen Bank-Kunde-Schnittstelle als Untersuchungsgegenstand, spielen Franchisingverträge eine eher zu vernachlässigende Rolle.

2.3.4 Joint Venture

Joint Ventures, die intensivste Form der wirtschaftlichen Zusammenarbeit, sind „wirtschaftliche Gebilde, die von rechtlich und wirtschaftlich selbständig bleibenden Unternehmen gebildet werden, um bestimmte gemeinsame Interessen zu fördern oder bestimmte abgegrenzte Aufgaben gemeinsam zu erfüllen“ [Albach/Albach 1989, S. 66]. Joint Ventures beziehen sich in der Regel auf Produktions- oder Absatzgeschäfte, wohingegen sich für Finanzierungsgeschäfte der Begriff des Konsortiums etabliert hat [vgl. hierzu auch Büschgen 1992, S. 917]. Wesentlicher Bestandteil dieser auch als „equity joint venture“ bezeichneten Form der Zusammenarbeit ist, daß die Gründung eines Joint Ventures durch mindestens zwei unabhängige Unternehmen immer verbunden ist mit der Errichtung einer eigenen selbständigen juristischen Person oder Gesellschaft [vgl. Rath 1990, S. 57ff.]. Ein Joint Venture wird also wesentlich durch die Eigenschaft der Kapitalbeteiligung charakterisiert.
Andere Definitionen, insbesondere in der anglo-amerikanischen Literatur, beschreiben Joint Ventures als jegliche Art der zwischenbetrieblichen Zusammenarbeit [vgl. Meckl 1993, S. 21]. Da die engere Definition des „equity joint ventures“ die Gründung eines Gemeinschaftsunternehmens präziser faßt, wird sie im Verlauf der folgenden Untersuchung zugrundegelegt.

2.4 Motive und Ziele von Kooperationen

2.4.1 Die Bedeutung von Synergieeffekten

Kooperationen sind Ergebnis wirtschaftlicher und technologischer Entwicklungen und Veränderungen. Wie gezeigt, sind sie als Antwort der Unternehmen auf veränderte Wettbewerbsstrukturen und Rahmenbedingungen zu betrachten [Backhaus/AufderHeide/Späth 1994, S. 23]. Dabei können die einzelnen Partner einer Kooperation unterschiedliche Ziele verfolgen. Dies ist beispielsweise der

Fall, wenn das eine Unternehmen durch die Kooperation versucht, Zugang zur Vertriebsstruktur des Partners zu erhalten, während das andere Unternehmen sich Zugang zum Marketing-Know-how des Partners erhofft. Grundlage für diese Auffassung ist die These, daß Unternehmen immer dann kooperieren, wenn sie erwarten, daß sie im Sinne eines höheren Zielerreichungsgrades ihre Ziele durch die Kooperation besser realisieren können als ohne diese [Lutz 1993, S. 21]. Der positive Effekt von Kooperationen auf den Zielerreichungsgrad wird durch die im Rahmen der Kooperation erzielbaren Synergieeffekte verursacht [vgl. Schnoedt 1994, S. 70]. Synergie entsteht dabei im Rahmen der veranlaßten Integration von geistigen Prozessen oder Produktionsprozessen durch die gemeinsame Nutzung wenigstens eines Produktionsfaktors [vgl. Ropella 1989, S. 37].
Die Ziele der an einer Kooperation beteiligten Unternehmen können sich dabei im Zeitablauf verändern. Die Partner verfolgen durch eine kooperative Verbindung in der Regel mehrere Ziele. Dabei können die einzelnen Ziele des Zielbündels im Laufe der Zeit unterschiedliche Prioritäten einnehmen. Darüber hinaus kann das Verfolgen von gleichen Kooperationszielen aus einer unterschiedlichen Motivation heraus erfolgen. Folgende Abbildung zeigt die wesentlichen Motive von Kooperationen sowie die Ziele der beteiligten Partner.

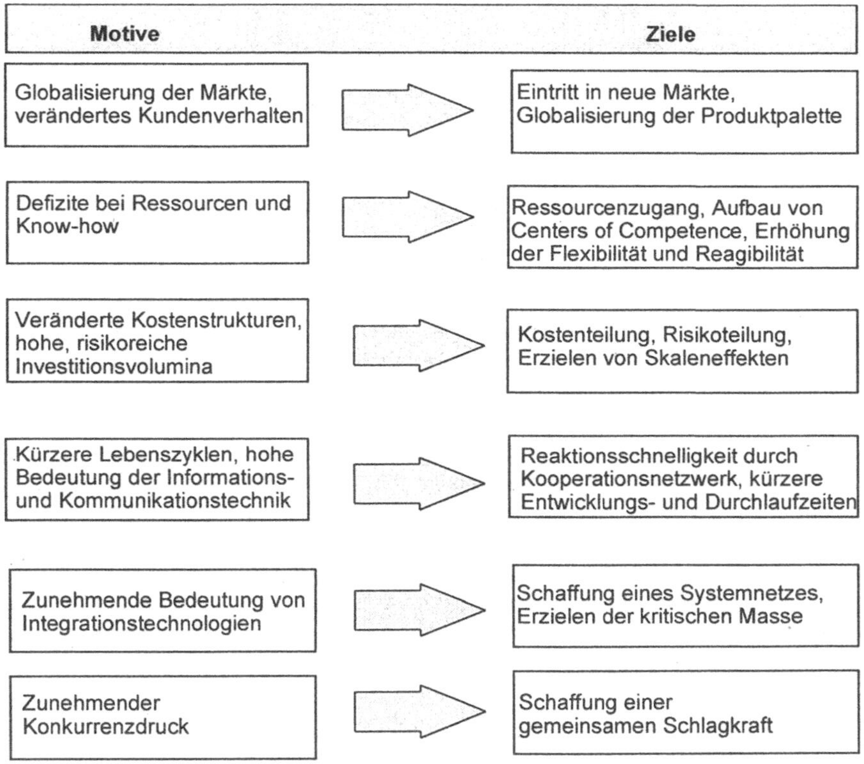

Abb. 2-4: Motive und Ziele von Kooperationen

Die Motive sind dabei deutlich von den Zielen zu trennen. Motive stellen die ursprüngliche Ursache für eine Handlung eines Unternehmens dar [vgl. Schnoedt 1994, S. 65]. Die Ziele stellen demgegenüber die wünschenswerten Wirkungen der Aktion dar. Um die Ziele zu erreichen, können Unternehmen dabei unterschiedliche Strategien nutzen, wobei die Kooperationsstrategie eine mehrerer möglichen Strategien ist.
Im folgenden werden die wesentlichen Ziele von Kooperationen beschrieben.

2.4.2 Zugang zu neuen Märkten

Ein wesentliches Ziel von Kooperationen ist der Zugang zu neuen Märkten. Dabei geht es sowohl um den Zugang zu neuen regionalen und überregionalen Märkten als auch um den Zugang zu neuen Wachstumsmärkten. Es erfolgt also eine Erweiterung der Märkte mit gleichzeitiger Intensivierung des Wettbewerbs. Beschleunigende Faktoren sind hierbei u.a. der EU-Binnenmarkt, die Währungsunion, das Fallen von Zoll- und Handelshemmnissen, stark gesunkene Transport- und Kommunikationskosten [Hansen 1992, S. 127] sowie die veränderte politische

Situation Osteuropas, die einen sukzessiven Zugang zu neuen Kunden ermöglicht und damit Wachstumsmöglichkeiten erschließt. Bei der Markterschließung helfen Kooperationen, strukturelle Schwierigkeiten des Markteintritts - wie z.B. Lizenzerwerb, Kenntnisse über länderspezifische Rechtsprechung, Markterfahrung - zu überwinden. Darüber hinaus erfordert das zunehmend globale Agieren der Kunden und der Aufbau internationaler Geschäftsbeziehungen neue Produkt- und Servicepaletten. Kooperationen helfen, der zunehmenden Forderung der Kunden nach Angeboten „aus einer Hand" nachzukommen [o.V. 1995a, S. 24].

2.4.3 Zugang zu Ressourcen

Ein weiteres Motiv für Kooperationen ist die Überwindung von Ressourcendefiziten. Durch die Bündelung von Know-how (z.B. von spezialisierten Zulieferern, Komponentenherstellern und Vertriebssystemen) und technologischer Kompetenz können auch kleine und technologisch weniger fortschrittliche Unternehmen gegenüber innovativen und fortgeschrittenen Marktteilnehmern bestehen sowie Flexibilität und Reagibilität bei sich ändernden Marktsituationen erreichen. In der bundesdeutschen Bankenlandschaft läßt sich diese Entwicklung anhand der Kooperationsvereinbarungen bei Genossenschaftsbanken und Sparkassen nachvollziehen. Die Auslagerung eines Großteils der EDV-Aktivitäten der Primärbanken an regionale und überregionale Rechenzentren stärkt die Position der rechtlich und wirtschaftlich selbständig arbeitenden Volks- und Raiffeisenbanken sowie Sparkassen gegenüber den überregional agierenden Groß- und Privatbanken.

2.4.4 Kosten- und Risikoteilung

Die zunehmende Technologisierung von Wertschöpfungsprozessen erfordert immer größere und risikoreichere Investitionsvolumina. Die Investitionen für Forschung und Entwicklung, Markteinführung und Netzwerkbetrieb in den High-Tech-Industrien nehmen mittlerweile Größenordnungen an, die häufig von einem alleine nicht mehr getragen werden können und sich zumeist auch nicht bis zur nächsten technischen Generation amortisieren. Gleichzeitig steigt der Fixkostenanteil an den Gesamtkosten an. Hinzu kommt, daß im Telekommunikationsbereich häufig Kapazitäten angeboten werden, die nicht stetig an den Bedarf der Unternehmen angepaßt werden können. Um ihren Bedarf zu decken, müssen die Unternehmen daher häufig Überkapazitäten in Anspruch nehmen. Kooperationen (etwa in Form eines gemeinsam betriebenen Telekommunikationsnetzes) bieten hier die Möglichkeit, die Netzkapazitäten besser auszulasten und damit Kosten zu senken.

Des weiteren ermöglichen Kooperationen die Realisierung von Verbundvorteilen. Verbundvorteile bei der Produktion von zwei Outputs y1 und y2 liegen genau dann vor, wenn y1 und y2 bei gemeinsamer Produktion zu geringeren Gesamtkosten produziert werden können als bei Produktion in getrennten Unternehmen. Man spricht dann von Economies of Scope [Wieland 1995, S. 17]. Information ist beispielsweise ein Inputfaktor, dessen Nutzung Verbundvorteile ermöglicht. Ein solcher Faktor ist dadurch gekennzeichnet, daß die Nutzung des Faktors Informa-

tion in der Verwendung A die Nutzung des gleichen Faktors Information in der Verwendung B in keinster Weise beeinträchtigt. Durch die Nutzung wird der Inputfaktor nicht verbraucht; er verliert höchstens an strategischem Wert. Innerhalb einer gemeinsam agierenden Kooperation kann die gemeinsame Nutzung von Informationen zu Verbundvorteilen führen. Wie noch zu zeigen ist, spielt der Inputfaktor Information bei Finanzdienstleistungsunternehmen eine bedeutende Rolle.
Steigende Economies of scale liegen demgegenüber vor, wenn bei einer proportionalen Erhöhung der Inputfaktoren der Output überproportional ansteigt [Schmalensee/Willig 1989, S. 7].

2.4.5 Reaktionsschnelligkeit und kürzere Durchlaufzeiten

Der Wettbewerb zwischen Unternehmen wird neben Qualität und Kosten immer mehr über den Faktor Zeit ausgetragen [vgl. Stalk/Hout 1992, S. 15]. Um im sogenannten Zeitwettbewerb konkurrenzfähig zu sein, müssen immer kürzere Entwicklungs- und Durchlaufzeiten realisiert werden. Kürzere Lebenszyklen von Produkten und Dienstleistungen erfordern, daß die Lernkurve bei Unternehmen schneller durchlaufen werden muß, um wettbewerbsfähig zu sein. Ein bereits bestehendes Kooperationsnetzwerk hilft hier, den Lernprozeß beim Einstieg in rasch aufstrebende Marktfelder und neue Technologien zu verringern und gleichzeitig Flexibilität und Reagibilität zu ermöglichen. Denn gerade unter dem Aspekt des kritischen Erfolgsfaktors Zeit sind Formen der bereits realisierten Zusammenarbeit gegenüber der marktlichen Koordination überlegen. Insbesondere können die Kosten der Information und Kommunikation, also die Transaktionskosten, bei der Suche nach einem neuen geeigneten Marktpartner, die vor allem in Form von längeren Entscheidungs- und Umsetzungsprozessen entstehen, reduziert werden [vgl. Heinen 1991, S. 427]. Ein Beispiel für Zeitwettbewerb im Bankensektor ist das Internet. Bis zum Frühjahr 1995 hatte sich noch keine deutsche Bank im Internet präsentiert. Zeitgleich, nämlich am 26.05.1995, gingen die Bayerische Hypotheken- und Wechselbank Schwerin sowie die Sparkasse Schwerin mit einem eigenen Informationsangebot ins Internet. Die Deutsche Bank folgte am 1.06.1995 [vgl. o.V. 1995c, S. 15]. Alle drei Banken erfuhren einen Imagegewinn.
Erst im September 1995 gingen weitere deutsche Banken ins Internet, unter ihnen Consors Discount Broker sowie die Dresdner Investment Group.

2.4.6 Systemtechnologien und kritische Masse

Das Streben nach Produktivitätsfortschritten in Verbindung mit einer zunehmenden Technologisierung hat zu einer Spezialisierung der Unternehmen geführt. Einher mit dieser Entwicklung ging eine Tendenz zu Systemtechnologien (häufig auch als Integrationstechnologien bezeichnet). Beispielhaft sollen hier das Computer Integrated Manufactoring (CIM), das Computer Integrated Office oder das virtuelle Unternehmen genannt werden [vgl. Backhaus/AufderHeide/Späth 1994, S. 4ff.]. Charakteristisch für Integrationstechnologien ist, daß es zu einer Zusammenführung von Endgeräten, unternehmensinternen und unternehmensübergreifenden Netzen sowie zu einer Integration von öffentlichen Netzen und Diensten kommt. Der Vernetzung einzelner Systemkomponenten oder ganzer Teilsysteme kommt dabei eine wachsende strategische Bedeutung in Bezug auf den Unternehmenserfolg zu. Insbesondere die Gestaltung der Schnittstellen zwischen den unternehmensinternen, unternehmensübergreifenden und öffentlichen Netzen gewinnt an Bedeutung. Nur wenn diese standardisiert sind und gleichzeitig mit den übrigen Komponenten des Systems abgestimmt sind, kann das System funktionieren.

Bei Gütern, die o.g. Eigenschaften aufweisen, unterscheidet man zwischen Netzeffekt- und Systemgütern. Nach Weiber besitzen Netzeffektgüter im Gegensatz zu Singulärgütern neben ihrem originären Produktnutzen zusätzlich noch einen derivativen Nutzen, der sich aus dem Verbreitungsgrad komplementärer Güter am Markt bestimmt und einen wesentlichen Einfluß auf die Kaufentscheidung ausübt [vgl. Weiber 1992, S. 16ff.]. Als Beispiele können Videorecorder, Computer und CD-Player genannt werden. So steigt beispielsweise der Nutzen von CD-Playern, je mehr CD's am Markt angeboten werden.

Der Nutzen dieser Netzeffektgüter steigt darüber hinaus für einen Konsumenten dann an, wenn sie mit Produkten anderer Konsumenten kompatibel sind [Katz/Shapiro 1985, S. 16].

Demgegenüber haben Systemgüter keinen originären Produktnutzen, sondern nur einen Derivativnutzen, der sich aus dem interaktiven Einsatz von Systemgütern im Rahmen einer Systemtechnologie bestimmt. Die Interaktion zwischen den Systemgütern kommt über das physische Netzwerk der zugehörigen Systemtechnologie zustande. Der Derivativnutzen ist um so größer, je mehr Nachfrager die gleiche Systemtechnologie nutzen, denn damit erhöht sich auch die Anzahl möglicher Kommunikationsbeziehungen. Weiber nennt als typische Beispiele für Systemgüter Endgeräte von Telekommunikationssystemen, also Telefon-, Telefax-, Mailbox- oder Bildschirmtext-Endgeräte.

Wesentliche Voraussetzung für die Funktionsfähigkeit von Systemtechnologien sind einheitliche Standards. Zu deren Festlegung und auch zur Implementation von Systemtechnologien sind kooperative Abstimmungsprozesse zwischen den beteiligten Unternehmen erforderlich. Darüber hinaus müssen Systemtechnologien dem Kriterium der kritischen Masse genügen [vgl. Weiber 1992, S. 39ff.]. Gelingt es, über die Bildung von Kooperationen die Verfügbarkeit von Systemkomponenten zu erweitern, so kann damit der Penetrations- und Diffusionsgrad im Markt erhöht werden [vgl. Backhaus/Piltz 1990, S. 5]. Leistungsangebote einer Kooperation können dann zum De-facto-Standard werden. So haben sich die europäischen Telekommunikationsunternehmen zusammengeschlossen, um gemeinsam den GSM-Standard für den Mobilfunkbereich und den Euro-ISDN-Standard zu vermarkten. In vergleichsweise kurzer Zeit konnte eine hohe Marktdurchdringung dieser Standards erzielt werden.

Ähnliche Entwicklungen zeichnen sich gegenwärtig im Bankbereich bei der Einführung der elektronischen Geldbörse ab. Dort haben vor allem die großen Kreditkartenorganisationen aufgrund ihrer bereits sehr hohen Marktpräsenz gute Chancen, einen De-facto-Standard für die Spezifikation der elektronischen Geldbörse zu setzen.

2.4.7 Schaffung einer gemeinsamen Schlagkraft

Ein bedeutendes Ziel von Kooperationen ist die Schaffung einer gemeinsamen Schlagkraft, um damit eine Verbesserung der Wettbewerbsposition der Partnerunternehmen zu erreichen. Ursache hierfür ist der steigende Wettbewerbsdruck in vielen Märkten, der nicht selten durch ausländische Anbieter verursacht wird. Im Rahmen der Kooperation wird daher versucht, durch Kopplung von Produkten, Schaffung von gemeinsamen Standards, durch abgestimmtes Marktverhalten und durch die Zusammenführung von vor- oder nachgelagerten Komponenten der Wertschöpfungskette eine höhere Marktpenetration zu erreichen. Das Vorgehen von Microsoft in diversen Geschäftsfeldern ist ein Beispiel hierfür.
Die Schaffung einer gemeinsamen Schlagkraft und damit die Stärkung der Wettbewerbsposition ergibt sich häufig auch als indirektes Ziel einer Kooperation. Denn auch über den gemeinsamen Aufbau einer Systemtechnologie oder durch schnellere Durchlaufzeiten, die im Rahmen einer Kooperation ermöglicht werden, resultiert eine erhöhte Wettbewerbsmacht der Kooperationspartner.

2.5 Problemfelder

2.5.1 Unterschiede in der Unternehmenskultur

In Kooperationen verbinden sich zwei oder mehrere Unternehmen. Jedes der Unternehmen ist dabei durch eine eigene Unternehmenskultur geprägt. Unter Unternehmenskultur wird hierbei in Anlehnung an Heinen „die Gesamtheit der Werte, Normen und Symbole verstanden, die sich in einem sozialen System als Reaktion auf das Spannungsfeld zwischen den Anforderungen der Umwelt und den Bedürfnissen und Interessen der Mitglieder des Systems entwickeln" [Heinen 1991, S. 891]. Durch Symbole als Kommunikationsmedium können Werte und Normen an Dritte vermittelt werden. Symbolcharakter haben die menschliche Sprache, menschliche Handlungen (Rituale, Gebräuche) sowie kulturelle Artefakte (z.B. Architektur) [Heinen/Dill 1986, S. 201].
Als formale Merkmale für die Beurteilung von Unternehmenskulturen können der Verankerungsgrad[1] und das Übereinstimmungsausmaß der Kultur herangezogen werden.

[1] Der Verankerungsgrad beschreibt das Ausmaß, in dem die Unternehmenskultur von den einzelnen Organisationsmitgliedern geteilt wird. Er reicht von einer vollständigen individuellen Ablehnung bis hin zu einer völligen Internalisation [vgl. Heinen 1987, S. 26ff.]. Das Übereinstimmungsausmaß als weiteres Merkmal gibt an, inwieweit die unternehmensbezogenen Werte in den verschiedenen Bereichen der Unternehmung übereinstimmen. Denn sehr häufig bilden sich in Organisationseinheiten Subkulturen, die stark voneinander differieren können. Neben den hier aufgeführten Merkmalen nennt Heinen als drittes Merkmal die Systemvereinbarkeit. Diese bezeichnet die Beziehung zwischen dem unternehmensbezogenen Wert- und Normgefüge und den formalen Instrumenten der Mitarbeiter- und Unternehmensführung. Da die Systemvereinbarkeit nur indirekte Relevanz für die Kooperationsbetrachtung hat, wurde sie hier nur der Vollständigkeit halber genannt.

Der Erfolg der Zusammenarbeit hängt - wie dies in zahlreichen Literaturquellen beschrieben wird - in hohem Maße von der Verträglichkeit und Kompatibilität der verschiedenen Unternehmenskulturen ab. Sind sich die Unternehmenskulturen sehr ähnlich, so kann dies die Entwicklung der Zusammenarbeit in positivem Sinne beeinflussen. Ist allerdings das Gegenteil der Fall, so kann dies unter Umständen zur Beendigung der Kooperation führen.
Bei Kooperationen mit einem hohen Verflechtungsgrad (z.B. Joint Venture) hängt der Kooperationserfolg davon ab, inwieweit es gelingt, eine eigene, von den jeweiligen Mutterunternehmen losgelöste Unternehmenskultur zu entwickeln und zu etablieren. Je geringer der Verankerungsgrad und das Übereinstimmungsausmaß der beteiligten Unternehmen bei einem Joint Venture sind, desto höher ist die Wahrscheinlichkeit der Herausbildung einer eigenen Unternehmenskultur [vgl. Lutz 1993, S. 152]. Darüber hinaus ist der Erfolg der Zusammenarbeit u.a. abhängig von der Ausgestaltung der Arbeitsverträge. Wird den Mitarbeitern im Rahmen eines Joint Ventures die Option eingeräumt, jederzeit in das Mutterunternehmen zurückwechseln zu können, so fördert dies nicht unbedingt die Entwicklung einer eigenen Unternehmenskultur.
In Abhängigkeit von der Art und dem Ausmaß der aufeinander abzustimmenden Aktivitäten hat der Fit der Unternehmenskulturen unterschiedliche Bedeutung für den Kooperationserfolg. Je notwendiger eine enge Zusammenarbeit zwischen den Unternehmen ist und je mehr Mitarbeiter involviert sind, desto wichtiger wird die Unternehmenskultur für den Erfolg der Kooperation. Abb. 2-5 zeigt den funktionalen Zusammenhang zwischen dem erforderlichen Ausmaß der Zusammenarbeit und dem Fit der Unternehmenskulturen auf.
Disharmonien zwischen beteiligten Partnern, die durch unterschiedliche Unternehmenskulturen entstehen, sind zwar eine unerwünschte Begleiterscheinung von Kooperationsprojekten, lassen sich aber im Vergleich zu anderen Problemfeldern durch eine geeignete Partnerwahl im Vorfeld der Zusammenarbeit bzw. im Projektverlauf durch Einbindung von Mitarbeitern mit gemeinsamen Zielsetzungen und Wertordnungen (Mitarbeiter mit „cross-cultural skills") [vgl. Gerybadze 1995a, S. 477] vergleichsweise leicht überwinden.

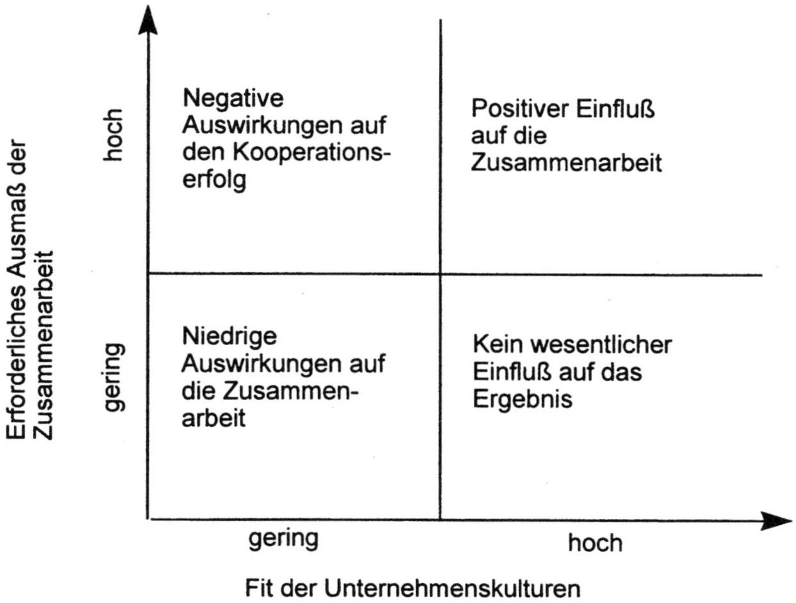

Abb. 2-5: Unternehmenskultur und Kooperationserfolg

2.5.2 Unterschiedlicher Grad der Abhängigkeit vom Bestand der Kooperation

Ein konstitutives Merkmal von Kooperationen ist, daß die Zusammenarbeit freiwillig erfolgt. Unter freiwilliger Zusammenarbeit wird dabei verstanden, daß der Eintritt als auch der Austritt sowie das Verbleiben innerhalb der Kooperation aus freier Entscheidung erfolgt. Um die Kooperationsziele zu erreichen, muß aber ausgeschlossen werden, daß die Zusammenarbeit vorzeitig von einem der Partner einseitig aufgekündigt wird. Die Gefahr der Kooperationsauflösung ist dabei umso höher, je unterschiedlicher der Grad der Abhängigkeit der einzelnen Partner vom Bestand der Kooperation ist. Im Gleichgewicht hat keiner der Partner einen Anreiz, aus der Kooperation auszutreten, um bessere Handlungsalternativen zu realisieren oder attraktivere Netzwerkbeziehungen einzugehen. Inwieweit das Gleichgewicht stabil ist, ist u.a. abhängig von den jeweiligen Machtparametern der Partner, der Stabilität von Umweltbedingungen sowie dem Grad der Abhängigkeit der einzelnen Partner. Ein hohes Maß an einseitiger Abhängigkeit fördert die Gefahr von opportunistischem Verhalten und von Drohungen von Seiten des stärkeren Partners.

Ein besonderes Maß an Abhängigkeit kann entstehen, wenn der frühzeitige Eintritt in Märkte wesentlich für den Markterfolg ist Insbesondere beim Einstieg in dynamische Wettbewerbsfelder und neue Techiloidoien entstehen durch spezialisiertes Know-how bei einem der Paitner häufig einseitige Abhängigkeitsverhält-

nisse innerhalb einer Partnerschaft. Wenn nach dem Auseinanderbrechen der Kooperation das Projekt nicht mehr alleine oder in Kombination mit anderen Partnern ohne gravierende Zeitverluste realisiert werden kann, müssen die Investitionen als sunk costs verbucht werden. Um solchen Fällen entgegenzuwirken, ist es dann notwendig, im voraus den Bestand der Zusammenarbeit durch gegenseitig bindende Vereinbarungen abzusichern.
Einseitige Abhängigkeiten können aber auch erst im Verlauf der Kooperation entstehen. Eine beim Eintritt in die Kooperation sich ergänzende asymmetrische Informationsverteilung zwischen den Partnern kann im Verlauf der Partnerschaft aufgeholt werden und damit zu einer Abhängigkeitsasymmetrie führen. Dies ist beispielsweise der Fall, wenn bei einem Partner die Vertriebsstruktur und bei dem anderen das Marketing-Know-how vorhanden ist. Durch Lernprozesse innerhalb der Partnerschaft kann es zu einem Transfer des Marketing-Wissens kommen. Damit wird die Partnerschaft für den Partner, der die Vertriebsstruktur stellt, zunehmend unattraktiver [vgl. dazu auch Albach 1992, S. 668].

2.5.3 Unterschiedliche Unternehmensstrategien

Unternehmen treffen bei gleicher Information, gleichen Ressourcen, gleicher Unternehmensgröße, gleichem Markt und gleicher Technologie unterschiedliche strategische Entscheidungen. Die differierenden Unternehmensstrategien als Summe der strategischen Einzelentscheidungen sind dabei als Ergebnis der subjektiven Beurteilung bestimmter Informationen zu werten [Hinterhuber 1992, S. 158]. Wesentliche Einflußfaktoren auf die subjektive Beurteilung sind dabei die Risikoneigung, die Zeitpräferenzrate sowie teilweise daraus abgeleitet die Haltung gegenüber Neuerungen [Kirsch 1990, S. 284].
Bei gleichem Informationsstand wird ein risikoaverser Unternehmer bei sonst gleichen Bedingungen ein geringeres Investitionsrisiko eingehen als ein risikoneutraler oder ein risikofreudiger Unternehmer. Nach Hinterhuber ist die Risikoneigung im allgemeinen umso höher, je größer die Ressourcen der Unternehmung im Vergleich zum eingesetzten Kapital sind [Hinterhuber 1992, S. 158].
Ebenso wird die Wahl der Unternehmensstrategie durch die Zeitpräferenzrate beeinflußt.
Unternehmen, die eine hohe Zeitpräferenzrate aufweisen, präferieren in starkem Maße Gegenwarts- vor Zukunftsentscheidungen [Schumann 1987, S. 94]. Folglich werden Unternehmen, die eine hohe Zeitpräferenzrate aufweisen, Investitionsentscheidungen mit einer langen Amortisationsdauer eher skeptisch gegenüber stehen.
Aufbauend auf diesen Gedanken leitet Kirsch fünf Typen strategischer Grundhaltungen ab. Den Verteidiger, Risikostreuer, Architekten, Innovator, Prospektor. Für die Kennzeichnung dieser Typen werden zwei Dimensionen herangezogen, zum einen die Haltung gegenüber Neuerungen und zum anderen die Grundhaltung zur Spezialisierung. Folgende Abbildung zeigt die Einordnung der Typen zwischen den beiden Dimensionen auf.

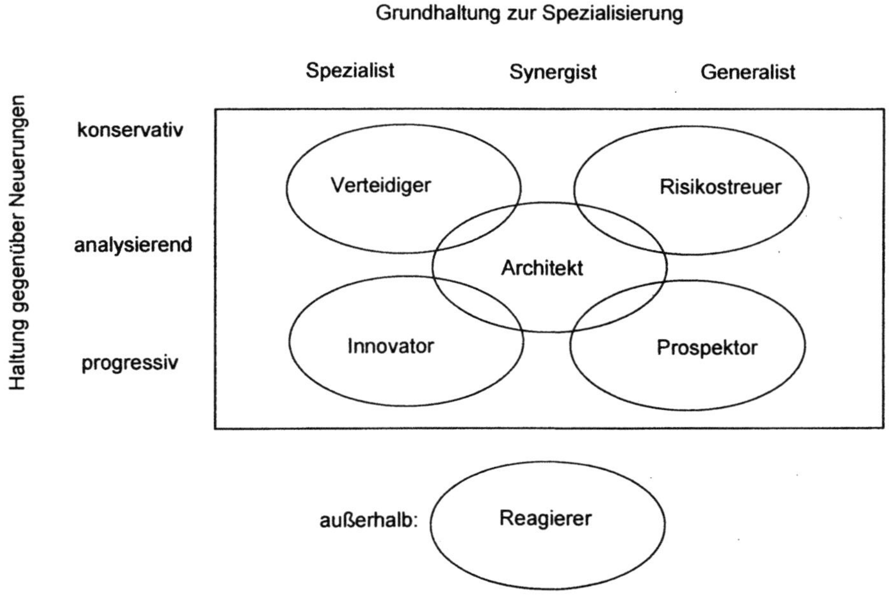

Abb. 2-6: Typen strategischer Grundhaltungen [Kirsch 1990, S. 284]

Treffen im Rahmen einer Kooperation ein progressiv eingestelltes Unternehmen mit einem konservativen Unternehmen zusammen, das technischen Neuerungen eher abwartend gegenübersteht, so können Konflikte entstehen. Dies ist umso mehr der Fall, wenn sich im Laufe der Kooperation die unternehmenspolitischen Zielsetzungen, an denen sich die Unternehmensstrategien orientieren, ändern.[1] Nach Gahl ist es daher erforderlich, die möglichen Konfliktpotentiale bereits bei der Konzeption von Kooperationen derart zu berücksichtigen, daß im Konfliktfall die eigenen Interessen weitgehend gewahrt werden können [Gahl 1991, S. 54].

2.5.4 Unsicherheit bezüglich Umfeld und Partner

Unsicherheit über zukünftige Entwicklungen des Umfeldes (Umfeldunsicherheit) sowie Unsicherheit über die Eigenschaften, das Verhalten, die Präferenzen und Strategien des Kooperationspartners haben Einfluß auf die Gestaltung, Implementierung und den Fortgang einer Kooperation.
Umfeldunsicherheit entsteht durch Veränderungen der ökonomischen, politisch/rechtlichen, gesellschaftlichen und technologischen Rahmenbedingungen

[1] Gahl führt hierzu aus, daß „eine Änderung der unternehmenspolitischen Ziele eines Partners die Bedeutung der Kooperation verringern kann. Zeichnet sich so beispielsweise ab, daß zur Fortsetzung der Kooperation zusätzliche finanzielle Leistungen der einzelnen Mitglieder erforderlich werden, so beeinflußt die Bedeutung, die der Zusammenarbeit von den Partnern jeweils beigemessen wird, die Bereitschaft, weitere Finanzierungshilfen zu gewähren" [Gahl 1991, S. 54].

[vgl. Lutz 1993, S. 156]. Eine Veränderung der ökonomischen Umfeldfaktoren kann dabei durch neue Mitbewerber, neue Produkte sowie ein im Vergleich zur Vergangenheit verändertes Verhalten auf Seiten der Kunden, Lieferanten, Partner und Wettbewerber hervorgerufen werden. Die technologischen Rahmenbedingungen können sich, etwa durch neue technische Standards, unvorhersehbare Innovationen und Trendbrüche schlagartig ändern [vgl. Gerybadze 1995a, S. 478] und für Unternehmen ein völlig neues Entscheidungsumfeld kreieren.
Inwieweit die sich daraus ergebenden konfliktären Situationen innerhalb der Kooperation gelöst werden können, ist zunächst davon abhängig, ob nach Veränderung des Entscheidungsumfeldes die Kooperation von beiden Partnern noch als vorteilhaft eingestuft wird. Denn häufig können Umfeldveränderungen die Zusammenarbeit mit anderen Marktteilnehmern sinnvoller erscheinen lassen. Ist dies nicht der Fall, dann ist auf personeller Seite die Konfliktlösung von der Kommunikationsbereitschaft und -fähigkeit der Mitarbeiter, dem Verhandlungsgeschick sowie als eines der wesentlichen Faktoren vom gegenseitigen Vertrauen [vgl. Lorange/Roos 1992, S. 353] der Partner abhängig. Während die Umfeldunsicherheit den Rahmenbedingungen einer Kooperation zuzuordnen ist und sich demnach nicht beeinflussen läßt, läßt sich die Unsicherheit über den Partner innerhalb der Kooperation durch geeignete Anreizmechanismen gestalten. Die Ursache für Unsicherheit ist zumeist eine asymmetrische Informationsverteilung[1] zwischen den Kooperationspartnern. Unsicherheit kann bezüglich der Eigenschaften, der Fähigkeiten, dem Verhalten und der Präferenzen des Partners bestehen. Im Falle der Unsicherheit über die Eigenschaften handelt es sich um personen- oder unternehmensimmanente Eigenschaften, die durch die Person oder das Unternehmen selbst nicht beeinflußbar sind. Unsicherheit entsteht dann, wenn ein Kooperationspartner einen Vorteil hat, seine Eigenschaften nicht wahrheitsgemäß anzugeben und gleichzeitig diese von Dritten nicht beobachtet werden können. Sofern nicht ein separierender Preis[2] gefunden wird, hat diese Form der asymmetrischen Informationsverteilung eine adverse Selektion zur Folge [vgl. Rees 1989, S. 62].[3]
Neben nicht beobachtbaren Eigenschaften kann Unsicherheit auch durch das Ver-

[1] Eine asymmetrische Informationsverteilung liegt vor, wenn z.B. der Anbieter eines Gutes und der Nachfrager eines Gutes über einen unterschiedlichen Informationsstand verfügen.

[2] Sucht ein Unternehmen auf einem Kooperationsmarkt einen Kooperationspartner, so ist davon auszugehen, daß es auf einem Markt mit asymmetrischer Informationsverteilung und adverser Selektion gute und schlechte Kooperationspartner gibt. Weil die schlechten Kooperationspartner kein Interesse haben, ihre Defizite zu signalisieren, und die Nachfrager nach Kooperationspartnern die Qualitätsunterschiede zwischen den guten und den schlechten Kooperationspartnern nicht feststellen können, bildet sich ein einheitlicher Kooperationspreis. Da dieser Mischpreis höher ist als der Preis für schlechte Kooperationspartner und niedriger als derjenige für gute Kooperationspartner, werden sich auf diesem Markt insbesondere die schlechten Kooperationspartner wiederfinden. Es entsteht dann auf diesem Kooperationsmarkt eine Negativauslese (Adverse Selektion) [Vgl. Schumann 1987, S. 376].

[3] So zeigt eine bei 79 Unternehmen durchgeführte Umfrage, daß etwa 25% der befragten Unternehmen die Einschätzung der Bonität des Partners bei grenzüberschreitenden Kooperationen als große Schwierigkeit sehen. Die vorhandenen Probleme bei der Bewertung der Bonität des Partners lassen sich vor allem auf die Unsicherheit über die fachlichen Fähigkeiten und das erwartete Verhalten des Partners zurückführen [vgl. Kaufmann 1993, S. 82ff.].

halten des Partners entstehen. Denn der Kooperationspartner kann im Laufe der Kooperation sein Verhalten derart ändern, daß er beispielsweise versprochene Informationen zurückhält oder sein Engagement reduziert. Für den anderen Kooperationspartner stellt die Möglichkeit solchen Verhaltens ein besonderes Wagnis (Moral hazard) dar. Das Risiko für moralische Wagnisse läßt sich durch bindende Verträge und Drohungen reduzieren. Bindende Verträge verhindern opportunistisches Verhalten jedoch nur insoweit, als daß sie Strukturen schaffen, die opportunistisches Verhalten nicht vorteilhaft erscheinen lassen [Gahl 1991, S. 64].

2.5.5 Die Anzahl der beteiligten Partner

Die Anzahl beteiligter Partner an einer Kooperation hat Auswirkungen auf die Höhe der Transaktionskosten sowie auf die Wahrscheinlichkeit für opportunistisches Verhalten innerhalb der Kooperation.
Mit zunehmender Anzahl an beteiligten Kooperationspartnern steigen die Kosten für Anbahnung, Durchführung und Kontrolle der Kooperation, denn die Partnersuche wird aufwendiger, die Kosten der Konsensfindung steigen an, die Verhandlungen werden komplexer und die Möglichkeiten der Sanktionierung bei opportunistischem Verhalten werden schwieriger. Darüber hinaus wird der Bereich der gemeinsamen Interessen immer kleiner. Denn je mehr Akteure die Kooperation umfaßt, desto leichter werden die Möglichkeiten für den Einzelnen, eigene, den Kooperationszielen durchaus entgegengerichtete Ziele zu verfolgen und durchzusetzen.
Mit der Anzahl an Teilnehmern steigt daher auch das Risiko für opportunistisches Verhalten an. Innerhalb der Pluralismus- und Gruppentheorie wurde behauptet, daß sich generell Individuen mit gleichgerichteten Interessen zusammenschließen, um diese Interessen auch tatsächlich zu verfolgen. Mitte der 60er Jahre stellte Olson jedoch fest, daß eine Differenzierung zwischen kleinen und großen Gruppen notwendig ist [vgl. Keller 1988, S. 390]. Sein Ansatz, dessen Zielrichtung ursprünglich die Wirtschaftspolitik, und dort insbesondere die Erstellung von Kollektivgütern betrifft, läßt sich dennoch auf Kooperationen übertragen: Nach Olson ist es nicht rational, sich gemäß dem Gruppeninteresse zu verhalten, denn bei zunehmender Gruppengröße wird es immer kostspieliger, nicht kooperatives Verhalten zu identifizieren und zu sanktionieren [vgl. Keller 1988, S. 390]. So kann es in einigen Fällen durchaus rational sein, die Identifikation und Sanktion von nicht kooperativem Verhalten zu unterlassen, wenn die Kontrolle kostspieliger ist als das nicht kooperative Verhalten zu tolerieren [vgl. Haury 1989, S. 70]. Dies ist umso mehr der Fall, je größer die Gruppe ist, denn dann ist der zu leistende Betrag jedes einzelnen vergleichsweise gering [vgl. Keller 1988, S. 390]. Aus der Kombination von rationalem Verhalten und Gruppengröße entsteht das typische „free rider-problem" („Schwarzfahrer- oder Trittbrettfahrerproblem"). Die nicht kooperativen Unternehmen beteiligen sich nicht an den Kosten der Erstellung des Gutes, können jedoch nicht von dessen Nutzung ausgeschlossen werden. Abhilfe kann auch hier wieder nur durch institutionelle Vorkehrungen, bindende Verträge, Zwang oder Drohstrategien erreicht werden.

2.6 Abgrenzung zu alternativen Koordinationsformen

2.6.1 Marktkoordination

Ausgehend von der vorgenommenen Darstellung der Formen und Ziele von Kooperationen sowie der dabei auftretenden Problemfelder soll nun versucht werden, die Kooperation als Organisationsform zwischen der Marktkoordination einerseits und der Erstellung von Gütern und Dienstleistungen innerhalb eines hierarchisch aufgebauten Unternehmens andererseits einzuordnen.
Eine eindeutige Abgrenzung zwischen den drei Formen läßt sich nur schwer finden, denn die Grenzen zwischen den Koordinationsformen sind fließend [vgl. Wurche 1994, S. 36ff.]. Gerade eine klare Grenzlinie zu den rein marktwirtschaftlichen Beziehungen ist, wie bereits in Abb. 2-2 deutlich wird, bei den immer stärker werdenden kooperativen Beziehungen zwischen Unternehmen nicht mehr möglich [Meckl 1993, S. 13]. Denn nach Sydow „kombiniert jedes auf Kooperation beruhende Netzwerk Elemente sowohl der marktlichen als auch der hierarchischen Koordination" [Sydow 1992, S. 103]. Dies zeigt sich insbesondere bei strategischen Familien, die in der japanischen Organisationstheorie als Keiretsu bezeichnet werden [Burt 1994, S. 17ff.].[1] Ziel ist hier, jedes Element innerhalb der Wertschöpfungskette durch partnerschaftliche Führung zu stärken. Dabei können innerhalb der strategischen Familie Austauschbeziehungen marktlicher Art (z.B. der Bezug von Vorleistungen eines Zulieferers) durch eine enge Verknüpfung der Logistik in starkem Maße kooperative Züge erhalten. Darüber hinaus sind auch die Vielzahl informeller Beziehungen zwischen Unternehmen, die sich z.B. auf den Austausch von Marktdaten beziehen, ohne daß eine entsprechende vertragliche Vereinbarung existiert, im Bereich kooperativen Handelns anzusiedeln [vgl. hierzu Wurche 1994, S. 34ff.] [Scherer 1995, S. 18].
Tröndle nennt daher als Unterscheidungsmerkmal der Kooperation zur Markttransaktion das Überschreiten einer Mindestinterdependenz der Partner, um gemeinsame Ziele zu erreichen [vgl. Vizjak 1990, S. 31]. Der Grad der Interdependenz zwischen den Unternehmen läßt sich mit Hilfe von Kriterien, wie dem Autonomiegrad, näher beschreiben. Ein hoher Autonomiegrad zeigt, daß eine Kooperation eher im Bereich der Marktkoordination (z.B. unverbindliche Absprachen, stillschweigend aufeinander abgestimmtes Verhalten) einzuordnen ist, wohingegen ein niedriger Grad an Autonomie bei Gemeinschaftsunternehmen vorzufinden ist [Sydow 1992, S. 104].
Tendenziell läßt sich sagen, daß je größer die Gruppengröße, desto unabhängiger

---

[1] Als strategische Familie werden nach Albach mehrere Unternehmen bezeichnet, deren Erfolg am Markt entscheidend voneinander abhängig ist und deren Strategien komplementär sind. Innerhalb einer strategischen Familie herrscht Leistungswettbewerb, nicht jedoch Marktwettbewerb. Das Netzwerk von Abnehmer-Lieferanten-Beziehungen bildet z.B. eine strategische Familie [Albach 1992, S. 65]. Aber auch erweiterte strategische Familien sind denkbar, die neben der Lieferanten-Abnehmer-Beziehung auch die Bankinstitute, die Personalberater und den Staat umfassen [Albach 1992, S. 669]. Häufig sind solche gewachsenen Beziehungen stabiler als institutionalisierte Kooperationen.

ist die Existenz der Kooperation vom Ein- bzw. Austritt eines einzelnen Kooperationspartners. Bestehen darüber hinaus diverse Kooperationen am Markt, die die gleichen Ziele verfolgen, desto größer ist die Bereitschaft der Unternehmen, sich einer anderen Kooperation anzuschließen. Mit anderen Worten: Je niedriger die Wechselkosten (Transaktionskosten, Ein- und Austrittskosten in eine Kooperation) in eine andere Kooperation sind, desto höher ist die Wechselbereitschaft und desto eher sind diese Kooperationen im Bereich der Marktkoordination einzuordnen.[1]

2.6.2 Hierarchie

Hierarchien sind nach Williamson dadurch gekennzeichnet, daß die Interdependenz der Unternehmen auf Macht beruht. Häufig geht damit auch ein Beherrschungsverhältnis bei Unternehmenszusammenschlüssen einher, das in Folge dann zu einer Konzentration durch entsprechende Beteiligungsquoten führen kann [Scherer 1995, S. 19]. „...hierarchical transactions are ones for which a single administrative entity spans both sides of the transaction, some form of subordination prevails, and typically consolidated ownership obtains....“[Williamson 1975, S. 6].[2]

Hierarchien lassen sich daher ebenso wie der Marktbezug über das Kriterium des Interdependenzgrades gegenüber der Kooperationsform abgrenzen. Wurche nennt als Minimalkriterium für die Abgrenzung der Kooperation von der Hierarchie die Existenz eines Handlungsspielraums [Wurche 1994, S. 37]. Hier stellt sich allerdings die Frage, ob Handlungsspielräume, die lediglich in strategisch unwichtigen Feldern gewährt werden, und wo im Gegenzug die wichtigen Leitlinien nicht selbständig festgelegt werden können, als Kriterium für eine Kooperation ausreichen. Auch die wirtschaftliche Selbständigkeit als Abgrenzungskriterium von Kooperationen gegenüber Formen der Konzentration ist ungenau. Denn gerade bei Volks- und Raiffeisenbanken sowie bei Sparkassen haben die einzelnen Verbände und Rechenzentren einen großen Einfluß auf die Geschäftsstrategien der Primärbanken. Obgleich diese wirtschaftlich und rechtlich selbständig sind, scheint fraglich, ob sie ohne die Unterstützung der Verbände und Rechenzentren überhaupt existieren könnten [vgl. Lengwiler 1988, S. 35]. Hier hängt demnach das Urteil, ob in solchen Fällen das einzelne Institut noch über ausreichend Entscheidungsfreiraum verfügt, vom Standpunkt des jeweiligen Beurteilenden ab. Daher scheint das Kriterium der Existenz einer Mindestautonomie (die dann weitgehend im Ermessen des Beurteilenden liegt), als Abgrenzungskriterium geeigneter zu sein [Vizjak 1990, S. 32].

---

[1] Am Beispiel der Vebacom läßt sich dies zeigen. Bei der Vermarktung des digitalen Fernsehens arbeitete die Vebacom zunächst mit Bertelsmann, Telekom und anderen Medienkonzernen, z.B. ARD, zusammen. Nachdem auch die Kirch-Gruppe gemeinsam mit Metro eine Kooperation aufbaute, wechselte die Vebacom die Partner.

[2] Bei der Konzentration verlieren die Unternehmen dabei mindestens ihre wirtschaftliche Selbständigkeit (z.B. Unterordnungskonzern), häufig auch noch ihre rechtliche Selbständigkeit (z.B. Fusion durch Aufnahme oder Neubildung) [vgl. Wöhe 1990, S. 407].

2.6.3 Fusionen

Fusionen entstehen im Zuge von Unternehmenszusammenschlüssen und sind eine Form der Konzentration. Eine Abgrenzung der Fusion gegenüber Formen der Kooperation ergibt sich zum einen aus der Notwendigkeit, daß viele Übernahmen und Fusionen in der Literatur im Gleichlaut mit Kooperationen genannt werden. Zum anderen sind neben den Kooperationstendenzen zunehmend auch Fusionstendenzen in der Bankbranche zu beobachten und sollten daher gegeneinander abgegrenzt werden. Fusionstendenzen zeigen sich sowohl bei den größten der Bankbranche,[1] als auch bei vielen kleinen Banken. So hat sich die Zahl der bayerischen Genossenschaftsbanken innerhalb von 4 Jahren[2] von 892 um 22,5% auf 691 verringert [Lang/Welzel 1995, S. 82].[3]
Die Fusion ist die engste Form des Unternehmenszusammenschlusses. Im Gegensatz zum Kartell oder Konzern, bei denen die Unternehmen ihre rechtliche Selbständigkeit behalten, erfolgt bei der Fusion sowohl eine wirtschaftliche als auch eine rechtliche Vereinigung [Wöhe 1990, S. 463]. Diese Vereinigung kann entweder durch Gründung eines neuen Unternehmens oder durch Aufnahme eines Unternehmens in ein anderes vollzogen werden. Wesentliches Unterscheidungskriterium gegenüber der Kooperation ist die rechtliche Selbständigkeit. Während diese bei fusionierenden Unternehmen aufgegeben wird und gleichzeitig die Unternehmen unter einer einheitlichen Leitung mit Weisungsbefugnis zusammengeführt werden, bleiben die Partner bei Kooperationen rechtlich und weitestgehend auch wirtschaftlich selbständig [Lutz 1993, S. 48].

2.7 Kooperationen als Teil des strategischen Managements

Eine Bank steht bei vielen Entscheidungen vor der Frage, ob sie mit anderen Instituten zusammenarbeiten soll oder nicht. Die Entscheidung für oder gegen eine Kooperationslösung ist damit eine Frage der strategischen Führung und fällt somit in den Bereich des strategischen Bankmanagements.
Kooperation ist eine mehrerer möglichen Strategien, um ein vorgegebenes Unternehmensziel zu erreichen. Unter einer Strategie ist dabei ein Problemlösungspfad zu verstehen, um von einer strategischen Ausgangsposition zu einer strategischen Zielposition zu gelangen [Hinterhuber 1992, S. 106]. Wie Abb. 2-7 zeigt, leiten sich die Unternehmensstrategien aus der übergeordneten Unternehmenspolitik und der Vision der Bank, die sich in ihrem Leitbild konkretisiert, ab. Das unternehmenspolitische Handeln sowie das strategische Handeln sind dabei eng verzahnt, so daß keine Unternehmenspolitik sinnvoll machbar ist ohne die Kenntnis des strategischen Instrumentariums einer Bank und umgekehrt keine Strategie ohne die Kenntnis der unternehmenspolitischen Erfordernisse denkbar ist.

---

[1] Im amerikanischen Bankenmarkt gab es im Verlauf von 1995 allein unter den 50 größten Banken acht Zusammenschlüsse oder Übernahmen [Bartmann 1995, S. 13].
[2] Im Zeitraum von Dezember 1990 bis September 1994.
[3] Gleichzeitig ist die durchschnittliche Bilanzsumme der bayerischen Genossenschaftsbanken von 127 Mio. DM auf 215 Mio. DM angestiegen [Lang/Welzel 1995, S. 82].

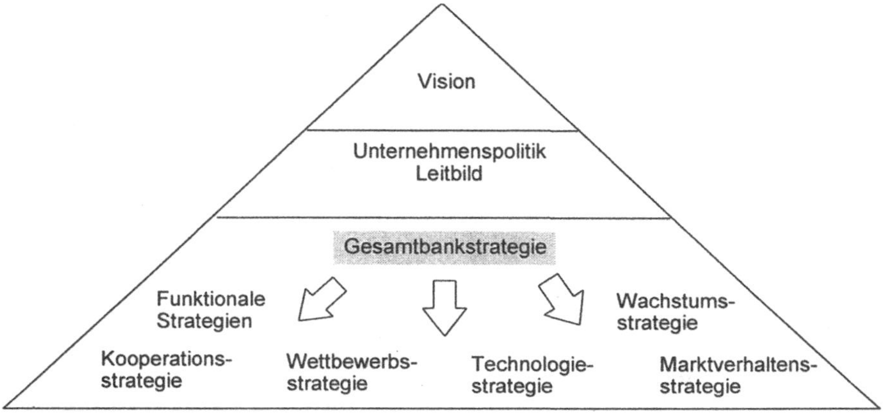

Abb. 2-7: Die Umsetzung der Vision in der Unternehmenspolitik und Gesamtbankstrategie

Die Unternehmenspolitik einer Bank umfaßt dabei die Gesamtheit aller Unternehmensgrundsätze, die entweder in einem Leitbild festgelegt sind oder auch mündlich weitergegeben werden [vgl. Meffert 1986, S. 76]. Diese Unternehmensgrundsätze betreffen den Zweck und den Tätigkeitsbereich der Unternehmung und geben gleichzeitig an, welche Normen, Werte und Ideale innerhalb der Unternehmung gelten [Hinterhuber 1992, S. 57]. Konkreter werden diese Grundsätze in den Teilzielen, wie z.B. den Gewinnausschüttungszielen, den Personalzielen, Leistungsprogrammzielen oder auch den Imagezielen der Bank, gefaßt [Priewasser 1992, S. 169].
In der Unternehmenspolitik konkretisiert sich die Vision, die letztlich den Wunsch nach einer Umweltveränderung darstellt [Hinterhuber 1992, S. 42].

Die Gesamtbankstrategie einer Bank zur Erreichung eines Unternehmenszieles besteht aus mehreren Teilstrategien (vgl. Abb. 2-8). Die Kooperationsstrategie ist eine davon. Sie reiht sich in eine Vielzahl anderer strategischer Entscheidungen ein. Dazu gehören u.a. die Wettbewerbsstrategie, die Technologiestrategie und die Wachstumsstrategie einer Bank.
Beispielhaft sollen die Wettbewerbs- und Technologiestrategie aufgezeigt werden, da diese beiden Strategien die größten Wechselwirkungen mit der Kooperationsstrategie aufweisen.

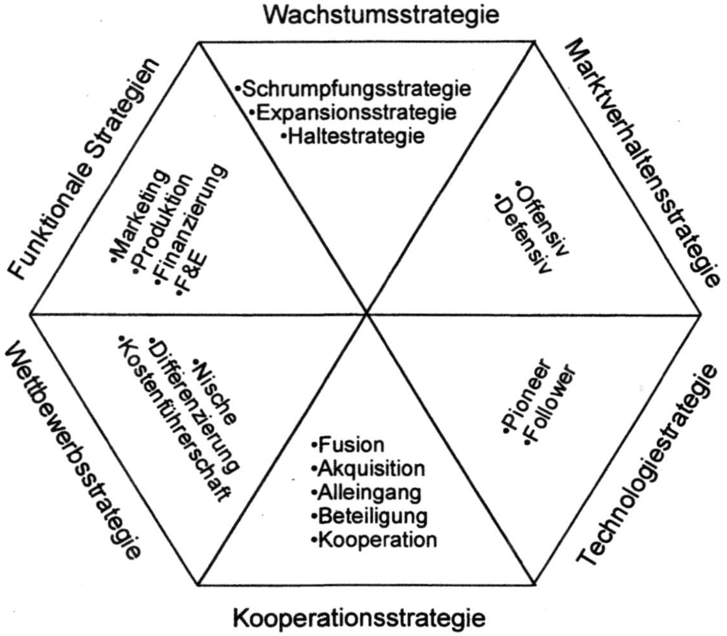

Abb. 2-8: Teilstrategien einer Bank

Bei der Wettbewerbsstrategie können Banken nach Porter zwischen drei verschiedenen Strategietypen wählen. Diese umfassen

- die umfassende Kostenführerschaft,
- die Differenzierung sowie
- die Konzentration auf Schwerpunkte.

Bei der umfassenden Kostenführerschaft versucht die Bank, einen umfassenden Kostenvorteil z.B. durch Größenvorteile zu erlangen. Demgegenüber wird bei der Differenzierung versucht, etwas zu schaffen, was in der gesamten Branche als einzigartig betrachtet wird [vgl. Porter 1992b, S. 65]. Der dritte Strategietyp erfordert eine Konzentration auf Marktnischen, d.h. auf eine bestimmte Abnehmergruppe, einen bestimmten Teil des Produktprogramms oder einen geographisch abgegrenzten Markt [vgl. Porter 1992b, S. 67].
Bei der Wahl der Technologiestrategie lassen sich zwei Typen strategischer Grundhaltungen unterscheiden. Bei der Pioneerstrategie setzt die Bank auf den progressiven Einsatz neuer Technologien. Pioneerbanken sind risikofreudiger, d.h. sie schätzen die erhöhten Risiken der Pioneerstrategie, wie z.B. Unsicherheit über die Benutzerakzeptanz, über das Preis/Leistungsverhältnis oder die Verwendung unausgereifter technischer Standards, geringer ein als die Chance, über den frühzeitigen Markteintritt durch Wissens- und Erfahrungsvorsprünge Wettbewerbsvorteile zu erzielen [vgl. Porter 1992b, S. 175]. Risikoaversere Banken setzen demgegenüber auf die Followerstrategie, d.h. auf die bewußte Imitation der

Vorreiterbanken.
Die unterschiedlichen Strategien sind nicht unabhängig voneinander; manche Strategien bedingen sich gegenseitig. Die Entscheidung, als Pioneer in einen Markt einzutreten, für den die Bank keine Kernkompetenz aufweist, setzt z.B. marktspezifisches Know-how voraus. Hier bietet sich die Kooperation mit Unternehmen an, die bereits über Markterfahrung verfügen; ein Alleingang ist häufig nicht realisierbar.

Die Kooperationsstrategie ist also niemals Selbstzweck, sondern immer ein Instrument zur Erreichung höherer Unternehmensziele. Im Vergleich zu den anderen dargestellten Strategien hat sie umsetzungsorientierten Charakter. Die Kooperation ist neben dem Alleingang, der Akquisition, Beteiligung und Fusion eine mögliche Strategie zur Erreichung eines vorgegebenenen Unternehmensziels. Ihre Vorteilhaftigkeit gegenüber den anderen Strategien ist im Einzelfall zu prüfen. Hat sich eine Bank für die Kooperationsstrategie entschieden, so ist abzuwägen, ob die Bank eine neue Kooperation eingeht, einer bestehenden Kooperation mehrerer Unternehmen beitritt oder eine bestehende Zusammenarbeit aufgibt.

3 Die elektronische Bank-Kunde-Schnittstelle als Betrachtungsfeld für Kooperationsformen

3.1 Definition

Die elektronische Bank-Kunde-Schnittstelle umfaßt sämtliche elektronisch basierten Kommunikationswege zwischen Bank und Kunde sowie die Dienstzugänge (Hard- und Software), um auf die Bankmarktleistungen elektronisch zugreifen zu können. Hierbei sind die Dienste bei der Bank, auf denen die Bankmarktleistungen eingestellt werden, vom Dienstzugang beim Kunden, durch den die Bankmarktleistungen in Anspruch genommen werden können, zu unterscheiden. Unter Bankmarktleistungen werden dabei sowohl Bankprodukte im traditionellen Sinn als auch Informations- und Garantieleistungen als sogenannte Sekundärdienstleistungen verstanden. Bankmarktleistungen, die i.d.S. elektronisch vertrieben werden, werden vielfach auch als elektronische Bankmarktleistungen bezeichnet.

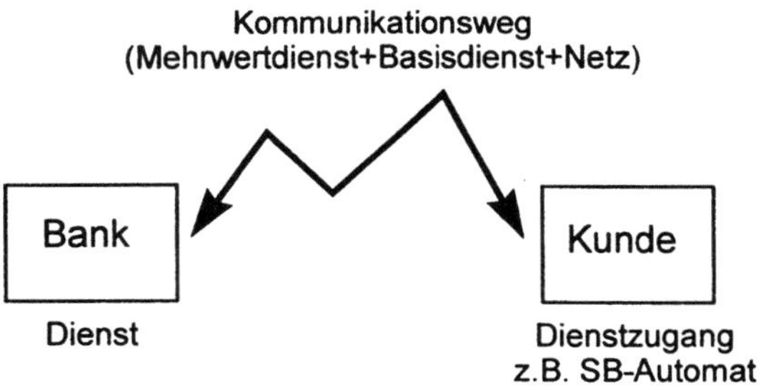

Abb. 3-1: Die elektronische Bank-Kunde-Schnittstelle

Der Dienstzugang erfolgt bankseitig häufig über einen Vorrechner. Die Kunden können über Hardware-Endgeräte, wie Selbstbedienungsautomaten, Smartphones oder PCs, und entsprechende Software, wie bspw. Microsoft Money, über die Kommunikationswege auf die Bankmarktleistungen zugreifen.

3.2 Bedeutung der elektronischen Bank-Kunde-Schnittstelle für das Bankgeschäft

Seit Beginn der achtziger Jahre hat die elektronische Bank-Kunde-Schnittstelle stark an Bedeutung gewonnen. Der Anteil der elektronisch in Anspruch genom-

menen Bankmarktleistungen ist in diesem Zeitraum stark angestiegen. Gemäß einer von Priewasser durchgeführten Delphi-Studie wird die Verbreitung von elektronischen Bankvertriebswegen auch in Zukunft weiter zunehmen. Demzufolge werden im Jahr 2000 10% aller Geschäftsabschlüsse über Selbstbedienungsautomaten getätigt, im Jahr 2009 sogar 15%. Die Anzahl der Geschäftsabschlüsse über das Telebanking (bei Priewasser als Homebanking bezeichnet) wird von 5% im Jahr 2000 auf 8% im Jahr 2009 ansteigen [Priewasser 1994, S. 200].
Diese These wird durch eine vom Institut für Bankinformatik in 1995 durchgeführte Delphistudie gestützt. Demnach werden im Jahr 2000 ca. 12.000 multifunktionale Bankautomaten in Deutschland aufgestellt sein. Im Jahr 2005 werden dies bereits 25.000 multifunktionale Bankautomaten sein [Kreuzer 1995, S. 56].
Für Banken ergeben sich aus dieser Entwicklung sowohl Chancen als auch Risiken. Als wesentliche Chancen sind die damit verbundenen Rationalisierungspotentiale, der Aufbau neuer Vertriebswege, eine Qualitätssteigerung der Vertriebswege sowie die Möglichkeit der Ausweitung des Geschäftsgebietes zu nennen. Risiken ergeben sich hauptsächlich durch verminderte Markteintrittsbarrieren. Non&Near Banks, ausländische Banken und Direktbanken, die ausschließlich ihre Bankmarktleistungen über die elektronische Bank-Kunde-Schnittstelle vertreiben, können mit vergleichsweise geringen Anfangsinvestitionen in den Markt eintreten. So verursacht der Aufbau einer Filialbank mit gleicher Flächenwirkung etwa die vier- bis fünffachen Kosten einer Direktbank [Krüger 1996, S. 360ff.].[1] Im Vergleich zum Filialvertrieb kann somit über die elektronische Bank-Kunde-Schnittstelle vergleichsweise schnell eine Flächenpräsenz erzielt werden.

3.3 Technische Realisierung der elektronischen Bank-Kunde-Schnittstelle

Die technische Realisierung der elektronischen Bank-Kunde-Schnittstelle basiert auf einem telematischen System, das mehrere Schichten umfaßt. Im folgenden sollen diese Schichten kurz beschrieben werden. Der Aufbau der Schichten erfolgt nach dem Prinzip der Mehrwertgenerierung, d.h. je höher die Schicht, desto höher ist der Mehrwert, der generiert wird.

- Kommunikationsnetze: Die unterste Ebene bilden die Kommunikationsnetze [vgl. Schmid 1995, S. 55]. Sie stellen die physikalische Infrastruktur zum Austausch von Sprache, Daten und Bildern zwischen geographisch entfernten Instanzen dar. Zu den bekannten Telekommunikationsnetzen zählen z.B. terrestrische Netze, Richtfunknetze oder Satellitennetze [vgl. Steinbach 1993, S. 24].
- TK-Dienste: Auf diesen Kommunikationsnetzen aufbauend werden die Telekommunikationsdienste implementiert. Die Anbieter von Telekommunikationsdiensten nutzen die Kommunikationsnetze und reichern diese mit verschie-

[1] Der Aufbau einer Direktbank verursacht ca. 80 bis 100 Millionen DM Anfangsinvestitionskosten im ersten Jahr. Demgegenüber kostet der Aufbau einer Filialbank mit etwa 350 bis 400 Filialen ca. 400 Millionen DM [Krüger 1996, S. 362].

denen Leistungen an. Diese TK-Dienste stellen dann die eigentliche Dienstleistung gegenüber dem Kunden dar. TK-Dienste sind weitgehend unabhängig von den zugrundeliegenden Kommunikationsnetzen, d.h. auf einem Kommunikationsnetz können unterschiedliche TK-Dienste verschiedener Diensteanbieter realisiert werden, bzw. derselbe Dienst kann auf unterschiedlichen Kommunikationsnetzen eingerichtet werden [vgl. Steinbach 1993, S. 27]. Der Telefondienst kann beispielsweise sowohl auf einem Funknetz als auch auf einem terrestrischen Netz realisiert werden. Stellt ein TK-Dienst lediglich eine Kommunikationsverbindung bereit, wie z.B. beim Telefondienst oder bei den paket- und leitungsvermittelnden Datendiensten, so wird dies als Basisdienst bezeichnet. Leistungen, die im technischen Sinn über die Bereitstellung einer Kommunikationsverbindung hinausgehen, werden als Mehrwertdienste (Value Added Services) bezeichnet. Hierzu zählen Mailboxdienste, Datenbankdienste, Online-Dienste, wie America Online oder das Internet, sowie Dienste von Netzwerkbetreibern, wie easycash oder Telecash. Im Gesamtmodell der elektronischen Bank-Kunde-Schnittstelle werden Kooperationen bei TK-Diensten im Teilfeld Elektronischer Markt untersucht.

- Dienstzugänge: Dienstzugänge bilden die Schnittstelle zwischen den Anwendungen und den Mehrwertdiensten. Sie bestehen aus einer Hardwarekomponente und einer zugehörigen Software. Bei Dienstzugängen lassen sich spezielle Dienstzugänge und universelle Dienstzugänge unterscheiden [Kerscher 1995, S. 32]. Zu den speziellen Dienstzugängen zählen Geldausgabeautomaten, POS-Kartenlesegeräte sowie Kontoauszugsdrucker. Universelle Dienstzugänge sind Multimediaautomaten, PCs und Smart Phones. Für die in dieser Arbeit betrachteten Kooperationen beim Automatenbanking sind insbesondere die universellen Dienstzugänge von Interesse.
- Anwendungsdienste: Die Anwendungsplattform beinhaltet die elektronischen Inhalte, Produkte und Leistungen. Dazu zählen Informationsanwendungen (Informationen über Branchen, Konjunktur, Kooperationspartner im Ausland), Kommunikationsanwendungen, wie z.B. Chat-Foren für Laien und Experten [vgl. Gaida 1995, S. 148], oder auch Transaktionsanwendungen. Zu den Transaktionsanwendungen zählen neben dem elektronischen Zahlungsverkehr auch Dokumente, wie Frachtbriefe, Lieferscheine und Rechnungen, die sich standardisiert elektronisch abbilden lassen [vgl. Kerscher 1995, S. 33].

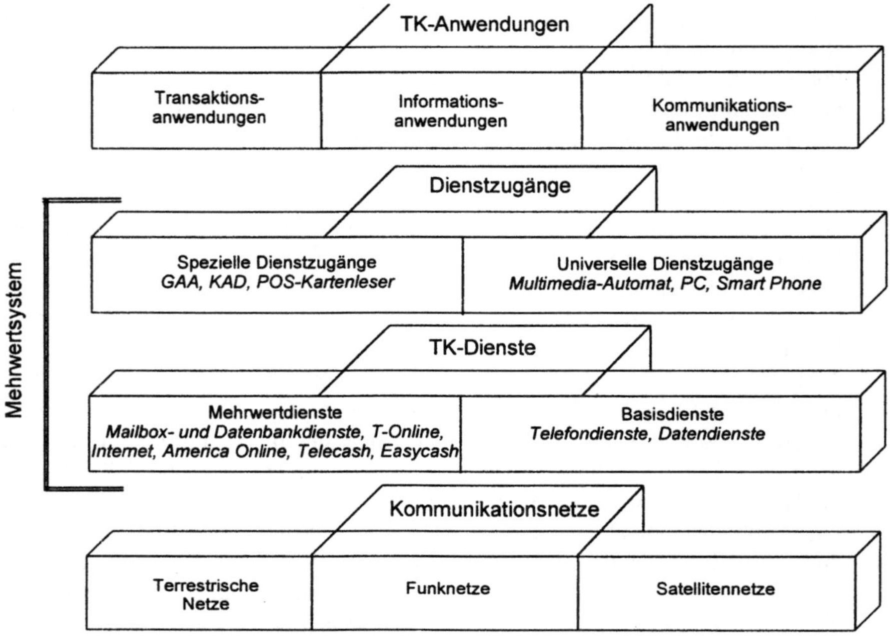

Abb. 3-2: Technischer Aufbau der elektronischen Bank-Kunde-Schnittstelle

Zur technischen Realisierung der elektronischen Bank-Kunde-Schnittstelle bedarf es aller Schichtebenen, also der Kommunikationsnetze, der TK-Dienste, der Dienstzugänge sowie der Anwendungen. Die Präsentation der elektronischen Bank-Kunde-Schnittstelle gegenüber dem Kunden erfolgt allerdings weitgehend nur durch zwei Schichtebenen, durch die Mehrwertdienste und die Dienstzugänge. Gemeinsam bilden sie ein Mehrwertsystem.

3.4 Gesamtmodell und Betrachtungsteilfelder der elektronischen Bank-Kunde-Schnittstelle

3.4.1 Gesamtmodell

Die elektronische Bank-Kunde-Schnittstelle kann, wie soeben dargestellt, aus technischer Sicht als auch aus Kundensicht betrachtet werden. In vorliegender Untersuchung wird die elektronische Bank-Kunde-Schnittstelle aus Kundensicht betrachtet. Dabei wird diese durch drei Bereiche bestimmt: Durch die zugrundeliegende Technologie, den Vertrieb und die angebotenen Produkte (vgl. Abb. 3-3).

Die technologische Ebene bildet die Basis für die elektronische Bank-Kunde-Schnittstelle. Hierunter sind insbesondere die Telekommunikationsnetze zu verstehen. Darauf aufbauend setzen die elektronischen Vertriebswege auf. Dazu zählen das Telebanking (das das Telefonbanking, das PC-Banking sowie das Banking im Elektronischen Markt umfaßt) und das Automatenbanking. Über diese elektronischen Vertriebswege werden dem Kunden unterschiedliche Produkte (i.d.S. Bankmarktleistungen) offeriert. Diese betreffen die Bereiche Aktivgeschäft, Passivgeschäft, Zahlungsverkehr und Provisionsgeschäft.

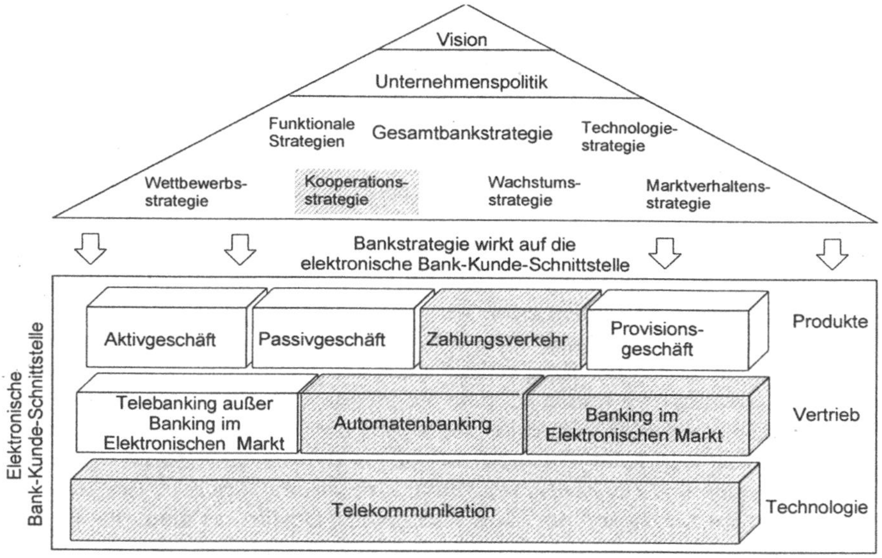

Abb. 3-3: Gesamtmodell der elektronischen Bank-Kunde-Schnittstelle

In der vorliegenden Arbeit werden die Betrachtungsteilfelder Telekommunikation, Automatenbanking, Banking im Elektronischen Markt sowie Zahlungsverkehr hinsichtlich Kooperationen näher untersucht. Folgende Gründe sprechen für die Konzentration auf diese vier Betrachtungsteilfelder:

- Der Zahlungsverkehr bildet den Kern der Bankgeschäfte. Über den Zahlungsverkehr hält die Bank Kontakt zum Kunden. Gleichzeitig erhält sie über den Zahlungsverkehr Informationen über ihre Kunden. Darüber hinaus weist der Zahlungsverkehr einen hohen Verflechtungsgrad mit den übrigen Bankgeschäften auf. Denn fast jedes Bankgeschäft impliziert einen Zahlungsvorgang. Der Zahlungsverkehr hat damit aus Sicht der Banken eine hohe strategische Bedeutung. Für Banken ist es deshalb wichtig, auch zukünftig den Zahlungsverkehr abzuwickeln.
  Kooperationen spielen im Zahlungsverkehr seit jeher eine bedeutende Rolle. Da der Zahlungsverkehr einen Austausch von Zahlungen nach sich zieht, haben sich die Banken bereits früh auf gemeinsame Abwicklungsnormen, Standards und gegenseitige Vereinbarungen geeinigt. Im Auslandszahlungsverkehr zeigt sich dies durch eine Vielzahl von Korrespondenzbankbeziehungen. Mit

der zunehmenden Internationalisierung der Wirtschaftsbeziehungen gewinnen Kooperationen im Auslandszahlungsverkehr eine besondere Bedeutung.

- Die Telekommunikation bildet die Basis für das elektronische Bankgeschäft und damit auch für die elektronische Bank-Kunde-Schnittstelle. Qualität, Preis und Leistungsfähigkeit der elektronischen Bankmarktleistungen werden wesentlich durch die Entwicklung der Telekommunikationsinfrastruktur beeinflußt. Gleichzeitig ist die Telekommunikation ein neues Geschäftsfeld für Banken. Über die Telekommunikation können sich Banken zunehmend von ihren Mitbewerbern differenzieren. Kooperationen als umsetzungsorientierte Strategie zur Know-how-Beschaffung und Kostensenkung nehmen dabei eine immer bedeutendere Stellung ein.
- Das Automatenbanking als elektronischer Vertriebsweg im Rahmen der Kundenselbstbedienung gewinnt bei den Banken verstärkt nicht nur als Rationalisierungsinstrument, etwa in Form von Geldausgabeautomaten und Kontoauszugsdruckern, sondern vielmehr auch als Marketinginstrument an Bedeutung. In diesem Zusammenhang werden Kooperationen mit Dienstleistungs- und Handelsunternehmen interessant.
- Banking im Elektronischen Markt als Teilbereich des Telebanking neben PC-Banking und Telefonbanking erfährt durch das Internet und die kommerziellen Online-Dienste eine immer größere Verbreitung. In diesem Bereich spielen - im Gegensatz zu den anderen Teilbereichen des Telebanking - Kooperationen eine bedeutende Rolle. Ursache hierfür ist zum einen die sehr dymanische Entwicklung des Elektronischen Marktes und damit verbunden die Kurzlebigkeit von spezifischem Know-how. Zum anderen erfordern die besonderen Eigenschaften des Elektronischen Marktes aus Marketinggesichtspunkten eine erhöhte Kooperationsbereitschaft.

Auf der Produktebene werden die Teilfelder Aktivgeschäft, Passivgeschäft und Provisionsgeschäft von der Untersuchung ausgeschlossen, obgleich in diesen Bereichen eine hohe Kooperationshäufigkeit festzustellen ist. Diese Kooperationen dienen jedoch primär dazu, das Allfinanzangebot der Banken zu erweitern. Kooperationspartner sind hier vor allem Versicherungen, Investment- und Brokerhäuser sowie Bausparkassen [Stracke/Geitner 1992, S. 565]. Die elektronische Bank-Kunde-Schnittstelle spielt bei der Kooperationsentscheidung nur eine untergeordnete Rolle. Daher werden diese Bereiche von der Untersuchung ausgeklammert.

Die Gestaltung der elektronischen Bank-Kunde-Schnittstelle und auch deren Bedeutung für die Bank wird wesentlich von der Gesamtbankstrategie beeinflußt. Die Gesamtbankstrategie, die letztlich den Weg zur Umsetzung der Bankziele darstellt, setzt sich, wie bereits dargestellt, aus mehreren Teilstrategien zusammen. So impliziert beispielsweise die Entscheidung, den Geschäftsbereich über den regionalen Bereich hinaus auszuweiten, daß der elektronischen Bank-Kunde-Schnittstelle dabei eine besondere Bedeutung beikommt. Die elektronische Bank-Kunde-Schnittstelle hat damit insbesondere für Banken mit einer geringen Filialdichte eine hohe Bedeutung.

3.4.2 Betrachtungsteilfeld Telekommunikation

Telekommunikation bezeichnet allgemein jegliche Form von Kommunikation, bei der mit Hilfe technischer, primär elektronischer Vorrichtungen ein Austausch von Nachrichten über eine gewisse Entfernung hinweg vorgenommen wird [Steinbach 1993, S. 6]. Aufgrund der räumlichen Trennung zwischen Sender (z.B. Bank) und Empfänger (z.B. Kunde) ist eine direkte Kommunikation mittels optischer, akustischer und taktiler Signale nicht mehr möglich. Es bedarf daher bei größeren Distanzen der Schaffung neuer Kommunikationswege. Diese setzen sich aus Telekommunikationsnetzen, über die der physische Transport der Signale erfolgt, und darauf aufsetzenden Diensten, wie z.B. den Sprachdiensten, zusammen [Kerscher 1995, S. 5]. Für Banken ist die Telekommunikation in drei Ausprägungsformen wichtig:

- Telekommunikation im Intrabankenverkehr, z.B. zur Verbindung von Standorten. So sind beispielsweise die Filialen von Banken über diverse Netze miteinander verbunden. Großbanken, die weltweit über Filialen verfügen, benötigen ein weltumspannendes Telekommunikationsnetz, um global agieren zu können.
- Telekommunikation im Interbankenverkehr. Die Kommunikation zwischen den Banken untereinander, mit der Bundesbank, mit Clearinghäusern, Kreditkartengesellschaften und Börsen erfolgt immer mehr auf Basis elektronischer Systeme. Die Telekommunikation als Informationsübermittlungsbasis ist dabei ein wesentlicher Bestandteil. So erfolgt das Clearing zwischen den Banken und der Bundesbank über die Elektronische Abrechnung Frankfurt (EAF II). Über das Integrierte Börsenhandels- und Informations-System IBIS können die Börsenteilnehmer Aktien und Anleihen elektronisch handeln [Obst/Hintner 1993, S. 1254].
- Telekommunikation zwischen Bank und Kunde. Wie bereits dargestellt, erweitert die elektronisch basierte Kommunikation zwischen Bank und Kunde das Spektrum der Kommunikationsmöglichkeiten. Die Telekommunikation bildet dabei die technische Basis für das elektronische Privat- und Firmenkundengeschäft.

Im folgenden beschränken sich die Betrachtungen der Telekommunikation im wesentlichen auf die zuletzt genannte Ausprägungsform der Telekommunikation. Dabei interessieren insbesondere die Auswirkungen der Telekommunikationsnetze und der dort erfolgenden Kooperationen auf die elektronische Bank-Kunde-Schnittstelle. Die Telekommunikation zwischen Banken und anderen Finanzinstitutionen ist dabei insofern relevant, als daß sie Auswirkungen auf die elektronische Bank-Kunde-Schnittstelle hat. Dies zeigt sich vor allem im Bereich des Zahlungsverkehrs. Daher ist im Betrachtungsteilfeld Zahlungsverkehr auch die Kommunikation zwischen Banken und anderen Finanzinstitutionen von Interesse.

3.4.3 Betrachtungsteilfeld Automatenbanking

Gemeinsam mit dem Telebanking ist das Automatenbanking dem Vertriebskonzept der Kundenselbstbedienung bei Banken zuzuordnen. Die Kundenselbstbedienung gewinnt seit Ende der sechziger Jahre, als die ersten Geldausgabeautomaten eingeführt wurden, zunehmend an Bedeutung [Obst/Hintner 1993, S. 637]. Dabei nehmen die Kunden beim Telebanking Bankmarktleistungen über Endgeräte in Anspruch, die in ihrem eigenen Einflußbereich stehen. Beim Automatenbanking befinden sich die Automaten demgegenüber im Einflußbereich der Bank oder bei Kooperationspartnern. Als Zugangsmedium zum Automatenbanking benötigt der Kunde eine Karte, wobei es sich um eine Scheckkarte, Kreditkarte, Debitkarte oder vorausbezahlte Karte handeln kann. Technisch basieren diese Karten überwiegend auf Magnetstreifenkarten. Sie werden aber zusehends durch Chipkarten, die eine größere Speicherkapazität aufweisen und höheren Sicherheitsanforderungen gerecht werden, ersetzt [Eilenberger 1996, S. 398]. Bei der Inanspruchnahme von sehr sicherheitssensitiven Bankmarktleistungen, wie z.B. dem Abheben von Bargeld, benötigt der Kunde darüber hinaus eine PIN (Persönliche Identifikations-Nummer), die er über die Tastatur des Automaten eingibt.

3.4.4 Betrachtungsteilfeld Elektronischer Markt

Der Elektronische Markt als elektronischer Vertriebsweg von Bankmarktleistungen gewinnt im Zuge der Entwicklung kommerzieller Online-Dienste und des Internet eine wachsende Bedeutung. Bei einem Elektronischen Markt handelt es sich aus theoretischer Sicht um einen Markt, auf dem sich die aggregierte Nachfrage und das aggregierte Angebot treffen.

Die zentrale Funktion von Märkten ist die Allokation von Ressourcen. Nach der neoklassischen Theorie in der Volkswirtschaftslehre werden die einzelnen Prozesse auf Märkten so koordiniert, daß die Allokation der Ressourcen möglichst optimal erfolgt und damit die gesamtwirtschaftliche Wohlfahrt maximiert wird. Die zentrale Steuerungsfunktion übernehmen dabei die Preise. Dabei bedient sich dieses theoretische Modell eines Marktes bestimmter Annahmen, wie der Existenz des Homo oeconomicus, der Markttransparenz und der unendlich schnellen Anpassungsgeschwindigkeit. Diese sind in der Realität so nicht vorzufinden. Allerdings ist davon auszugehen, daß Elektronische Märkte im Vergleich zu anderen Märkten die Modellannahmen Markttransparenz und schnelle Anpassungsfähigkeit noch am ehesten erfüllen.

In Anlehnung an Schmid existieren folgende Definitionen für Elektronische Märkte:

„Elektronische Märkte im engeren Sinne sind mit Hilfe der Telematik realisierte Marktplätze, d.h. Mechanismen des marktmässigen Tausches von Gütern und Leistungen, die alle Phasen der Transaktion unterstützen" [Schmid 1993, S. 468].

Werden nicht alle Phasen der Transaktion - die Informationsphase, die Vereinbarungsphase und die Abwicklungsphase - unterstützt, so bezeichnet Schmid diese Form als Elektronische Märkte im weiteren Sinne.

„Unter Elektronischen Märkten im weiteren Sinne sind informationstechnische Systeme zur Unterstützung aller oder einzelner Phasen und Funktionen marktmässig organisierter Leistungskoordination zu verstehen" [Schmid 1993, S. 468].

Ein Elektronischer Markt umfaßt demzufolge sämtliche Austauschbeziehungen zwischen den anbietenden und nachfragenden Marktteilnehmern. Als Anbieter im Elektronischen Markt kommen besonders Dienstleistungsunternehmen, Handelsunternehmen, Informationsanbieter und Banken in Betracht. Dabei erfolgt aus Sicht der Kunden der Zugang zu den Bankmarktleistungen im Elektronischen Markt in der Regel über das Telebanking.

3.4.5 Betrachtungsteilfeld Zahlungsverkehr

Allgemein wird die Gesamtheit aller Zahlungsvorgänge (Zahlungstransaktionen) zwischen Wirtschaftssubjekten einer Volkswirtschaft sowie von dieser und in diese als Zahlungsverkehr bezeichnet [Büschgen 1992, S. 1717].
Der Zahlungsverkehr an der elektronischen Bank-Kunde-Schnittstelle umfaßt demzufolge sämtliche elektronisch basierten Zahlungstransaktionen zwischen Bank und Kunde. Dabei sind Bank und Kunde über einen elektronischen Kommunikationsweg miteinander verbunden.
An diesen bilateralen Kommunikationsweg zwischen Bank und Kunde schließen sich bankseitig diverse weitere elektronische Kommunikationsbeziehungen mit anderen Banken an. Die Trennung zwischen dem Kommunikationsnetz Bank-Kunde und den bankinternen Netzen verschwindet somit immer mehr. Daher ist es erforderlich, die gegenwärtige Sichtweise der elektronischen Bank-Kunde-Schnittstelle den Zahlungsverkehr betreffend zu erweitern. Denn die Qualität des dem Kunden zur Verfügung gestellten Leistungsspektrums im Zahlungsverkehr an der elektronischen Bank-Kunde-Schnittstelle ist abhängig von der gesamten Kommunikationskette, die sich zwischen den Dienstzugängen der beteiligten Banken und den Dienstzugängen der beteiligten Kunden befindet. So ist es beispielsweise den Volks- und Raiffeisenbanken aufgrund eines institutsspezifischen Clearingnetzes möglich, den Kunden ein kostengünstiges und transparentes Produkt im Auslandszahlungsverkehr zu offerieren.
Daher wird die Betrachtung des Zahlungsverkehrs an der elektronischen Bank-Kunde-Schnittstelle auch auf elektronische Zahlungsverkehrsnetze zwischen Banken erweitert.

3.5 Entwicklung eines weit gefaßten Kooperationsbegriffes für die elektronische Bank-Kunde-Schnittstelle

In Abb. 2-3 wurde gezeigt, wie Kooperationen zu klassifizieren sind. Dabei wurden vertikale, horizontale, komplementäre und neutrale Kooperationen unterschieden. Historisch sind Kooperationen vor allem in Form von horizontaler Zusammenarbeit bei Banken vorzufinden. Daher wird auch häufig von strategischen Allianzen bei Banken gesprochen. Die Beschränkung auf horizontale Kooperationen - strategische Allianzen - würde eine Vielzahl wichtiger Formen der Zusammenarbeit an der elektronischen Bank-Kunde-Schnittstelle nicht erfassen. Denn Kooperationen in den Betrachtungsteilfeldern Telekommunikation, Automatenbanking, Elektronischer Markt und Zahlungsverkehr sind sehr vielschichtig. Neben die traditionellen Kooperationen zwischen nationalen und internationalen

Banken treten verstärkt Kooperationen vertikaler und komplementärer Art. Kooperationspartner sind vor allem Telekommunikationsunternehmen, Dienstleistungsunternehmen sowie Soft- und Hardwarehersteller. Die vorliegende Arbeit weitet daher ihren Untersuchungsgegenstand auf den weniger eng gefaßten Begriff der Kooperation aus. Um alle diskutierten Kooperationsformen in diesem dynamischen Feld zu erfassen, wird darüber hinaus ein sehr weit gefaßter Begriff der Kooperation benutzt.
Unter einer Kooperation soll somit in der vorliegenden Arbeit das Bestehen einer Mindestinterdependenz der Partner verstanden werden, um gemeinsame Ziele zu erreichen.

3.6 Merkmalskatalog zur Beschreibung von Kooperationen an der elektronischen Bank-Kunde-Schnittstelle

Wie in Abb. 3-4 dargestellt, lassen sich Kooperationen in der Bankbranche nach verschiedenen Merkmalen charakterisieren. Ein wesentliches Unterscheidungskriterium ist der Bereich der Bank, in dem die Kooperation eingegangen wird. Die vorliegende Arbeit unterscheidet hier die Teilbereiche Produkte, Vertrieb und Technologie. Insbesondere wird in diesen Teilbereichen auf die Betrachtungsteilfelder der elektronischen Bank-Kunde-Schnittstelle eingegangen.
Zur genaueren Spezifikation der Kooperation können dann in einem nächsten Schritt weitere charakterisierende Merkmale herangezogen werden. Hierzu zählen beispielsweise die Anzahl der Partner. Es kann unterschieden werden, ob einzelne Institute, eine ganze Institutsgruppe oder sogar die gesamte Bankbranche miteinander kooperieren. Häufig wird dadurch auch gleichzeitig die geographische Wirkung der Kooperation festgelegt. Mit zunehmendem Verschwimmen klassischer Branchengrenzen ist auch der Branchenbezug und die Branchenwirkung von Interesse.
Wesentliches Unterscheidungsmerkmal der Kooperationen sind die angestrebten Ziele. Die einzelnen Partner streben im Rahmen der Kooperation unterschiedliche Ziele an, wie z.B. Ressourcenzugang, Markteintritt oder die Realisierung von Economies of scale. Daher soll in den folgenden Kapiteln versucht werden, u.a. anhand dieser Typologie - die nur einen Grobrahmen darstellt und deswegen im Einzelfall detailliert werden kann - die Kooperationen in den einzelnen Betrachtungsteilfeldern der elektronischen Bank-Kunde-Schnittstelle zu untersuchen.

Merkmale	Ausprägung
Bereich der Kooperation	Produkte Vertrieb Technologie
Kooperationsform	Verhaltensabstimmung Franchising Joint Venture Verband Management- u. techn. Beratungsverträge
Zusammensetzung der Partner	Gruppenkooperation einzelne Institute Branchenkooperation
Branchenbezug	branchenintern branchenübergreifend
Branchenwirkung	branchenintern branchenübergreifend
Größe der Partner	ähnlich große Partner unterschiedlich große Partner
Angestrebte Ziele der Kooperation	Ressourcenzugang Markteintritt Economies of scale Schaffung eines Systemgutnetzes
Art der Kooperation	horizontal vertikal komplementär neutral
Dauer	befristet unbefristet
Geographische Wirkung	lokal regional national international
Probleme	Gruppengröße Unternehmensgröße Unterschiedliche Unternehmenskultur

Abb. 3-4: Merkmale und Ausprägungen zur Beschreibung von Kooperationen [in Anlehnung an Lengwiler 1988, S. 36]

4 Kooperationen im Betrachtungsteilfeld Telekommunikation

4.1 Überblick

Für die elektronische Bank-Kunde-Schnittstelle ist die Entwicklung des Telekommunikationsmarktes von besonderer Bedeutung, da die Telekommunikation letztlich die Basis für den Vertrieb elektronischer Bankmarktleistungen darstellt. Die Entwicklung der Netzkapazitäten, der Übertragungsqualität, der Preise und des Angebotes von Telekommunikationsdienstleistungen insgesamt beeinflussen in starkem Maße die Gestaltung und Akzeptanz der elektronischen Bank-Kunde-Schnittstelle. Eine große Bedeutung hat in diesem Zusammenhang die Liberalisierung des deutschen und auch anderer Telekommunikationsmärkte. Sie führt tendenziell zu sinkenden Telekommunikationsgebühren, zu einem erhöhten Angebot an TK-Diensten sowie zu einer steigenden Verbreitung und Nutzung von Telekommunikationsdienstleistungen.
Betrachtet werden im folgenden daher nicht nur Telekommunikationskooperationen, an denen Banken beteiligt sind, sondern auch Kooperationen zwischen großen Carriern, die insbesondere Auswirkungen auf die Kostenstruktur und die Wettbewerbsfähigkeit der Banken haben.
Die Kooperationen beim Betrachtungsteilfeld Telekommunikation beziehen sich auf die Kommunikationsnetze, TK-Basisdienste und die damit verbundenen Servicebereiche. Kooperationen auf der Mehrwertdienste- und Anwendungsebene werden im Betrachtungsteilfeld Elektronischer Markt behandelt.

4.2 Veränderte Wettbewerbssituation als bestimmender Einflußfaktor auf die Bildung von Kooperationen im Telekommunikationsbereich

4.2.1 Technologischer Fortschritt

Der Telekommunikationsmarkt ist durch einen starken Technologiewandel gekennzeichnet. Analoge Übertragungstechniken auf Basis von Kupferkabeln, wie sie für die Übertragung der Sprache beim Telefon benutzt werden, werden zunehmend an Bedeutung verlieren. Sie werden durch digitale Übertragungstechniken, die weitaus höhere Datenübertragungsraten ermöglichen, ersetzt. Das seit 1987 im Aufbau befindliche ISDN-Netz (Integrated Services Digital Network) [vgl. Pribilla 1996, S. 36] ist eine solche Technik. Es ermöglicht die gleichzeitige Übertragung von Text, Daten, Sprache und Bildern. Parallel dazu entstehen Glasfasernetze. Diese sind im Vergleich zu Kupferkabeln dünner, leichter und billiger und ermöglichen sehr hohe Übertragungsbandbreiten [Harrison 1994, S. 34].[1] [2] Gleichzeitig werden die terrestrischen Netze immer mehr durch Mobilfunk- und Satellitennetze unterstützt.[3] Diesen Techniken ist gemein, daß sie eine schnelle und kostengünstige Versorgung ermöglichen und damit Größenvorteile im Vergleich zu terrestrischen Netzen bereits bei geringerem Verkehrsaufkommen realisieren können und somit betriebsgrößensenkend wirken [vgl. Burr 1995, S. 76]. Im Zuge dieser Entwicklung sinken die Markteintrittsbarrieren für neue Anbieter. Daher ist es nicht verwunderlich, daß im bereits liberalisierten Mobilfunkmarkt von mehreren privaten Netzbetreibern bereits ein flächendeckendes Mobilfunknetz betrieben wird.

Diese im Vergleich zu den terrestrischen Netzen geringeren Investitionsvolumina haben zur Folge, daß Größenvorteile bisher monopolistischer Anbieter, wie der Telekom, schwinden und damit der Existenz eines natürlichen Monopols entgegenwirken.

Ebenso ist eine Tendenz zur Verschmelzung von Telekommunikationsnetzen und darüber angebotenen Dienstleistungen zu verzeichnen [o.V. 1995s, S. 21]. Die Entstehung von Corporate Networks ist ein solches Beispiel. Diese neuen Anwendungen vermindern die Wettbewerbsvorteile reiner Netzbetreiber, wie die der nationalen Telekommunikationsgesellschaften, und ermöglichen das Aufkommen von neuen Anbietern, die umfassendere Dienstleistungen zur Verfügung stellen [vgl. Dowling 1995, S. 2].

Der technologische Fortschritt kann somit zu erweiterten Wettbewerbsmöglichkeiten und damit zu Effizienzgewinnen führen. Dieser Trend, der sich bereits im Mobil- und Funknetzbereich zeigt, wird sich weiter verstärken, wenn das gesetzliche Netzmonopol der Telekom fällt.

4.2.2 Verändertes Nachfrageverhalten

Mit dem technischen Fortschritt bei der Telekommunikation geht eine stark wachsende Nachfrage einher. Diese ist vor allem im Mobilfunkbereich und im Bereich des Telefonverkehrs zu verzeichnen.[4] Mit diesem Nachfrageanstieg und einem

---

[1] Der gegenwärtig theoretisch errechnete Grenzwert für Übertragungsbandbreiten beträgt 25 Terrabit/s.

[2] Anfang 1996 sind in der Bundesrepublik Deutschland über 100.000 km Glasfaser verlegt. Deutschland nimmt damit im internationalen Vergleich eine führende Rolle ein.

[3] Gegenwärtig gibt es in der Bundesrepublik diverse Mobilfunkbetreiber. Zu den bedeutendsten zählen: DeTeMobil als 100 prozentige Tochter der Telekom mit dem analogen C-Netz und dem digitalen D1-Netz, Mannesmann Mobilfunk mit dem digitalen D2-Netz, E-plus mit dem digitalen E-Netz [Faber 1995, S. 22] sowie die GfD.

[4] So haben im Jahre 1994 fast 20 Millionen Menschen weltweit ein Mobiltelefon erworben, insgesamt sind in 1994 weltweit über 50 Millionen Telefonteilnehmer mobil zu erreichen [o.V. 1995s, S. 21]. Weltweit waren 1994 die Wachstumsraten im Bereich des nationalen Telefonverkehrs mit 25,3% gegenüber dem Vorjahr am höchsten, gefolgt vom lokalen Telefonverkehr mit 17,8% und dem Mobilfunk mit 16%. Für die Zukunft ist mit steigenden Wachstumsraten im Mobilfunkbereich zu rechnen. So erwartet das European Information Technology Observatory (EITO) im Bereich der Mobilkommunikation sogar Wachstumsraten zwischen 20 und 23% für 1996 [vgl.o.V. 1996i, S. 1].

insgesamt steigenden Verkehrsaufkommen sind sinkende Größenvorteile verbunden.[1] Sie ermöglichen den Markteintritt neuer Anbieter [vgl. Burr 1995, S. 77]. So zeichnet sich im Nahverkehrsbereich[2] eine steigende Konkurrenz durch private Netzanbieter ab. Bei diesen neuen Anbietern ist als Markteintrittsstrategie eine starke Differenzierung und Fokusierung zu beobachten. Tendenziell versuchen sie, sich gegenüber der Telekom als bisherigem Monopolanbieter durch eine hohe Ausfallsicherheit, extrem hohe Leistungsfähigkeit, durch den Aufbau von Mehrwertdiensten und diversen Serviceleistungen sowie durch insgesamt niedrige Preise[3] zu differenzieren. Ihre Strategie richtet sich primär an die Geschäftskunden.
Gleichzeitig ist eine Veränderung der Nachfragestruktur zu verzeichnen. Kundenspezifische Lösungen gewinnen an Bedeutung. So möchten Kunden beispielsweise Übertragungsbandbreiten anmieten, die ihrem Bedarf entsprechen. Die Monopolanbieter haben bisher aber nur standardisierte Übertragungsbandbreiten[4] angeboten. Dies hatte zur Folge, daß viele Nachfrager Überkapazitäten anmieten mußten. Neue Carrier versuchen daher, das veränderte Nachfrageverhalten durch kundenspezifische Produkte und Preise zu befriedigen. Sie stellen darüber hinaus verschiedene Service Angebote auf den Stadtnetzen zur Verfügung. Dazu zählen beispielsweise das Verteilen von aktuellen Börsendaten an verschiedene Kunden,

---

[1] Erfahrungen bei der Liberalisierung ausländischer Telekommunikationsmärkte zeigen, daß neue Anbieter zunächst in die profitabelsten Märkte - also in Märkte mit hohem Verkehrsaufkommen - eintreten [vgl. Burr 1995, S. 77].

[2] Im Nahverkehrsbereich entstehen sogenannte Metropolitan Area Networks, Stadtnetze, die von privaten Telekommunikationsgesellschaften betrieben werden. Zielgruppe sind Geschäftskunden mit einem hohen lokalen Kommunikationsaufkommen. Dazu zählen vor allem Finanzdienstleister, denen lokale Sprach- und Datendienste, Festverbindungen sowie Verbindungen zwischen lokalen Netzwerken angeboten werden. Die Infrastruktur besteht in der Regel aus einem privaten Glasfasernetzwerk. Rechtliche Grundlage sind Lizenzen, die bereits vor der Liberalisierung des Sprach- und Datenverkehrs am 1.1.1998 vom Bundesministerium für Post und Telekommunikation vergeben werden. Diese Lizenzen ermöglichen seit 1993 den Betrieb privater Telekommunikationsnetze, sofern die angeschlossenen Grundstücke nicht weiter als 25 km voneinander entfernt liegen [o.V. 1996j, S. 78]. Beispiele für solche Stadtnetze sind Colt und MFS in Frankfurt [o.V. 1995t, S. 30] sowie das M-Net in München.

[3] Die Konkurrenz durch private Carrier wird insbesondere in Hinblick auf die Gründung einer europäischen Zentralbank in Frankfurt, für die ein leistungsfähiger Netzverbund notwendige Voraussetzung ist, von Banken als positiv erachtet. So betont die hessische Landeszentralbank, daß sich 1995 die Standortqualität sowie die Wettbewerbsfähigkeit des Finanzplatzes Frankfurt durch die privaten Carrier MFS und Colt stark verbessert hat [vgl. o.V. 1996ε, S. 2]. Die Preise sind drastisch gesunken. Während 1994 die Telekom für die Vernetzung von drei Standorten in der Frankfurter City mit 20 Zwei-Megabit-Leitungen noch DM 56.000 monatlich berechnete, kosten diese in 1995 bei den privaten Carriern nur noch DM 15.000. Die Telekom reagierte - im Sinne eines Bertrand-Preisspieles - und senkte die Tarife um 62,5% auf DM 21.000,-- (Citynetz-Tarif der Telekom). Über 75 Geldinstitute sind bereits Kunde bei MFS, darunter die Commerzbank, DG Bank und SGZ Bank. Die Dresdner Bank sowie die Commerzbank haben bereits vor Start von Colt am 6.03.1996 Vorverträge mit dem Netzanbieter abgeschlossen [vgl. o.V. 1996j, S. 78].

[4] Diese Übertragungsbreiten sind bisher z.B. im Bereich von 2Mbit/s, 34 Mbit/s sowie 155 Mbit/s zu festen Preisen angeboten worden [vgl. Gronert 1996, S. 26].

Fax-Services oder die Vernetzung von lokalen Netzen [o.V. 1996k, S. 25].

4.2.3 Vom natürlichen Monopol zu einem Wettbewerbsmarkt

Technologischer Fortschritt auf der einen Seite und ein verändertes Nachfrageverhalten auf der anderen Seite sind Entwicklungen, die das bisher gültige natürliche Monopol in der Telekommunikation, das die Existenz nur eines Anbieters begründete, aufzuheben beginnt. Ein natürliches Monopol gilt für Güter, deren Produktion extrem hohe Investitionen, etwa in die Errichtung eines Schienen- oder Leitungsnetzes, erfordert.[1] Volkswirtschaftlich ist es in einem solchen Fall nicht sinnvoll, mehr als einen Anbieter zuzulassen und die Infrastrukturmaßnahmen mehrmals erbringen zu lassen. Denn bei natürlichen Monopolen sinken aufgrund der sehr hohen Infrastrukturinvestitionen die Durchschnittskosten im gesamten Bereich. Dies bedeutet aber nichts anderes, als daß die Nachfrage nach einem solchen Gut von einem Unternehmen kostengünstiger befriedigt werden kann als von mehreren Unternehmen.[2] Die wohlfahrtsoptimale Bedingung Preis gleich Grenzkosten in einem Markt mit vollständiger Konkurrenz würde einen negativen Gewinn zur Folge haben, da die Durchschnittskostenfunktion im gesamten Bereich über der Grenzkostenfunktion verläuft. Klassisches Marktversagen wäre die Folge. Dies begründet in Folge die Existenz nur eines Anbieters bei einem natürlichen Monopol. Dieser Anbieter verhält sich allerdings wiederum als Monopolist, d.h. er stellt die Menge zur Verfügung, bei der sein Grenzerlös den Grenzkosten entspricht. Da dies nicht der wohlfahrtsoptimalen Menge entspricht, wird ein Eingreifen von Seiten des Staates gerechtfertigt. In der Regel stellt der staatliche Monopolanbieter dann eine Menge zur Verfügung, die kostendeckend ist und daher als second best Lösung betrachtet werden kann [vgl. Buchholz 1993, S. 35] [Schumann 1987, S. 259].[3]

Nun stellt sich die Frage, ob die Voraussetzungen für die Existenz eines natürlichen Monopols unter veränderten technologischen Bedingungen und Nachfragebedingungen noch Gültigkeit haben. Wie in den beiden vorherigen Abschnitten gezeigt wurde, führt die Entwicklung neuer Telekommunikationstechnologien zu stark sinkenden Investitionsvolumina. Dies bedeutet, daß es einen Bereich geben kann, in dem die Durchschnittskostenfunktion unterhalb der Grenzkostenfunktion verlaufen kann und damit ein Markt mit vollständiger Konkurrenz realisierbar wird, der für alle Anbieter kostendeckend ist.[4] Damit sind die Voraussetzungen für ein natürliches Monopol nicht mehr gegeben.

---

[1] Beispiele hierfür sind der Transrapid, der ICE, das analoge Telefonnetz, die Bundesautobahn, etc..

[2] Bei sinkenden Durchschnittskosten $(c(x)/x)'$ bei natürlichen Monopolen gilt: $c(\lambda x) \leq \lambda c(x)$, d.h. bei einer Produktionsausweitung um den Faktor λ steigen die Kosten innerhalb eines Unternehmens geringer als bei Produktion in mehreren Unternehmen.

[3] In der Literatur wird dies häufig auch als Ramsey-Boiteux-Punkt bezeichnet.

[4] Wenn darüber hinaus die Nachfrage noch steigt, bedeutet dies, daß die ursprüngliche Preis-Absatz-Funktion nach rechts verschoben wird. Damit steigt die Wahrscheinlichkeit, daß die Grenzkostenfunktion die Preisabsatzfunktion in einem Bereich schneidet, der oberhalb der Durchschnittskostenfunktion verläuft [vgl. Schumann 1987, S. 259].

Die Aufhebung des natürlichen Monopols kann somit zu Effizienzgewinnen führen, selbst wenn der Monopolist alleine im Markt verbleibt [Bishop/Mody 1995, S. 41]. Ursache hierfür ist, daß der Markt bestreitbar wird. Gemäß der contestable markets Theorie [Schumann 1987, S. 328] reicht allein die Drohung des Markteintrittes neuer Anbieter aus, das Marktverhalten der etablierten Unternehmen - in dem Fall des Monopolisten - zu disziplinieren. Dabei ist es unerheblich, ob es tatsächlich zu einem Markteintritt kommt oder nicht. Voraussetzung dafür, daß Märkte bestreitbar werden, ist lediglich, daß gesetzliche oder konkrete[1] Markteintrittsbarrieren fehlen.
So zeigt sich anhand der Entwicklung der Sprachdienste der Telekom, daß das Fallen des Sprachmonopols der Telekom zum 1.01.1998 bereits im Vorfeld - ohne daß tatsächlich neue Anbieter in den Markt eingetreten sind - in der Tendenz schon zu Effizienzgewinnen z.B. durch niedrigere Bereitstellungszeiten und umfassendere Serviceleistungen geführt hat.
Folgende Abbildung zeigt die veränderte Wettbewerbssituation im Telekommunikationsmarkt.

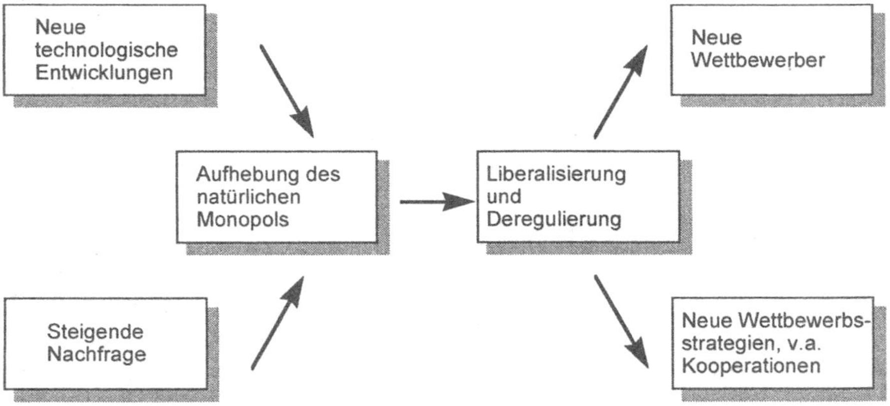

Abb. 4-1: Veränderte Wettbewerbssituation in der Telekommunikation

4.2.4 Liberalisierung im Telekommunikationsbereich

Neue technologische Entwicklungen, eine steigende Nachfrage, die sich daraus ergebende Aufhebung des natürlichen Monopols sowie starke Globalisierungsten-

[1] Konkrete Markteintrittsbarrieren liegen dann vor, wenn beispielsweise die Markteintrittskosten so hoch sind, daß der sich einstellende Marktpreis für das markteintrittswillige Unternehmen nicht kostendeckend ist. Oder wenn der sich im Markt bereits befindliche Monopolist droht, den Preis soweit zu senken, daß es für das markteintrittswillige Unternehmen gerade nicht mehr lohnend ist, in den Markt einzutreten.

denzen haben die Mehrzahl der Regierungen veranlaßt, den Telekommunikationsmarkt zu deregulieren bzw. zu liberalisieren.
Vorreiter ist Großbritannien, wo mit den Telecommunications Acts von 1981 und 1984 eine Liberalisierung des Endgerätemarktes, die Privatisierung der British Telecom sowie Wettbewerb bei den Netzbetreibern ermöglicht wurde [vgl. Nitsche 1994, S. 23ff.]. Zunächst nur mit einem Mitbewerber im Rahmen eines „Duopolsystems", muß sich British Telecom jetzt einer Konkurrenz von über 150 anderen Netzbetreibern und Serviceanbietern stellen. In den USA wurde der Monopolist AT&T 1984 in eine Weitverkehrsgesellschaft und in sieben Nahverkehrsgesellschaften zerlegt.
In Deutschland begann die Liberalisierung 1989 mit der Postreform I, die 1994 durch die Postreform II ergänzt wurde. Im Rahmen der Postreform I wurden einige Teilmärkte der Telekommunikation für den Wettbewerb geöffnet. Im einzelnen sind dies das Angebot von Endgeräten, das Angebot von Mehrwertdiensten sowie Mobilfunk- und Satellitendienste und die dazu erforderlichen Infrastrukturen [vgl. Picot/Burr 1996, S. 21]. Die Postreform II ermöglichte die Umwandlung der Telekom in eine Aktiengesellschaft. Damit stärkt die Postreform II die internationale Wettbewerbsfähigkeit der Telekom. Gleichzeitig wurde die Aufhebung der Monopole bei den kabelgebundenen Telekommunikationsnetzen sowie bei den Sprachdiensten auf den 1.01.1998 festgelegt. Im Zuge der schnellen Entwicklung des Telekommunikationsmarktes wurden in Abweichung zur Postreform II die Telekommunikationsnetze jedoch bereits zum 1.07.1996 liberalisiert.

4.2.5 Verändertes Wettbewerbsumfeld und veränderte Wettbewerbsstrategien

Als Folge der Liberalisierung ist eine Zunahme der in- und ausländischen Wettbewerber zu verzeichnen. Für die etablierten Unternehmen bietet sich damit die Chance, in neue Märkte einzutreten sowie in neue Marktfelder zu expandieren. Darüber hinaus kann die gesteigerte Wettbewerbsintensität zu einer erhöhten Innovationskraft und Produktivität führen [vgl. Müller 1987, S. 58].
Am Beispiel der Entwicklung des amerikanischen und englischen Telekommunikationsmarktes zeigt sich dieser Zusammenhang zwischen Liberalisierung und steigender Innovationskraft bzw. Produktivität deutlich. Seit der Liberalisierung des amerikanischen Telekommunikationsmarktes in 1984 trieb AT&T die technologische Entwicklung ihres Netzes im Bereich Glasfaser und Digitalisierung, verbunden mit einem erheblichen Kapazitätsaufbau, stark voran und konnte gleichzeitig ihre Kosten deutlich senken. Des weiteren führte sie kundenspezifische Tarife, Sonderdienste sowie maßgeschneiderte Dienstebündel für Großkunden ein [vgl. Weinkopf 1994, S. 43ff.]. Im internationalen Vergleich zeigt sich, daß der Digitalisierungsgrad in den früh liberalisierten Ländern deutlich höher ist als in der Bundesrepublik Deutschland [vgl. Faber 1995, S. 1].[1] Ebenso sind die

[1] So weist British Telecom Ende 1991 einen Digitalisierungsgrad von ca. 50%, bezogen auf alle Anschlußleitungen, auf. Bei der Telekom sind Ende 1990 weniger als 10% digitale Anschlußleitungen vorhanden.

Preise in den früh liberalisierten Ländern deutlich niedriger als in Deutschland.[1] Einher mit dieser Entwicklung ist eine Veränderung in den Unternehmensstrategien zu beobachten. Kooperationsstrategien haben stark an Bedeutung gewonnen. Eine wesentliche Ursache hierfür ist die Dynamik des Telekommunikationsmarktes, die auf den starken technologischen Wandel zurückzuführen ist. Märkte mit einem starken technologischen Wandel zeichnen sich durch eine Vielzahl von Produkt- und Prozeßinnovationen, kurze Innovationszyklen, dynamische Markteіn- und austritte sowie durch eine starke Umverteilung von Marktanteilen aus [Wieland 1995, S. 34]. Dieser technologische Wandel erhöht ebenso wie der stark steigende Umfang und die Investitionshöhe der Telekommunikationsprojekte das unternehmerische Risiko. In Verbindung mit der steigenden Komplexität von Telekommunikationsprojekten, der Forderung von Nachfragerseite nach Komplettlösungen sowie der erhöhten Bedeutung der Dienstleistungskomponente bei Telekommunikationsprojekten stellt dies neue Anforderungen an die strategische Unternehmensführung. Darüber hinaus erfordert das Verschmelzen ehemals getrennter Technologiefelder z.B. im Bereich Multimedia neue finanzielle Kapazitäten sowie den Aufbau von Know-how. Gleichzeitig sehen sich die Unternehmen in vielen Bereichen der Telekommunikation noch mit rechtlichen Unklarheiten etwa über die Vergabe von Telekommunikationslizenzen konfrontiert, die ebenso das unternehmerische Risiko erhöhen. Im Zuge einer vermehrten Nachfrage nach Systemtechnologien müssen die Prozesse und die betreffenden Marktsegmente vermehrt unternehmensübergreifend koordiniert werden. Die Internationalisierung der Wirtschaftsprozesse erfordert den Zugriff auf internationale Telekommunikationsnetzwerke.

Im Alleingang kann ein Unternehmen diesen Anforderungen häufig nicht mehr gerecht werden [vgl. Bosshart 1995, S. 120]. Im Rahmen einer Zusammenarbeit mit Partnerunternehmen lassen sich die exogenen und endogenen Risiken teilweise reduzieren, die notwendigen Ressourcen beschaffen sowie die erforderlichen Abstimmungprozesse koordinieren.

Die folgenden Ausführungen behandeln die Anreize für Kooperationen im Telekommunikationssektor sowie die sich daraus ergebenden Lösungsbeitrage für die oben geschilderten Anforderungen des Telekommunikationsmarktes. Dabei gelten bestimmte Anreize für alle Teilnehmer des Telekommunikationsmarktes, diverse sind jedoch besonders für Banken wichtig. Daher erfolgt eine Aufteilung in branchenunabhängige und in bankspezifische Anreize für Kooperationen. Branchenunabhängige Anreize gelten sowohl für Telekommunikationsunternehmen als auch für Banken als Anbieter von Telekommunikationsdienstleistungen.[2] Die bankspezifischen Anreize beziehen sich speziell auf Banken.

[1] Das Preisniveau der Angebote der Telekom bezüglich digitaler 2Mbit/s-Mietleitungen liegt deutlich an der Spitze der verglichenen Länder. Die Leitungen der Telekom liegen im Vergleich mit 166% bei Monopol-Übertragungswegen und mit ca. 520% bei Datendirektverbindungen über dem Tarifniveau der Engländer [vgl. BPT 1994, S. 4].

[2] Da vorliegende Untersuchung Kooperationen an der elektronischen Bank-Kunde-Schnittstelle betrachtet, wurden auch im Abschnitt über branchenunabhängige Anreize für Kooperationen bevorzugt Beispiele aus der Bankbranche gewählt.

4.3 Branchenunabhängige Anreize für Kooperationen

4.3.1 Kostensenkung

Kostensenkungspotentiale bei Telekommunikationskooperationen ergeben sich aus einer gemeinsamen Kapazitätsnutzung, einem gemeinsamen Infrastrukturaufbau sowie durch Know-how-Transfer und -Sharing.
Durch die Zusammenlegung der Netzinfrastruktur mehrerer Partner können bestehende Netzwerkkapazitäten besser ausgelastet werden. Folgende Möglichkeiten stehen den kooperierenden Unternehmen zur Verfügung:

- Leerkapazitäten können durch Partnerunternehmen genutzt werden [Bolliger 1992, S. 167]. Dieses Argument hat insbesondere in der Vergangenheit eine große Bedeutung gehabt, da die Deutsche Telekom AG bisher nur Leitungen mit 2Mbit/s Leitungskapazität und mit 34 Mbit/s Leitungskapazität angeboten hat und daher Überkapazitäten die Regel waren. Mittlerweile bieten jedoch private Netzbetreiber bedarfsgerechte Netzkapazitäten an, und es ist davon auszugehen, daß im Zuge der Liberalisierung der alternativen Netzinfrastruktur zum 1.07.1996 in Zukunft auch die Deutsche Telekom AG bedarfsgerechte Netzkapazitäten zur Verfügung stellen wird.
- Die individuellen Datenleitungen der Unternehmen können zusammengelegt werden und durch Hochgeschwindigkeitsleitungen mit einer größeren Kapazität ersetzt werden. Durch diese Maßnahme lassen sich beträchtliche Kosteneinsparungen realisieren.[1]

Folgende Tabellen sollen diesen Effekt verdeutlichen.

[1] Ein durchaus auf Kooperationen übertragbares Beispiel liefert die Fusion zwischen MFS und Uunet im Mai 1996. Die Fusion von MFS, einem amerikanischen Telekommunikationsunternehmen, das sich auf lokale Telekommunikationsdienste sowie Ferngesprächsleitungen im Daten- und Sprachverkehr spezialisiert hat und in Frankfurt bereits ein eigenes Stadtnetz betreibt, mit dem Internet Service Provider Uunet, bringt laut Expertenaussagen beiden Unternehmen eine Kostenersparnis von zehn bis fünfzehn Prozent. Für den Internet Service Provider Uunet ergeben sich die Kosteneinsparungen dadurch, daß nicht mehr lokale Leitungen von anderen Carriern angemietet werden müssen, sondern daß die bereits bestehenden Leitungen von MFS genutzt werden können. Für MFS ergeben sich die Kosteneinsparungen durch eine bessere Auslastung der Netze [vgl. o.V. 1996q, S. 2].

Laufende Kosten für eine Mietleitung (bei einer Festverbindung von max. 15 km zwischen den Netzknoten)[1]	34 Mbit/s	2 Mbit/s
Sockelbetrag monatlich in DM	3.550,--	1.950,--
Kosten pro km Mietleitung	1.210,--	149,--
Kosten bei 15 km Mietleitung	18.150,--	2.235,--
Gesamtkosten bei 15 km Mietleitung	21.700,--	4.185,--
Gesamtkosten pro 2 Mbit übertr. Datenmenge	1.356,25[2]	4.185,--
Gesamtkosten in Prozent[3]	100%	308,6%

Abb. 4-2: Kosten einer 34Mbit/s-Mietleitung und einer 2Mbit/s-Mietleitung bei maximal 15 km Übertragungsweite

Laufende Kosten für eine Mietleitung (bei einer Festverbindung von mind. 51 km und max. 150 km zwischen den Netzknoten)	34 Mbit/s	2 Mbit/s
Kosten pro km Mietleitung ab 50. km	95,--	24,--
Kosten bei 100 km Mietleitung	9.500,--	2.400,--
Gesamtkosten bei 100 km Mietleitung	47.580,--	9.035,--
Gesamtkosten pro 2 Mbit übertr. Datenmenge	2.973,75	9.035,--
Gesamtkosten in Prozent[4]	100%	303,8%

Abb. 4-3: Kosten einer 34Mbit/s-Mietleitung und einer 2Mbit/s-Mietleitung bei mindestens 51 km Übertragungsweite

Bei Vollauslastung der Mietleitungen zeigt sich, daß für eine konstante Datenübertragungsmenge von 34 Mbit bei 2 Mbit/s-Leitungen etwa die dreifachen Datenübertragungskosten gegenüber der Nutzung einer 34 Mbit/s-Leitung anfallen. Gleichzeitig können durch die Installation von breitbandigen Datenübertragungsnetzen Qualitätsverbesserungen in der Kundenverbindung erzielt werden. Zu den wesentlichen Vorteilen aus Kundensicht zählen dabei Geschwindigkeitssteigerungen in der Datenübertragung, die Erweiterung des Leistungsspektrums auf multimediale und interaktive Angebote [Nasser/Tietz 1996, S. 8] sowie ein kostengünstiger elektronischer Zugang zum Unternehmen, etwa im Rahmen eines gemeinsam betriebenen Corporate Network [Nasser/Tietz 1996, S. 11].

---

[1] Kosten der Deutschen Telekom AG für die jeweiligen Mietleitungen per 12.06.1996.

[2] Aufgrund von Synchronisations- und Redundanzverlusten läßt sich über eine 34 Mbit/s-Leitung nur die etwa 16-fache Datenmenge einer 2 Mbit/s-Leitung transferieren (Laut einem Expertengespräch mit Herrn Arndt, Geschäftskundenvertrieb Deutsche Telekom AG, Geschäftsstelle Regensburg, am 12.6.1996).

[3] Darüber hinaus fallen einmalige Fixkosten wie folgt an:
Bereitstellungskosten: Bei 2 Mbit/s-Leitungen DM 4000,--je Leitungsende; bei 34 Mbit/s-Leitungen: DM 30.000,-- je Ende, zuzüglich je km DM 10.000,-- .

[4] Darüber hinaus fallen einmalige Fixkosten wie folgt an: Bei 2 Mbit/s-Leitungen bei einer Gesamtleitungslänge zwischen 51 und 150 km: DM 6635,-- zuzüglich DM 24,-- pro Kilometer ab dem 50. Kilometer. Bei 34Mbit/s-Leitungen bei einer Gesamtleitungslänge zwischen 51 und 150 km: DM 38.080,-- zuzüglich DM 95,-- pro Kilometer ab dem 50. Kilometer. Bereitstellungskosten: Bei 2 Mbit/s-Leitungen DM 4000,-- je Leitungsende. Bei 34 Mbit/s-Leitungen DM 30.000,-- je Ende, zuzüglich je km DM 10.000,--.

Kostensenkungspotentiale ergeben sich darüber hinaus durch gemeinsame Nutzung von Wissen innerhalb der Kooperation sowie durch Wissenstransfer zwischen den Kooperationspartnern. Dies soll kurz am Beispiel der Bankbranche aufgezeigt werden.
Bedingt durch die Steigerung des Leistungsumfangs von elektronischen Bankmarktleistungen, einer damit einhergehenden steigenden Komplexität sowie einer zunehmenden Integration von branchenübergreifenden Systemtechnologien in Bankorganisation und Bankvertrieb entsteht ein steigender technischer Know-how-Bedarf. Dies erfordert erhebliche Investitionen in die Entwicklung von Humankapital, beispielsweise in die Schulung und Weiterbildung von Mitarbeitern aus den Bereichen Electronic Banking, EDV- und Organisation sowie Firmenkunden. Einerseits ergibt sich daraus eine zunehmende Spezialisierung, andererseits erfordert die steigende Nachfrage nach Komplettlösungen jedoch zunehmend generalistisches Wissen. Die Begrenztheit der finanziellen, aber auch der personellen Ressourcen erfordert daher in zunehmendem Maße, Kooperationen mit Telekommunikationsunternehmen aller Art einzugehen. Dabei entstehen Koordinationskosten (bei der Planung, Durchführung und Kontrolle der Kooperation) zwischen den Banken und den Kooperationspartnern. Diese sind jedoch geringer einzuschätzen als der Investitionsbedarf zum bankinternen Aufbau des Know-hows, so daß die Kooperation einen Beitrag zur Kostensenkung liefern kann.

Gleichzeitig steigen mit zunehmender Globalisierung der Unternehmen die Kosten für die Vernetzung von Unternehmensstandorten, aber auch die Kosten für ein globales Telekommunikationsangebot stark an. Ebenso steigen die Kosten für Vertrieb und Kundenverwaltung stark an. Auch hier können Kostensenkungspotentiale realisiert werden, etwa indem auf das Vertriebssystem des Partnerunternehmens zurückgegriffen wird. So hat die CNI beispielsweise mit AT&T und Unisource internationale Partner gesucht, um einerseits von der Auslandserfahrung der Partner zu profitieren und um andererseits das außereuropäische Telekommunikationsgeschäft kostengünstig abdecken zu können. Auch bei der Analyse der übrigen großen Telekommunikationskooperationen zeigt sich, daß zumeist ein internationaler Carrier an den Kooperationen beteiligt ist, der bereits über ein flächendeckendes Infrastrukturnetz verfügt.

4.3.2 Überwindung von nationalen Markteintrittsbarrieren

Um in den Telekommunikationsmarkt eintreten zu können, müssen Unternehmen diverse Markteintrittshürden überwinden. Zum Teil sind diese Barrieren marktimmanent, zum Teil werden diese aber auch ganz bewußt von bereits im Markt befindlichen Anbietern gesetzt, um den Markteintritt potentieller Mitbewerber - etwa durch entsprechende Preisstrategien - zu verhindern [vgl. Porter 1992a, S. 617]. So verfügen die bereits im Markt befindlichen Marktteilnehmer, zumeist ehemalige Monopolisten wie die Deutsche Telekom AG, bereits über eine weitgehend abgeschriebene Netzinfrastruktur. Ihr kostendeckender Preis ist damit niedriger als der von neueintretenden Unternehmen, da diese die Anfangsinvestitionen

in die Netzinfrastruktur mitberücksichtigen müssen. Falls die im Markt bereits befindlichen Unternehmen den Markteintritt neuer Anbieter verhindern wollten, können sie den Preis gerade so setzen, daß sich der Markteintritt für die eintrittswilligen Telekommunikationsunternehmen nicht mehr lohnt.
Bei Markteintrittsbarrieren unterscheidet man solche, die branchenunabhängig sind, und solche, die einen hohen telekommunikationsspezifischen Charakter aufweisen. Zu letzteren zählen insbesondere Barrieren durch staatliche Regulierung, wie z.B. durch Lizenzen und Wegerechte, sowie technologiespezifische Markteintrittshürden. Sie werden im folgenden diskutiert. Für Auslandsmärkte sind die Markteintrittsbarrieren noch umfangreicher. Sie werden daher in einem gesonderten Abschnitt behandelt.

Fehlende Wegerechte

Eine wesentliche, stark marktspezifische Eintrittsbarriere in den Telekommunikationsmarkt stellen die Wegerechte dar. Auch nach der Liberalisierung der Netze und Dienste gilt weiterhin §1 des Telegraphenwegegesetzes, wonach primär der Deutschen Telekom AG das Privileg zusteht, die Verkehrswege für ihre Telekommunikationsleitungen zu nutzen [Scherer 1996, S. 97]. Ausnahmen gelten für Mineralölgesellschaften, Energieversorgungsunternehmen sowie für Eisenbahnunternehmen. Auch sie verfügen über Wegerechte. Netzbetreiber, die als Konkurrent zur Deutschen Telekom AG neu in den Markt eintreten wollen, sind daher mit dem Problem fehlender Wegerechte konfrontiert [vgl. Burr 1995, S. 108]. Diese wirken gegenüber der Deutschen Telekom AG als klassische Markteintrittsbarriere. Über Kooperationen mit Unternehmen, die über Wegerechte verfügen, kann diese Markteintrittsbarriere überwunden werden. So zeigt sich, daß sich für die Kooperation mit der Dbkom diverse Unternehmen interessieren. Das Tochterunternehmen der Deutschen Bahn AG hat bereits eine eigene Netzinfrastruktur und Wegerechte, die entlang der Bahntrassen bis in die Zentren der Städte reichen. Der Anschluß an den Endkunden kann dann entweder über Kooperationen mit den Stadtwerken oder über Mietleitungen der Deutschen Telekom AG erfolgen.

Last mile Problem

Ein wichtiges Problem stellt die Last mile, die den Zugang zum Endkunden ermöglicht, dar [o.V. 1995u, S. 29]. Gegenwärtig beherrscht die Deutsche Telekom AG mit ihren Ortsnetzverbindungen bei Telefon und Kabelfernsehen den Zugang zum Endkunden.[1] Private Anbieter können Anschlüsse für Endkunden zur Verfügung stellen, sofern die Telekom nicht selbst diese Anschlüsse - etwa aus Rentabilitätsgründen - anbieten möchte. So bedient die Vebacom beispielsweise ca. 1,5

[1] In vielen europäischen Ländern wird das Telefonnetz und das Kabelnetz von unterschiedlichen Carriern betrieben. Die Betreiber der Kabelnetze bieten ebenfalls Telefondienste über ihr Netz an. Daher fordern die künftigen Wettbewerber der Deutschen Telekom AG den Verkauf des Kabelnetzes, um Wettbewerb auch auf der Last Mile zu ermöglichen. Ende 1995 betrug die Teilnehmerzahl bei den Telefonanschlüssen 40,4 Millionen, beim Kabelnetz ca. 16,2 Millionen.

Mio. deutsche Haushalte mit Kabelanschlüssen.[1]
Nicht nur unter Aspekten der Zugangssicherung zum privaten Endkunden gewinnen Kooperationsstrategien zur Umgehung der last mile Problematik an Bedeutung.[2] Vor allem unter Kostenaspekten bietet sich die Kooperation an. So betragen die Infrastrukturkosten der „letzten Meile" bis zu 70% der gesamten Verlegekosten eines nationalen Netzwerkes [o.V. 1996l, S. 23]. Sofern es sich um Geschäfts- oder Großkunden[3] handelt, bei denen eine hohe Auslastung der Kapazitäten zu erwarten ist, kann die Investition für einen Anbieter noch lohnend sein.[4] Handelt es sich demgegenüber um Privatkunden mit einer tendenziell geringen Nutzung, so ist bei gegebenem Wettbewerbspreis aufgrund der zu erwartenden niedrigeren Kapazitätsauslastung mit sehr langen Amortisationszeiten der Investition zu rechnen. Für einen einzelnen Anbieter lohnt sich daher die Bereitstellung eines Zugangs zum Privatkunden i.d.R. nicht. Allerdings kann über Kooperationen eine Aufteilung der Infrastrukturkosten (z.B. für Funknetze) zwischen den Partnern erfolgen, so daß diese in Konkurrenz zur Deutschen Telekom AG ebenfalls den Zugang zum Endkunden zur Verfügung stellen können.

Unabhängigkeit von Mietleitungen der Deutschen Telekom AG

Das Anbieten von Mehrwertdiensten durch private Anbieter ist bereits vor der Liberalisierung am 1.01.1998 möglich. Allerdings muß auf die Netzinfrastruktur der Deutschen Telekom AG, d.h. auf deren Mietleitungen, zurückgegriffen werden. Diese sind jedoch im internationalen Vergleich sehr teuer. Das Anbieten von Mehrwertdiensten lohnt sich daher aufgrund der restriktiven Preisdifferenzierungsstrategien der Deutschen Telekom AG gegenüber privaten Carrieren häufig nicht. Daher gehen private Anbieter von Mehrwertdienstleistungen verstärkt dazu über, über Kooperationen mit Energieversorgungsunternehmen, die eigene Netze besitzen, frühzeitigen und kostengünstigen Zugang zu den Netzen zu erhalten.

Marktspezifische Eintrittsbarrieren

Banken weisen, da sie bisher hauptsächlich als Nachfrager von Telekommunikationsdienstleistungen aufgetreten sind, zwar technische Kenntnisse im Bereich der Telekommunikation auf, verfügen aber in der Regel über geringe Kenntnisse bezüglich der Nachfrage- und Marktstruktur. Daher kommt dem Bezug von Mar-

---

1 Die Vebacom ist daher insbesondere für Medienkonzerne als Kooperationspartner interessant, um einen Kabelanschluß an die Endkunden zu erhalten. So kooperiert beispielsweise die Kirch-Gruppe gemeinsam mit Metro mit der Vebacom. Ziel ist, einen hohen Durchdringungsgrad der Set-Top-Box für das interaktive Fernsehen zu erreichen.

2 Gegenwärtig laufen diverse Pilotprojekte, um mittels Funktechnik die letzten Meter zum Endkunden zu überbrücken und damit eine Unabhängigkeit von der Deutschen Telekom AG zu erreichen. So führt die RWE Telliance im Stadtkern von Gelsenkirchen ein Pilotprojekt durch. Zusammen mit 1000 Teilnehmern werden Datendienste über die Stromleitung und digitale Schnurlostelefone getestet [o.V. 1996p, S. 17].

3 Gegenwärtig ist ein Kampf um die 200 größten Geschäftskunden entfacht. Die Deutsche Telekom AG hat dazu eigens eine eigene Tochterfirma gegründet, die DeTeSystem, die genau diese Zielgruppe bedienen soll.

4 Das Entstehen von Glasfaserstadtnetzen wie Colt und MFS ist ein Beispiel hierfür.

ketingwissen im Rahmen einer Kooperation eine große Bedeutung bei.
Ein wesentliches Hemmnis für den Marktzugang stellen im Telekommunikationsmarkt die noch bestehenden staatlichen Regulierungen aller Art dar. Hierunter sind Marktbeschränkungen, wie z.B. spezifische Lizenzverfahren oder auch komplexe Antragsverfahren, zu verstehen. Sie bilden eine Eintrittsbarriere nicht nur für diejenigen Unternehmen, die diesen staatlichen Regulierungsbestimmungen nicht entsprechen, wie dies etwa im Bereich fehlender Wegerechte der Fall ist, sondern auch für diejenigen Unternehmen, die nicht über ausreichende Kenntnisse des formalen Antragsverfahrens sowie des Umgangs mit Regulierungsinstanzen verfügen. Dies gilt insbesondere für neu eintretende Anbieter in den Telekommunikationsmarkt, wie z.B. für Banken.
Unternehmen, die in diesem Bereich Kenntnisse aufgebaut haben und auf ein bestehendes Beziehungsgeflecht mit Mitarbeitern der Regulierungsbehörde zurückgreifen können, haben hier Vorteile. Über Kooperationen mit derartigen Unternehmen können sich Banken Zugang zu dem marktspezifischen Wissen verschaffen. Gleichzeitig ist die Vergabe von Lizenzen, etwa im Bereich des Mobilfunks, an die Erfüllung spezifischer Voraussetzungen gekoppelt. Teilweise können Banken als Telekommunikationsanbieter alleine diese Voraussetzungen nicht erfüllen.[1] Sie sind daher auf Kooperationen mit klassischen Telekommunikationsunternehmen angewiesen.

4.3.3 Überwindung internationaler Markteintrittsbarrieren

Wie eingangs bereits dargestellt, weist der Telekommunikationsmarkt starke Internationalisierungs- und Globalisierungstendenzen auf. Zurückzuführen ist dies vor allem auf neue technologische Entwicklungen sowie auf eine veränderte Nachfragestruktur der Kunden.
Kunden weiten - bedingt durch den zunehmenden Konkurrenzdruck auf Inlandsmärkten sowie den dort zu verzeichnenden Marktsättigungstendenzen - ihre Absatzgebiete verstärkt auf ausländische Märkte aus. In gleichem Zuge steigen ihre Anforderungen an länderübergreifende Netzwerkdienstleistungen. Dabei ist eine zunehmende Nachfrage nach Anbietern globaler Telekommunikationsdienstleistungen zu verzeichnen. So hat eine Umfrage des Marktforschungsunternehmens Yankee Group ergeben, daß immer mehr Kunden „Netze aus einer Hand" möchten. Kunden wenden sich verstärkt von Anbietern, die nur nationale Netze und Dienstleistungen anbieten, ab (vgl. 4.3.5) [o.V. 1996m, S. 39].
Dem Erfordernis, international präsent zu sein, stehen allerdings erhebliche Markteintrittsbarrieren in Auslandsmärkte gegenüber. Als wichtigste Barrieren sind hierbei zu nennen:

[1] So wurde beispielsweise Anbietern, die eine Mobilfunklizenz erhalten haben, die Verpflichtung auferlegt, bis 31.12.1994 alle Grunddienste anzubieten sowie mindestens 94% der Bevölkerung in den alten, und 90% der Bevölkerung in den neuen Bundesländern zu versorgen [BPT 1992, S. 12].

Fehlende Netzinfrastruktur

Um im Zuge der Internationalisierung auch im Ausland Telekommunikationsdienstleistungen anbieten zu können, bedarf es einer länderübergreifenden Netzinfrastruktur. Der Aufbau und Unterhalt einer solchen Netzinfrastruktur verursacht Kosten, die die Finanzierungsmöglichkeiten selbst großer Unternehmen, wie z.B. der Deutschen Telekom AG, übersteigen. Daher versuchen sich diese Unternehmen über Kooperationen den Zugang zur Netzinfrastruktur der Partnerunternehmen zu sichern.

Erfahrung mit Auslandsmärkten

Ausländische Absatzmärkte weisen im Vergleich zum Inland unterschiedliche Absatzstrukturen auf. Unterschiede in den geographischen Gegebenheiten, der soziodemographischen Struktur, den Einkommensverhältnissen, dem ökonomischen Entwicklungsstand, den Kommunikationsgewohnheiten sowie dem vorhandenen Durchdringungsgrad mit Telekommunikationsdienstleistungen haben Einfluß auf das Nachfrageverhalten. Die Marketing- und Vertriebsaktivitäten sind diesen veränderten Nachfragestrukturen anzupassen. Neu in den Markt eintretende ausländische Anbieter können daher aufgrund der mangelnden Erfahrung inländischen Anbietern unterlegen sein. Über Kooperationen mit markterfahrenen Unternehmen können diese Defizite reduziert werden. So bringen ausländische Partner großer Telekommunikationskooperationen, wie z.B. British Telecom, MCI und Cable & Wireless, erhebliche Erfahrung im Endkundenmarketing in die Kooperation ein [o.V. 1996p, S. 17].

Technische Normen und Standards

Im Zuge der Globalisierung der Märkte gewinnen einheitliche Normen und Standards als Basis für einen gemeinsamen Markt eine erhöhte Bedeutung. Im Rahmen der EU-Harmonisierungspolitik wurde 1985 im Weißbuch der EG eine gezielte technische Harmonisierung der bisher länderspezifischen Normen festgelegt. Dennoch ist für die gegenwärtige Normungssituation charakteristisch, daß eine Vielzahl von privaten und öffentlich-rechtlichen Institutionen auf regionaler, nationaler und internationaler Ebene auf den Normungsprozeß einwirken, wobei häufig Überschneidungen und Inkonsistenzen festzustellen sind [Kampmann 1993, S. 39]. Darüber hinaus gewinnen De-facto-Standards von Anbietern mit hohen Marktanteilen bzw. von Konsortien sowie freiwillige Standards größerer Industriegruppen zunehmend an Bedeutung. Resultat ist, daß sich die Telekommunikationsmärkte hinsichtlich der gültigen Normen und Standards weiterhin stark unterscheiden. Um kurzfristig in einen fremden Markt eintreten zu können, helfen Kooperationen mit im Markt bereits etablierten Unternehmen beim notwendigen schnellen Angleich an solche länderspezifischen Standards. Gleichzeitig ermöglichen Kooperationen mit Unternehmen, die einen starken Einfluß auf den Normungsprozeß haben, frühzeitig Kenntnis von potentiellen De-facto-Standards zu erhalten und diese in produktpolitische Maßnahmen einfließen zu lassen. Gerade unter dem Aspekt, daß der technologische Wettbewerb verstärkt über das bewußte Setzen von De-facto-Standards ausgetragen wird, gewinnt die Kooperati-

onsstrategie zunehmend an Bedeutung. So zeigt sich, daß sich vermehrt Kooperationen zwischen Herstellern von Soft- und Hardware bilden, die als gemeinsames Ziel die schnelle Durchsetzung von De-facto-Standards verfolgen.[1]
Mit der kooperativen Durchsetzung eines Standards ist gleichzeitig auch die Schaffung von Marktmacht für die Partnerunternehmen verbunden. Denn haben sich solche Standards am Markt etabliert, so können globale Absatzmärkte erschlossen werden, die wirtschaftlich sinnvolle Amortisationszeiten der Investitionskosten ermöglichen [vgl. Bosshart 1995, S. 198].

Liberalisierung und staatliche Politik

Ausländische Märkte weisen gegenwärtig unterschiedliche Liberalisierungsgrade auf. Neben völlig liberalisierten Märkten, wie den USA und Großbritannien, existieren auch eine Vielzahl von teilliberalisierten Märkten, wie z.B. Frankreich, Spanien, Italien und Griechenland [Haag/Ungerer 1996, S. 357], die erst im Zuge der europäischen Liberalisierung des Telekommunikationsmarktes, frühestens zum 1.01.1998 bzw. nach Gewährung von Übergangsfristen für kleinere Mitgliedsstaaten, liberalisiert werden. Frühzeitige Kooperationen mit bereits zugelassenen Unternehmen im Vorfeld der Liberalisierung ermöglichen die Vorbereitung auf einen Markteintritt bei Liberalisierung. Dazu zählen im Rahmen der Kooperation insbesondere der Betrieb eines Netzes gemeinsam mit dem Partnerunternehmen. Infrastrukturkosten, die beim Aufbau eines gesonderten Netzes anfallen, können somit teilweise eingespart werden. Zeitnachteile, wie sie etwa für Unternehmen entstehen, die erst zum Liberalisierungszeitpunkt mit einen Netzaufbau beginnen, entfallen. Vorteile aus bestehenden Kooperationen ergeben sich darüber hinaus durch einen bereits vorhandenen Bekanntheitsgrad zum Liberalisierungszeitpunkt. Die Kooperation leistet somit einen wesentlichen Beitrag zur frühzeitigen Etablierung in ausländischen Märkten. Gleichzeitig helfen Kooperationen, Zugangsbarrieren lokaler Regierungen leichter zu überwinden. Denn Anpassungsvorschriften an nationale Gegebenheiten, die zwingende Zusammenarbeit mit lokalen Anbietern oder auch die Präferierung inländischer Anbieter, etwa durch einen staatlich verordneten Markteintrittsschutz für bestimmte regionale Gebiete oder staatliche Subventionen inländischer Anbieter [vgl. Porter 1992b, S. 35], sind mit Hilfe von Partnerunternehmen leichter zu überwinden [vgl. Bosshart 1995, S. 158].

4.3.4 Reduzierung des Risikos

Ein hoher Ressourceneinsatz in Verbindung mit kurzen Planungshorizonten und daraus resultierenden kurzen Amortisationszeiten der Investitionskosten ergibt ein

[1] So ist beispielsweise im Mai 1996 die Netscape Communications Corporation eine Kooperation mit insgesamt 40 Herstellern eingegangen. Gemeinsames Ziel ist, ein X.500-kompatibles Protokoll als Standard für Internet-Verzeichnisdienste durchzusetzen und damit Marktmacht gegenüber Microsoft aufzubauen [vgl. o.V. 1996n, S. 11]. Auch die Kooperation von Sun, IBM und Oracle zielt darauf ab, über die gemeinsame Schaffung von De-facto-Standards für Netzwerkcomputer Microsoft den Markteinstieg in das Internet-Geschäft zu erschweren [vgl. o.V. 1996o, S. 20].

überdurchschnittliches Markteintrittsrisiko, Marktpräsenzrisiko sowie Marktaustrittsrisiko für das Geschäftsfeld Telekommunikation. Dabei läßt sich das Risiko, das sich generell aus der Unvollkommenheit von Informationen ergibt, in mehrere Teilrisiken unterteilen [vgl. Wöhe 1990, S. 157]. Zu den wichtigsten Teilrisiken im Telekommunikationssektor zählen veränderte Umweltsituationen, Know-how-Risiken sowie finanzielle Risiken. Im Bereich der veränderten Umweltsituationen sind insbesondere rechtliche Aspekte von Bedeutung. Eine unsichere Rechtslage, etwa im Bereich der Vergabe von Lizenzen oder dem Zeitplan der Liberalisierung, führt zu Entscheidungsunsicherheit bei Unternehmen. Investitionen, die auf Basis von Gesetzesentwürfen getroffen werden, die in Folge wieder verändert werden, können zu starken finanziellen Verlusten führen. Häufig muß ein Unternehmen jedoch solche Entscheidungen bei Unsicherheit treffen, um Zeitverluste, die einen negativen Einfluß auf die Wettbewerbsposition haben, zu vermeiden.

Know-how Risiken ergeben sich in erster Linie für Unternehmen, die im Rahmen von Diversifikationsstrategien in neue Marktfelder eintreten. Dieses Risiko ist besonders stark bei der lateralen Diversifikation ausgeprägt. Doch selbst bei horizontaler und vertikaler Diversifikation - wie sie bei Banken der Fall ist - in Marktfelder, die der Bank zumindest als Nachfrager von Telekommunikationsdienstleistungen bereits vertraut sind, ergeben sich eine Vielzahl von Wissensdefiziten. Diese liegen insbesondere beim Marketing und Vertrieb.[1]

Die finanziellen Risiken sind in dynamischen Märkten, wie dem Telekommunikationsmarkt, besonders hoch. Die finanziellen Risiken ergeben sich zum einen durch hohe Forschungs- und Entwicklungsinvestitionen. Diese vergleichsweise hohen F&E-Kosten sind daher auch Ursache für eine überdurchschnittliche Kooperationshäufigkeit im F&E-Bereich [Bosshart 1995, S. 194]. Dabei wird versucht, über Gemeinschaftsforschung, Auftragsforschung, finanzielle Risikobeteiligung sowie durch die Bildung von Forschungs- und Entwicklungskooperationen[2] das individuelle F&E-Risiko zu reduzieren. Insbesondere für große Netzbetreiber haben F&E-Kooperationen eine große Bedeutung.[3] Für Banken spielt F&E eine eher geringfügige Rolle. Im Anwendungsbereich, etwa bei der Entwicklung von Multimediaschnittstellen, finden demgegenüber häufig Kooperationen zwischen Herstellern und Banken statt.

Zum anderen werden die finanziellen Risiken bei Telekommunikationsinvestitionen überwiegend durch die Höhe der Investitionen in den Aufbau der Netzinfrastruktur bedingt. Die Investitionskosten insbesondere von breitbandigen Netzinfrastrukturen reichen hier weit in die Milliardenbeträge. Einzelne Unternehmen können diese Investitionsvolumina häufig nicht alleine tragen.

---

[1] Eine Analyse von insgesamt 1645 strategischen Allianzen zeigt, daß über 34,5% der Allianzen im Bereich Marketing und etwa 29,3% im Vertriebsbereich geschlossen werden [Hammes 1994, S. 216].

[2] So beabsichtigen RWE und AT&T gemeinsam mit dem französischen Mischkonzern Cie General des Eaux (CGE) im Bereich der Entwicklung diverser Multimediaanwendungen zusammenzuarbeiten [Gruber/Holzwart 1995, S. 10].

[3] So arbeitete beispielsweise die Deutsche Telekom AG sehr eng mit Siemens und Alcatel im Bereich der Entwicklung von Endgeräten und Teletextsystemen zusammen.

Die Zusammenarbeit mehrerer Unternehmen kann somit zu einer Verminderung der Investitions- Innovations- und Umfeldrisiken für das einzelne Unternehmen beitragen. Der Know-how-Transfer zwischen den Unternehmen vermindert das individuelle Unternehmensrisiko und die Aufteilung der Investitionskosten ermöglicht, auch in risikoreichere Projekte zu investieren.

4.3.5 Erfüllung des one-stop-shopping-Bedürfnisses

Eine Vielzahl von Telekommunikationsdienstleistungen weist Eigenschaften von Systemtechnologien auf. Daher kommt dem Angebot von Komplettlösungen und Lösungen aus einer Hand insbesondere für Firmenkunden eine besondere Bedeutung bei. Dabei fordern Firmenkunden neben reinen Netzdienstleistungen verstärkt Mehrwertdienste sowie Service- und Beratungsleistungen aus einer Hand. „Der Kunde sieht niemals das Netz, aber die Dienste im Netz", so Ulf Bohla, Chef der Vebacom [o.V. 1996p, S. 17]. Ebenso fordern Kunden verstärkt die Integration von Bankanwendungen in ihre bestehende Systemumgebung sowie ein international gleichbleibendes Produktangebot. Unternehmen, in diesem Sinne auch Banken, die Komplettlösungen im Bereich des Sprach- und Datenverkehrs für ihre Firmenkunden anbieten, können ihren Kunden durch Komplettlösungen einen Zusatznutzen verschaffen und damit einen Differenzierungsvorteil gegenüber Mitbewerbern erlangen. Für Kunden ergeben sich folgende wesentliche Vorteile:

- Kunden haben für ihre Telekommunikationsdienstleistungen nur noch einen Ansprechpartner.[1] Von diesem Ansprechpartner bekommen sie i.d.R. eine Komplettlösung geliefert. Ihr Abstimmungsaufwand gegenüber der Lieferung von Teilleistungen mehrerer Anbieter erniedrigt sich wesentlich. Insbesondere bei auftretenden Problemen hat der Kunde nur noch einen Ansprechpartner. Die „Suche" nach dem zuständigen Unternehmen bei auftretenden Fehlern entfällt. Infolgedessen reduzieren sich die Koordinationskosten [Wieland 1995, S. 191].
- Einheitliches Accounting und Billing erleichtert den administrativen Aufwand im Unternehmen [Kühl 1996].
- Gleichzeitig fördert die Integration diverser Dienstleistungen bei einem Systemanbieter die Entwicklung einer einheitlichen Infrastruktur. Inkompatible Schnittstellen werden reduziert, bisher proprietäre Schnittstellen unterschiedlicher Anbieter werden zu einheitlichen Schnittstellen zusammengefaßt. Damit reduziert sich für den Kunden der technische Anpassungsaufwand.
- Die Integration von Telekommunikationsauslandsdienstleistungen ermöglicht darüber hinaus gerade für Großunternehmen, die weltweit agieren, die Realisierung von beträchtlichen Einsparungspotentialen. Diese setzen sich aus verminderten Suchkosten für geeignete Auslandstelekommunikationspartner, ge-

[1] Die Kooperation zwischen der Deutschen Telekom AG, der France Telecom sowie Sprint versucht, den one-stop-shopping-Aspekt in sämtlichen Ebenen umzusetzen. Dazu zählt ein international gleichbleibendes Produkt- und Diensteangebot, ein Ansprechpartner für sämtliche Belange sowie erweiterte Serviceleistungen, die z.B. durch die Zusammenarbeit mit Reisebüros ermöglicht werden [o.V. 1995f, S. 16].

ringeren Abstimmungskosten sowie einem verminderten technischen Anpassungsaufwand zusammen.

Diese Ergebnisse werden durch eine Umfrage des Instituts für Bankinformatik unter 235 deutschen Unternehmen mit mehr als 10 Millionen Umsatz gestützt. Die Umfrage zeigt, daß die Mehrzahl der Unternehmen Komplettlösungen der Bank bei Electronic Banking-Systemen präferiert. Der Wunsch nach Komplettlösungen ist besonders stark bei mittelständischen Unternehmen mit einem Jahresumsatz zwischen 100 und 500 Millionen ausgeprägt. Dort präferieren über 80% der Unternehmen Komplettlösungen. Mit reinen Schnittstellenlösungen können sich noch am ehesten Großunternehmen mit einem Jahresumsatz von mehr als 500 Millionen anfreunden [Grebe/Kerscher 1996, S. 28], obgleich auch diese insgesamt gesehen Komplettlösungen bevorzugen.

Die Realisierung von „Dienstleistungen aus einer Hand" erfolgt zumeist über die kooperative Zusammenarbeit mehrerer Unternehmen, die durch die Verbindung ihrer Kernkompetenzen gegenüber dem Kunden ein lückenloses Angebot zur Verfügung stellen können. In folgender Abbildung ist exemplarisch eine Zusammenarbeit mit Corporate Network-Betreibern, Endgeräteherstellern, in- und ausländischen Netzwerkbetreibern, Mehrwertdiensteanbietern und Serviceunternehmen aufgezeigt.

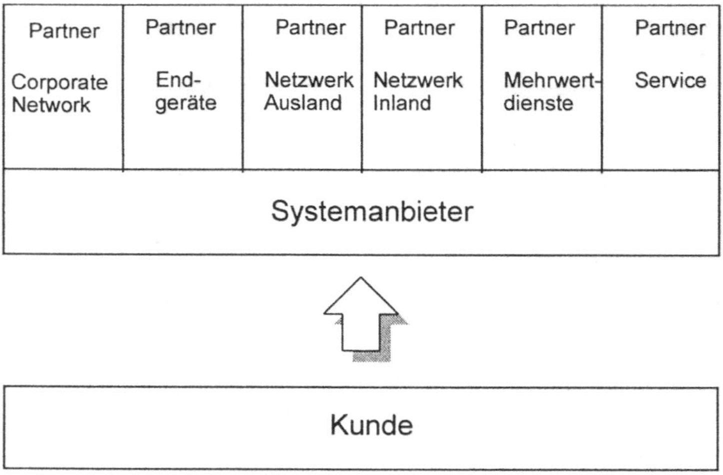

Abb. 4-4: Telekommunikationsangebot aus einer Hand

Die Zusammenarbeit führt zum einen zu einer Steigerung des Kundennutzens und verbessert zum anderen die Position der Kooperationspartner gegenüber Alleinanbietern deutlich. Insbesondere können über Kooperationen Produktlücken geschlossen werden. So arbeitet die BfG Bank mit dem Softwareunternehmen STS Spektrum, Sulzbach bei Frankfurt, im Bereich Cash Management-Systeme zu-

sammen. Die Beratung der Firmenkunden wird durch die Bank durchgeführt, die Installation und Hotline erfolgt durch STS Spektrum. Die BfG Bank nennt als wichtigste Argumente für die Kooperation, daß sie zum einen Zugang zum EDV-Know-how im Netzwerkbereich von STS Spektrum erhält, und zum anderen die Personalkapazitäten im Firmenkundenbereich Cash Management um ca. 50% niedriger bemessen kann, als wenn sie Service und Hotline selbst bestreiten würde. Denn insbesondere im Hotlinebereich fallen Leerkapazitäten in Form von Wartezeiten an, die ein Softwareunternehmen durch andere Kunden ausfüllen kann.[1]
Im Zuge der zunehmenden Globalisierung der Märkte werden für Großunternehmen weltweite Netzwerkdienstleistungen immer wichtiger. Telekommunikationsgesellschaften werden daher in Zukunft nur dann wettbewerbsfähig bleiben, wenn sie ein internationales Angebot anbieten. Im Bereich der großen Carrier bilden sich daher immer mehr Kooperationen zwischen sehr großen Telekommunikationsgesellschaften, verstärkt aber auch mit kleinen Anbietern, die zum Teil in ihren jeweiligen Ländern noch als Monopolisten agieren. Eine der bedeutendsten Kooperationen ist Uniworld. Bislang sind AT&T, Unisource (Joint Venture von Telia (Schweden), PTT Telecom (Niederlande), Swiss PTT (Schweiz), Teléfonica (Spanien)) sowie die CNI (Deutschland) Partner der Kooperation [Berke 1995, S. 71]. Ziel ist auch hier, im Sinne des one-stop-shopping grenzübergreifende, integrierte Netzwerkdienstleistungen anzubieten.

4.4 Bankspezifische Anreize für Kooperationen

4.4.1 Einstieg in ein neues strategisches Geschäftsfeld

Banken haben unterschiedliche Wachstumsstrategien. Eine davon ist die Diversifikationsstrategie in neue Geschäftsfelder. Aufgrund der prognostizierten positiven Entwicklungstendenzen von Telekommunikationsmärkten streben insbesondere Großbanken, aber auch Rechenzentren regionaler Institute, die Telekommunikation als neues Geschäftsfeld hauptsächlich für Firmenkunden an.[2]
Bezogen auf das originäre Bankgeschäft war das Geschäftsfeld Telekommunikation in der Vergangenheit der lateralen Diversifikation zuzurechnen. Bei der lateralen Diversifikation dringt die Bank in völlig neue Produkt- und Marktgebiete vor, wobei sie die traditionelle Bankbranche verläßt und in Aktivitätsfelder fremder Branchen vorrückt [Meffert 1986, S. 92]. Aufgrund des zunehmenden Anteils von Informations- und Kommunikationstechnologien am Erstellungsprozeß von Bankmarktleistungen rücken Telekommunikationsdienstleistungen als Bankmarktleistung jedoch in den Bereich der horizontalen und auch der vertikalen

---

[1] Laut einem Expertengespräch mit Herrn Wegener, BFG Bank, am 17.6.1996.

[2] So wird für den deutschen Telekommunikationsmarkt ein jährliches Wachstum von 7% prognostiziert, für den europäischen Telekommunikationsmarkt sogar von 8,3%. Im Jahr 2000 soll der Umsatz im Telekommunikationsmarkt in Deutschland etwa 110 Mrd. DM betragen, in Europa ca. 400 Mrd. DM [Meyer-Scheel 1995, S. 6].

Diversifikation vor.[1] Als vertikale Diversifikationsstrategie von Banken kann beispielsweise das Anbieten von Netzdienstleistungen oder auch von Mobilfunkdienstleistungen betrachtet werden. Denn diese werden bereits als Input für den Erstellungsprozeß von Bankmarktleistungen benutzt.[2] Eine horizontale Diversifikation liegt vor, wenn Banken etwa ihren Firmenkunden nicht nur deren Bankzahlungsverkehr auf Basis des EDIFACT-Standards ermöglichen, sondern wenn sie darüber hinaus auch den Dokumentenaustausch ihrer Firmenkunden mit deren Zulieferern bzw. Endkunden auf Basis des EDIFACT-Standards abwickeln.
Das Eintreten in neue Marktfelder im Rahmen einer Diversifikationsstrategie birgt eine Vielzahl von Risiken in sich. Kooperationen können einen Beitrag zur Risikoreduktion leisten. In dynamischen Märkten, wie dem Telekommunikationsmarkt, hat die permanente Entwicklung neuer Produkte eine hohe Bedeutung. Die Reduktion der Entwicklungszeit als Erfolgsfaktor von Diversifikationsstrategien kann über Kooperationen beschleunigt werden. Denn ein zu später Markteintritt aufgrund von fehlendem Know-how und zu langen Entwicklungszeiten birgt die Gefahr, den Anschluß an aktuelle Marktentwicklungen zu verpassen.
Bei horizontalen und vertikalen Diversifikationsstrategien können darüber hinaus über Kooperationen Produktlücken geschlossen werden. Die Kooperation trägt somit zu einem vollständigen Produktangebot im Geschäftsfeld Telekommunikation bei. So sind beispielsweise der professionelle und schnelle Service sowie eine kompetente Beratung und Betreuung wesentliche Anforderungen des Kunden an Telekommunikationsanbieter [Kühl 1996]. Banken weisen aber gerade hier erhebliche Defizite auf. Es zeigt sich anhand der aktuellen Kooperationstendenzen, daß diese Dienstleistungen daher häufig von Partnerunternehmen erbracht werden, deren originäres Geschäftsfeld die Telekommunikation ist.

4.4.2 Qualitäts- und Preisverbesserung der Telekommunikation als strategischer Inputfaktor für elektronische Bankmarktleistungen

Telekommunikation ist aus Sicht der Banken nicht nur ein eigenständiges neues Geschäftsfeld, sondern gewinnt zunehmend auch als strategischer Inputfaktor für elektronische Bankmarktleistungen an Bedeutung. Wesentliche Faktoren für den Erfolg elektronisch vertriebener Bankmarktleistungen sind der Preis sowie die Qualität. Die Qualität beinhaltet neben dem Service und der Ausgestaltung der Bankmarktleistung selbst auch die elektronische Bereitstellung der Bankmarktleistung. Bei der Qualität sind insbesondere folgende Teilfaktoren von Bedeutung:

- Eine hohe Netz- und Datensicherheit.

---

[1] Die vertikale Diversifikation bezeichnet die Vergrößerung der Tiefe sowohl hinsichtlich Absatz als auch hinsichtlich Herkunft der Ressourcen. Als horizontale Diversifikation wird demgegenüber die Erweiterung des bestehenden Produktprogramms um Produkte bezeichnet, wobei diese noch in sachlichem Zusammenhang stehen [Meffert 1986, S. 91].

[2] Mannesmann bietet bereits die Anbindung von ec-cash Terminals über Mobilfunk an. Über eine Beteiligung von 17% ist die Deutsche Bank an der GFD, der Gesellschaft für Datenfunk, an der auch Mannesmann Anteile hält, beteiligt. Es läßt sich daher vermuten, daß die Deutsche Bank das Anbieten von Mobilfunkdienstleistungen möglicherweise als neues strategisches Geschäftsfeld betrachtet.

- Der Zugang und die Verfügbarkeit elektronischer Bankmarktleistungen.
- Die Geschwindigkeit des Zugangs zu elektronischen Bankmarktleistungen.
- Die Ergonomie der elektronischen Bankmarktleistung. Eine Verbesserung kann hier vor allem durch interaktive und multimediale Anwendungen erreicht werden.

Beide Faktoren, Preis und Qualität, werden wesentlich von der zugrundeliegenden Netzinfrastruktur beeinflußt. Kooperationen helfen, die Netzinfrastruktur zu verbessern. Dabei stehen Banken diverse Möglichkeiten zur Verfügung, über Kooperationen eine Verbesserung sowohl der Qualität als auch des Preises zu erlangen. Der Betrieb eines gemeinsamen bundesweiten Corporate Networks im Rahmen einer Kooperation innerhalb einer Institutsgruppe ermöglicht, eine bessere Anbindung der Endgeräteinfrastruktur zu erreichen. So können SB-Geräte an stark entlegenen Standorten vergleichsweise kostengünstig in das Corporate Network integriert werden. Darüber hinaus ermöglichen Corporate Networks, dem Kunden einen kostengünstigeren Zugang zur Bank zu verschaffen. Beispielsweise kann sich ein Kunde der Sparkasse München in Hamburg in das Corporate Network der Kooperationspartner einwählen und Telefonbanking zum Ortstarif durchführen. Gegenwärtig bauen die Sparkassen bundesweit ein solches Corporate Network auf.
Der gemeinsame Betrieb eines Netzwerkes ermöglicht darüber hinaus, beim gegebenem Budget eine höherwertige Netzinfrastruktur aufzubauen. Hochgeschwindigkeitsnetze sowie eine breitbandige Netzinfrastruktur sind Voraussetzung für die Integration von Bild, Sprache und Ton in multimediale Präsentationen sowie für interaktive Anwendungen. So bauen gegenwärtig die bayerischen Sparkassen ein Hochgeschwindigkeitsnetz auf. Die Schnittstelle zum Kunden wird damit wesentlich verbessert. Ebenso erhöhen die Hochgeschwindigkeitsnetze die Zugangsgeschwindigkeit zu elektronischen Bankmarktleistungen und führen damit zu einer Qualitätsverbesserung.
Gleichzeitig können bei gemeinsam betriebenen Netzwerken und gemeinsam genutzten Netzwerkkomponenten Kosteneinsparungen realisiert werden. Das Vorhalten von Ersatznetzwerken entfällt. Bankmarktleistungen, die elektronisch vertrieben werden, können damit kostengünstiger angeboten werden.

4.4.3 Zugang zu neuen Kundengruppen

Banken erhalten über die Kooperation mit Telekommunikationsanbietern, Energieversorgungsunternehmen und Transportunternehmen Zugang zu neuen Kundengruppen. Insbesondere im regionalen Umfeld bieten sich Kooperationen mit Energieversorgungsunternehmen und Stadtwerken an. Neben den notwendigen Wegerechten verfügen diese Unternehmen über eine große Kundenbasis, da sie ganze Regionen mit Verkehrs- und Energieversorgungsdienstleistungen bedienen und dort i.d.R. auch als Monopolist agieren.[1] Über die Zurverfügungstellung von Informationen bezüglich Kundenstruktur und Nutzungsverhalten von Telekom-

[1] Laut einem Experteninterview mit Herrn Moritz und Herrn Maus, Stadtsparkasse Köln, am 22.03.1995.

munikations- und Energieversorgungsdienstleistungen können Banken gezielte Marketingaktivitäten ableiten, insbesondere auch in Bezug auf ihr Primärgeschäft. Gleichzeitig kann über die Schaffung von unternehmensübergreifenden Produktbündeln eine Erhöhung der Nutzung der Dienstleistungen der jeweiligen Partnerunternehmen erreicht werden. Denkbar sind hier beispielsweise bei Privatkunden die kreuzweise Bündelung von Kontobasisdienstleistungen der Bank mit Energieversorgungsdienstleistungen der Stadtwerke.
Aber auch im Firmenkundengeschäft können Kooperationen zu einer Erweiterung der Firmenkundenbasis beitragen. So hat beispielsweise Mannesmann über ihre Tochter, die Mannesmann Datenverarbeitung GmbH, Zugang zu Geschäftskunden, die über das von Mannesmann betriebene ec-cash Netz easycash den kartengestützten Zahlungsverkehr abwickeln. Gegenwärtig nutzen bereits über 9000 Einzelhandelsunternehmen easycash (Stand: 5/1996).[1]

4.4.4 Überwindung Know-how spezifischer Eintrittsbarrieren

Banken haben als Nachfrager von Telekommunikationsdienstleistungen bereits ein hohes Maß an Know-how aufgebaut, das sie zugleich als Anbieter dieser Dienstleistungen prädestiniert. Um jedoch eine Nachfrage in dem neuen Geschäftsfeld realisieren zu können, muß eine entsprechende Know-How-Legitimation gegenüber dem Kunden erfolgen [Bosshart 1995, S. 146]. Die Kompetenz kann dem Nachfrager gegenüber entweder über Referenzkunden oder über einen kompetenten Partner, der über ein ausreichendes Maß an Vertrauen, Kompetenz und Markenbekanntheit verfügt, signalisiert werden. In diesem Sinne bewirkt die Partnerschaft einen Imagetransfer. Je komplexer und je teurer die Telekommunikationsprodukte der Bank sind, desto wichtiger wird die Technologielegitimation.

4.5 Probleme der Kooperationen

Wie gezeigt, sind die Anreize sehr unterschiedlich, Kooperationen bei Telekommunikationsprojekten einzugehen. Da die Kooperation aus Sicht der Partner auf die Erzielung von Synergieeffekten ausgerichtet ist, ist es wahrscheinlich, daß Unternehmen zusammenarbeiten, die sich hinsichtlich ihrer Ressourcen und Fähigkeiten ergänzen. Daraus folgt jedoch implizit, daß sich diese Unternehmen zum Teil auch hinsichtlich Unternehmensorganisation, Unternehmensstruktur, Größe und Unternehmensstrategien unterscheiden. Im Laufe der Kooperation kann dies - vor allem auch unter Berücksichtigung von sich verändernden exogenen Umfeldfaktoren - zu einer Vielzahl von Problemen führen.

Ein wesentliches Problem stellt das Wettbewerbsumfeld der kooperierenden Unternehmen dar. Bei Telekommunikationskooperationen zwischen großen Carriern

[1] Laut einem Experteninterview mit Herrn Wotzlaw, Mannesmann Datenverarbeitung GmbH, am 17.06.1996.

sind häufig sowohl ehemalige Monopolisten als auch Unternehmen, die erst im Zuge der Liberalisierung in den Markt eingetreten sind, beteiligt. Monopolisten zeichnen sich im Vergleich zu Wettbewerbern tendenziell durch eine geringere Innovationsfreudigkeit, eine geringere Flexibilität, niedrigere Risikobereitschaft, höhere Preise[1] sowie eine insgesamt niedrigere Kundenorientierung aus.
Durch die Liberalisierung bedingt werden die Monopolisten ihr Wettbewerbsverhalten sukzessive wandeln müssen, um in Konkurrenz zu den neu eintretenden Unternehmen bestehen zu können. Diese Tatsache darf jedoch nicht darüber hinwegtäuschen, daß eine seit Jahrzehnten bei Mitarbeitern verankerte Unternehmenskultur in Form von Normen und Werten sich nur langsam verändern läßt. Das Wettbewerbsverhalten läßt sich demgegenüber deutlich schneller den neuen Wettbewerbsbedingungen anpassen.
Unternehmen, die in der Vergangenheit bereits unter Wettbewerbsbedingungen agiert haben, sind demgegenüber risiko- und innovationsfreudiger und zeichnen sich durch ein höheres Maß an Kundenorientierung aus.
Im Verlauf der Kooperation kann genau diese Unterschiedlichkeit in den Unternehmenskulturen zu Konflikten führen. Denn eine wesentliche Voraussetzung für den Kooperationserfolg ist, daß in Projektgruppen und Meetings der Kooperationspartner ein Verständnis für die Sichtweisen und Präferenzen der Partner entwickelt wird [Schubert 1995, S. 162].

Unterscheiden sich die Kooperationspartner hinsichtlich ihrer Unternehmensgröße und Kapitalausstattung stark, so kann es im Laufe der Kooperation zu Konflikten kommen. Gerade bei Telekommunikationskooperationen, bei denen sowohl sehr kleine Netzbetreiber, wie z.B. Citynetzbetreiber, große internationale Carrier und Banken zusammenarbeiten, um eine flächendeckende Infrastruktur anbieten zu können, besteht diese Gefahr (vgl. 4.6.1). Denn die Heterogenität und die Vielzahl der Kooperationspartner fördert tendenziell die Interessensinkongruenz und damit die Konflikthäufigkeit.

Ein weiteres Problem bei Telekommunikationskooperationen ist in der unterschiedlichen Abhängigkeit der Unternehmen vom Bestand der Kooperation zu sehen. Insbesondere bei Kooperationen, die zur Komplettierung des Produktangebotes zwischen Banken, Telekommunikations- und Softwareunternehmen geschlossen werden, ergeben sich gerade für Banken Know-how-bedingte Abhängigkeiten. In Folge dieser Abhängigkeit steigt die Erpreßbarkeit der Bank an. Denn bei kurzfristigem Ausstieg aus der Kooperation muß ein alternativer Partner am Markt gesucht werden. Neben dem resultierenden Suchaufwand für einen neuen Partner muß häufig auch ein höherer Preis bezahlt werden. Denn zumeist sind die Gründe, die zur einseitigen Auflösung der Kooperation geführt haben, den neuen potentiellen Partnern bekannt.

[1] Monopolisten setzen ihre Angebotsmenge entsprechend der Regel Preis gleich Grenzertrag fest. Wettbewerber in einem Markt mit vollständiger Konkurrenz optimieren demgegenüber nach der Regel Preis gleich Grenzkosten. Wettbewerber in einem Markt mit vollständiger Konkurrenz bieten daher im Vergleich zu Monopolisten eine größere Angebotsmenge zu einem niedrigeren Preis an.

So bezeichnet beispielsweise die BfG Bank die Abhängigkeit als größtes Problem ihrer Kooperation mit STS im Bereich Installation und Hotline von Cash Management-Systemen.

Ein nicht zu unterschätzendes Problem bei Telekommunikationskooperationen stellt auch die mittlerweile starke Verflechtung der Carrier dar. Wie in Abb. 4-6 (sh. Seite 83) dargestellt, sind die verschiedenen Telekommunikationsunternehmen in eine Vielzahl von Kooperationsbeziehungen involviert. Daraus können sich diverse Konflikte ergeben, insbesondere wenn die Kooperationspartner mit Konkurrenten direkt zusammenarbeiten. Es muß daher durch entsprechende vertragliche Vereinbarungen im voraus gesichert werden, daß wettbewerbsrelevante Informationen nicht abfließen können bzw. daß der Abfluß entsprechend sanktioniert wird [Haury 1989, S. 66]. Doch selbst wenn dies vertraglich geregelt ist, können neue Kooperationsbeziehungen eines Partners strategische Wettbewerbsvorteile bereits bestehender Kooperationen reduzieren bzw. die Existenz bestehender Kooperationen gefährden.
Genau dies hat neben regulatorischen Bestimmungen zum Scheitern der geplanten Kooperation von Cable & Wireless mit British Telecom im Mai 1996 geführt. So ist British Telecom der internationale Partner der Viag und RWE. Die Vebacom arbeitet demgegenüber mit Cable & Wireless im internationalen Telekommunikationsgeschäft zusammen. Wäre die geplante Kooperation zustande gekommen, so hätte British Telecom über Cable & Wireless Zugang zu den Mobilfunk- und Kabelnetzen von Veba sowie zu den unternehmenseigenen Corporate Networks der Vebacom-Tochter Meganet gehabt. RWE und Viag wären damit potentiell uninteressant geworden, da sie, obgleich sie gemeinsam über ein Glasfasernetz von über 8000 Kilometern in Deutschland verfügen, ein geringeres Potential als die Veba aufweisen [Berke/Fischer 1996, S. 64].

Bereits im Vorfeld der Liberalisierung ist im Telekommunikationsmarkt eine Tendenz zu einer oligopolistischen Anbieterstruktur festzustellen. Experten gehen davon aus, daß lediglich drei bis vier große Kooperationen langfristig am deutschen Telekommunikationsmarkt Bestand haben werden. So zeigt sich am Beispiel des bereits Mitte der achtziger Jahre liberalisierten US-Telekommunikationsmarktes, daß im internationalen Geschäft nur AT&T, MCI und Sprint bedeutende Marktanteile erzielten konnten [o.V. 1996y, S. 21]. Wie in Abb. 4-6 (sh. Seite 83) zeigt, bilden sich gegenwärtig vier große Telekommunikationskooperationen am deutschen Markt heraus. Unter wettbewerbsrechtlichen Gesichtspunkten führt diese Tendenz zu Kooperationen zwischen Telekommunikationsunternehmen, die vor allem durch den steigenden Wettbewerbsdruck bedingt ist, zu einer Wettbewerbsbeschränkung. So können die Kooperationspartner sich gegenseitig bevorzugen oder anderen Telekommunikationsunternehmen den Zugang zu ihren Netzen verweigern bzw. durch einen Prohibitivpreis uninteressant werden lassen.
So war neben den potentiellen Zielkonflikten mit den bereits bestehenden Kooperationspartnern Viag und Vebacom ein wesentlicher Grund für die nicht zustande gekommene Kooperation zwischen British Telecom und Cable & Wireless, daß

British Telecom bereits eine 20 prozentige Beteiligung an MCI, dem zweitgrößten Telekommunikationsunternehmen in den USA, hält. Die Kartellbehörde in den USA hat in dieser Kooperation wettbewerbsbeschränkende Wirkungen gesehen [o.V. 1996r, S. 2].

Gleichzeitig ist eine Tendenz zur Kollusion festzustellen. Dabei handelt es sich um Absprachen zwischen Unternehmen, die darauf abzielen, unternehmerische Parameter, wie den Preis, die Absatzmenge oder das Absatzgebiet, gemeinsam festzulegen. Ziel ist ebenfalls eine Beschränkung des Marktes, um dadurch den Gesamtgewinn der Branche insgesamt zu erhöhen. Gerade in sehr kapitalintensiven Märkten, wie dem Telekommunikationsmarkt, in denen hohe Anfangsinvestitionen in die Netzinfrastruktur zu tätigen sind und bei denen ein hohes Risiko für sunk costs[1] besteht, sind Kollusionstendenzen sehr oft zu beobachten.

4.6 Kooperationen im Telekommunikationsmarkt

4.6.1 Internationale Kooperationen bei der Netzinfrastruktur

Für die Betrachtung der künftigen Netzinfrastruktur in der Bundesrepublik Deutschland ist es sinnvoll, eine Unterteilung in vier geographische Ebenen vorzunehmen. Dabei können die jeweiligen Netzbetreiber eine oder mehrere der folgenden Funktionen übernehmen:

- Citynetzbetreiber, wie z.B. die Netcologne oder TelNet, sind für das örtliche Dienstleistungsangebot verantwortlich [o.V. 1996v, S. 10].
- Regionale Netzbetreiber, wie z.B. die regional strukturierten Stromversorger, sind für den regionalen Sprach- und Datenverkehr zuständig.
- Nationale Netzbetreiber decken den nationalen Fernverkehr über Hochgeschwindigkeitsnetze ab.
- Internationale Netzbetreiber stellen die Netzinfrastruktur für den internationalen Fernverkehr zur Verfügung.

Bei der Betrachtung der sich am Markt bildenden Kooperationen spiegelt sich dieses vierstufige Konzept wieder.[2]
Eine Vielzahl von Kooperationen etabliert sich auf der Ebene der Citynetzbetreiber. Netcologne oder auch die Kooperation diverser Kommunen in Nordrheinwestfalen sind Beispiele hierfür. Verstärkt finden auch Kooperationen zwischen

[1] Beispielsweise bei der Ausstattung von Privathaushalten mit Kabelinfrastruktur können sunk costs entstehen, wenn die Haushalte nur in geringem Ausmaße auch diese Infrastruktur nutzen.

[2] Eine ähnliche Sichtweise vertritt Herr Ennio Pasqualini, AT&T Global Information Solutions, in einem Expertengespräch am 30.10.1995.

regionalen Netzbetreibern, wie sich z.B. anhand der Deutschen Netz AG[1] zeigt, statt. Auf der nationalen Ebene bilden sich ebenfalls Kooperationen zwischen nationalen und auch internationalen Netzbetreibern.
Die Netzbetreiber der verschiedenen Ebenen sind wiederum über Kooperationen miteinander verbunden. Den Kunden soll dadurch sowohl eine Anbindung an eine internationale Netzinfrastruktur als auch ein flächendeckendes Angebot ermöglicht werden. Dabei sind nicht nur nationale und internationale Netzbetreiber in die Kooperation integriert, sondern verstärkt auch regionale Netzbetreiber sowie Citynetzbetreiber [vgl. o.V. 1996z, S. 18].
Abb. 4-5 zeigt, wie eine Kooperationsstruktur aussehen könnte, bei der sämtliche geographischen Ebenen integriert werden.
Bei der Betrachtung bestehender Kooperationen mit internationaler Beteiligung zeigt sich, daß i.d.R. ein internationaler Partner beteiligt ist, ein bis zwei nationale Partner sowie diverse regionale Partner. Die regionalen Partner, die aufgrund ihrer verteilten Struktur zu einer möglichst großen Flächendeckung beitragen sollen, sind zumeist regional strukturierte Energie- und Wasserversorgungsunternehmen.

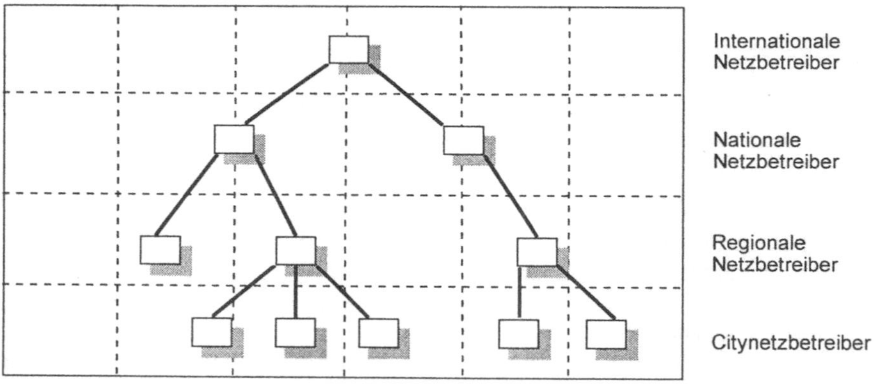

Abb. 4-5: Struktur von Telekommunikationskooperationen

Dabei können die diversen Netzbetreiber unterschiedliche Kernkompetenzen aufweisen. Zu diesen Kompetenzen zählen die Netzinfrastruktur (z.B. Funknetz, Glasfasernetz), spezifisches Know-how sowie eine bereits vorhandene Kundenbasis. Die Partner werden i.d.R. so ausgewählt, daß die Kompetenzen in der Kooperation möglichst umfassend sind.

Gegenwärtig zeichnen sich am deutschen Telekommunikationsmarkt vier große Kooperationen mit internationaler Beteiligung ab.

---

[1] VEW Energie AG, Dortmund, und Veag Vereinigte Energiewerke AG, Dortmund, sind regionale Stromkonzerne. Gemeinsam mit der RWE bilden sie die Deutsche Netz AG, an der ursprünglich auch die regionalen Stromversorger Badenwerk, Bewag, EVS und HEW beteiligt waren [o.V. 1996z, S. 18].

Abb. 4-6 zeigt die Kooperationspartner und ihre Verflechtungen auf. Dabei sind nur diejenigen Kooperationen aufgeführt, die auch gleichzeitig über eine kapitalmäßige Verflechtung verfügen. Kooperationen, die auf bilateralen Vereinbarungen oder Kooperationsabsichtserklärungen beruhen, sind nicht dargestellt. Häufig werden solche Kooperationen, die zumeist sehr strategisch sind, nicht veröffentlicht. Sie spielen aber sehr oft eine entscheidende Rolle.
Diese Darstellung der Kooperationen gibt nur eine Grobstruktur wieder. So bestehen auf anderen Feldern auch zwischen den scheinbar getrennten Kooperationen über Tochterunternehmen Verbindungen. Beispielsweise kooperieren die Vebacom und die Mannesmann Eurokom GmbH im Rahmen einer gemeinsamen Transportnetzgesellschaft [Weishaupt 1996, S. 21].

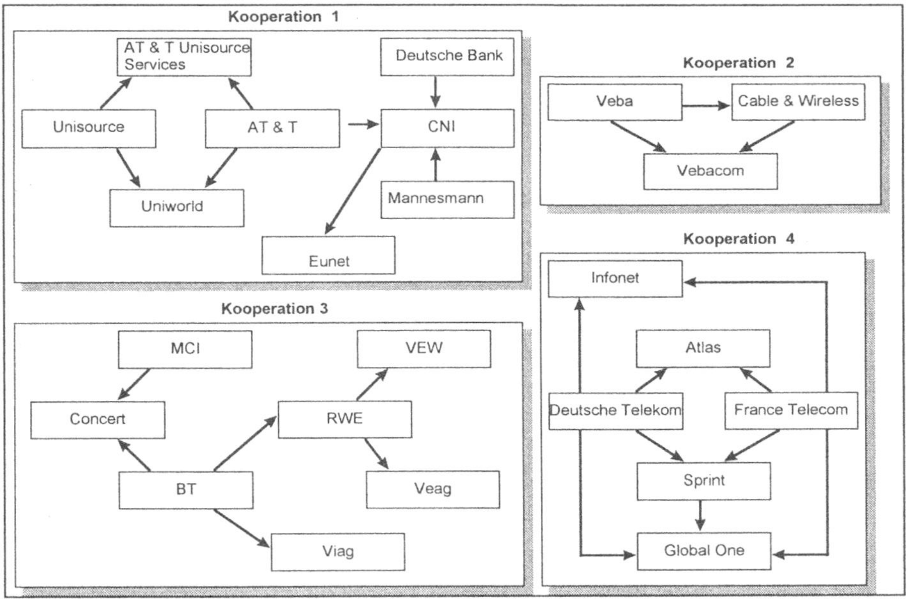

Abb. 4-6: Die großen Telekommunikationskooperationen (Stand: August 1996)

Gleichzeitig ist zu berücksichtigen, daß die Kooperationen einen hohen dynamischen Veränderungsgrad aufweisen, und die Abbildung daher nur eine Momentaufnahme darstellt. Auf die prozentuale Verflechtung wurde verzichtet, da sie sich aufgrund der noch nicht abgeschlossenen Liberalisierung sehr häufig verändert. Mit dieser Veränderung der Rahmenbedingungen ändern sich auch die Kooperationsanreize. So war die RWE ehemals an dem Joint Venture CNI gemeinsam mit der Deutschen Bank und Mannesmann beteiligt. Nachdem sich im Herbst 1995 abzeichnete, daß nicht getrennte Lizenzen für den Netzbetrieb und die Dienstleistungen vergeben werden, sondern Vollizenzen, wurde die geplante Aufgabenverteilung bei der CNI obsolet [Luber 1995, S. 72]. Ursprünglich sollte sich die

RWE auf den Netzbetrieb konzentrieren und Mannesmann auf die Dienstleistungen. In Folge wechselte RWE die Kooperationspartner und arbeitet jetzt mit der Viag und BT zusammen.

Die Kooperationspartner zeichnen sich durch unterschiedliche Kernkompetenzen aus und bringen unterschiedliche Ressourcen in die Kooperation ein. Folgende Abbildung zeigt, welche Ressourcen die Kooperationspartner der vier großen Telekommunikationskooperationen aufweisen.

Eine wesentliche Ressource stellt dabei verstärkt die Präsenz in asiatischen Märkten dar. Der Anteil Europas am Markt für internationale Kommunikation ist zwar mit 47% deutlich höher als der Nordamerikas (29%) und Asiens (12%), allerdings verzeichnet Asien die größten Zuwachsraten [o.V. 1995g, S. 27]. Damit wird Asien zu einem der Zukunftsmärkte für Telekommunikationsdienstleistungen.

Einzubringende Ressourcen	Netzinfrastruktur	Kundenbasis	Know-how	Sonstige Kompetenz
AT&T	Flächendeckende Netzinfrastruktur in den USA.			
Unisource[1]	Netzinfrastruktur in kleineren europäischen Ländern.		Länderspezifisches Marketing- und Vertriebs-Know-how.	
Deutsche Bank		Hohe Anzahl an Firmenkunden.	Finanzierung, Betreiben von CN.	Hohe Kapitalausstattung, hohe Netzlast.
Mannesmann		1,6 Mio. Mobilfunkkunden.[2]	Know-how im Bereich von Mobilfunknetzen[3] und Netzbetrieb.	
Veba	Glasfasernetz über Preußen Electra.	1,5 Mio. Kabelkunden.	Know-how bei CN, EDI und anderen VAS.	Satellitennetze.
Cable & Wireless	Internationale Netzwerke.		Internationale Erfahrung in Vertrieb und Marketing.	Kooperationen in Asien,[4] z.B. Hongkong, Japan.
MCI	Flächendeckende Netzinfrastruktur in USA.		Wettbewerbserfahrung.	
BT	Flächendeckende Netzinfrastruktur in GB.		Know-how im Bereich Firmenkundenvertrieb, Wettbewerbserfahrung, Internationale Markterfahrung.	Kooperationsverhandlungen in Asien, insbesondere mit NTT, Kooperationspartner in Italien (Banco Nationale de Lavoro) und Spanien (Banco de Santander).[5]
RWE	4000 km Glasfaser[6] 1.700 km Richtfunkstrecken, 60% Flächendeckung gemeinsam mit der Veag und Vewa.	Hohe Anzahl an Firmenkunden im Strombereich.		Finanzkraft und Wegerechte.

[1] Joint Venture mit je 25 prozentiger Beteiligung von Telia (S), PTT Telecom (NL), Swiss PTT (CH), Telefónica (E).

[2] Vergleiche [Rüdiger 1996, S. 87].

[3] Mannesmann ermöglicht bereits eine Kopplung der TK-Anlagen und Corporate Networks direkt mit dem D2-Netz. Für die Kunden ergeben sich dadurch Kostensenkungen [Rüdiger 1996, S. 87].

[4] Vergleiche [o.V. 1996t, S. 17].

[5] Vergleiche [Berke 1995, S. 72].

[6] Vergleiche [Maier-Mannhart 1996, S.19].

Einzubringende Ressourcen	Netzinfrastruktur	Kundenbasis	Know-how	Sonstige Kompetenz
Veag und Vewa[1]	2.500 km Richtfunkstrecken, 1000 km Glasfaser.	Ehemalige Monopolisten verfügen über eine breite Kundenbasis.		Wegerechte.
Viag	4.300 km Glasfaser,[2] 70% Flächendeckung.			Finanzkraft und Wegerechte. Gemeinsam mit dem Bayernwerk[3] an der Bayernwerk Netkom GmbH beteiligt, die ein TK-Netzwerk in Bayern und Thüringen aufbaut.[4] Über die Netkom GmbH Zugang zu weiteren Wegerechten.
Deutsche Telekom	Flächendeckende Netzinfrastruktur, 80.000 km Glasfaser in der BRD.	Bestehende Kundenbeziehungen aus der Monopolzeit.	Großes Technik-Know-how.	Beteiligungen in Asien,[5] Osteuropa, Wegerechte.
France Telecom	Flächendeckende Netzinfrastruktur in Frankreich.	Bestehende Kundenbeziehungen aus der Monopolzeit.	Großes Technik-Know-how.	Kooperation in Italien.

[1] VEW Energie AG, Dortmund, und Veag Vereinigte Energiewerke AG, Berlin, sind regionale Stromkonzerne. Gemeinsam mit der RWE bilden sie die Deutsche Netz AG, an der ursprünglich auch die regionalen Stromversorger Badenwerk, Bewag, EVS und HEW beteiligt waren [o.V. 1996z, S. 18]. Die Buchungszentrale westfälisch-lippischer Sparkassen GmbH ist mit 24,8% an der VEW-Telekommunikationstochter TelNet GmbH beteiligt. Über das TelNet-Netz sollen die 1.700 Sparkassen-Filialen in Westfalen-Lippe sowie die 540 Geschäftsstellen der Westfälischen Provinzial Versicherungen miteinander verbunden werden [o.V. 1996α, S. 26].

[2] Vergleiche [o.V. 1996s, S. 5].

[3] Das Bayernwerk ist ein Tochterunternehmen der Viag AG.

[4] Die Bayernwerk Netkom GmbH ist für den Auf- und Ausbau sowie für den Betrieb eines TK-Netzwerks in Bayern und Thüringen verantwortlich. Ziel ist, das bestehende Glasfasernetz mit einer Länge von gegenwärtig 4000 km zwischen allen Energieunternehmen der Bayernwerk-Gruppe flächendeckend auszubauen. Das Netz wird Bestandteil der TK-Infrastruktur der Kooperation zwischen Viag, British Telecom und RWE [o.V. 1996w, S. 10].

[5] Vergleiche [o.V. 1996u, S. 3].

Einzubringende Ressourcen	Netzinfrastruktur	Kundenbasis	Know-how	Sonstige Kompetenz
Sprint	Flächendeckende Glasfasernetzinfrastruktur in den USA.			Starke Stellung in China.
Infonet[1]	Internationale Netzinfrastruktur über die beteiligten Kooperationspartner.			
DBKom	40.000 km [2] Netzinfrastruktur entlang den Bahntrassen, 4000 km Glasfaser.	Bahn als Großkunde.		Flächendeckende Wegerechte bis in die Innenstädte.

Abb. 4-7: Kernkompetenzen der Partner internationaler Telekommunikationskooperationen in Deutschland (Stand: August 1996)

Aus den oben genannten einzubringenden Ressourcen der Partner leitet sich ein Stärken-Schwächenprofil für die einzelnen Kooperationen ab. Abb. 4-8 zeigt für die vier größten Telekommunikationskooperationen die Stärken und Schwächen auf.

Grundsätzlich scheint es schwierig, aus diesem Stärken-Schwächen-Profil die Marktaussichten der vier großen Telekommunikationskooperationen abzuleiten. Denn exogene Umweltfaktoren, wie der Fortgang der Liberalisierung oder das Verhalten der Kartellbehörden, erhöhen die Investitionsunsicherheit und haben damit bedeutenden Einfluß auf das Marktverhalten und somit auch auf die zukünftige Stellung der Carrier.

So übt die frühzeitige Lizenzierung alternativer Netze zum 1.07.1996 auf die Deutsche Telekom AG einen erheblichen Druck aus, internationale Kooperationen einzugehen. Insbesondere unter dem Aspekt, daß der Internationalisierungsgrad erheblichen Einfluß auf den Unternehmenswert und damit auch auf den Aktienkurs bei der Börseneinführung der Telekom-Aktie in 1996 hat. Die frühzeitige Genehmigung von Atlas, der Kooperation zwischen der Deutschen Telekom AG und France Telecom, ist daher auch als Ausgleich für den Unternehmensverlust zu sehen [o.V. 1995g, S. 27].

Gleichzeitig werden von Seiten der Kartellämter diverse Auflagen an die Genehmigung der Kooperationen geknüpft. Ursache hierfür ist, daß die Existenz von nur vier großen Kooperationen mit internationaler Beteiligung die Gefahr von wettbewerbsbeschränkendem Verhalten erhöht und damit Effizienzverluste in Form von höheren Preisen oder einer geringeren Leistungsfähigkeit nach sich zieht.

---

[1] Internationale Netzbetreibergesellschaft, an der insgesamt 10 internationale Netzbetreiber beteiligt sind. Deutsche Telekom AG, PTT Schweiz, Telia Schweden, Belgacom, Telstra, PTT Singapore, KDD Japan, Telefonica Spanien, PTT Niederlande, Transpac Frankreich. Die Deutsche Telekom AG hält 24% an der Infonet [Bosshart 1995, S. 169].

[2] Vergleiche [o.V. 1995b, S. 74].

	Stärken	Schwächen
AT&T, Unisource, Deutsche Bank, Mannesmann (Kooperation 1)	• Internationale Wettbewerbserfahrung. • Hohe Finanzkraft durch AT&T[1] und die Deutsche Bank. • Präsenz in kleineren europäischen Ländern. • Stark ergänzende Ressourcen innerhalb der Kooperation.	• Stark heterogene Struktur der Kooperationspartner. • Regionale Kooperationspartner, die für Flächendeckung sorgen, fehlen.
Veba, Cable & Wireless (Kooperation 2)	• Starke Stellung im Zukunftsmarkt Asien. • Starke Stellung im Mobilfunk. • Gut ausgebautes Überseenetz.[2] • Internationale Vertriebs- und Marketingerfahrung.	• Schwache Position in USA und anderen europäischen Ländern. • Unbedeutende Netzinfrastruktur in Deutschland.
BT, MCI, RWE, VIAG, VEW, VEAG (Kooperation 3)	• Langjährige Wettbewerbserfahrung durch MCI und British Telecom, daher großes Vertriebs- und Marketing-Know-how. • Bedeutende Glasfasernetzinfrastruktur in Deutschland ermöglicht eine weitgehende Unabhängigkeit von den Mietleitungen der Dt. Telekom AG. • Regionale Flächendeckung. • Finanzkraft.	• Unbedeutende Stellung in Asien.
Deutsche Telekom AG, France Telecom, Sprint (Kooperation 4)	• Hohes Technik-Know-how. • Starke Stellung in Europa. • Flächendeckende Netzinfrastruktur in Europa über die Infonet und in den USA. • Last mile bis zum Privatkunden.	• Wenig Wettbewerbserfahrung, da zwei ehemalige Monopolisten in der Kooperation. • Große interne Umstrukturierungsmaßnahmen erforderlich, um im Wettbewerb bestehen zu können.[3] • Politische Abhängigkeiten.

Abb. 4-8: Stärken-Schwächenprofil der internationalen Telekommunikationskooperationen in Deutschland

Die restriktiven Genehmigungsverfahren von Seiten des US-Kartellamtes sowie der EU-Kommission haben in Folge zu Verzögerungen bei den meisten Kooperationen geführt. Sprint mußte sein gesamtes Mobilfunkgeschäft ausgliedern, um die Auflagen des US-Kartellrechtes zu erfüllen. Die Deutsche Telekom AG darf aufgrund wettbewerbsrechtlicher Auflagen nicht von Anfang an ihren Datex-P-Dienst als Dienstleistung im Rahmen der Kooperation anbieten [o.V. 1996x, S. 29]. France Telecom mußte die Info AG verkaufen.

Trotz dieser Unsicherheit zeichnen sich einige Tendenzen ab. So zeigen die Entwicklungen im Ausland, insbesondere in Großbritannien und den USA, daß die

---

[1] AT&T ist das weltweit zweitgrößte Telekommunikationsunternehmen nach NTT. In 1994 betrug der Umsatz 121.787 Millionen DM; der Gewinn nach Steuern betrug 7.584 Millionen DM. Zum Vergleich: Die Deutsche Telekom AG hatte in 1994 einen Umsatz von 61.200 Millionen DM. Der Gewinn nach Steuern betrug 1.300 Millionen DM [o.V. 1995a, S. 24].

[2] Vergleiche [Cable & Wireless 1995, S. 15].

[3] So beträgt der Gewinn nach Steuern je Beschäftigter als Maß für die Produktivität eines Unternehmens bei AT&T DM 24.906,--. Bei der Deutschen Telekom AG beträgt der Gewinn nach Steuern je Beschäftiger nur DM 5.777,-- [o.V. 1995a, S. 24].

ehemaligen Monopolisten, die als Kernkompetenz über ein flächendeckendes Netz verfügen, auch nach der Liberalisierung noch Marktanteile zwischen siebzig und achtzig Prozent aufweisen. Die Telekom wird gemäß einer Prognose immer noch 73% Marktanteil im Jahr 2001 haben. Es ist daher davon auszugehen, daß Kooperationen mit Beteiligung ehemaliger Monopolisten auch zukünftig einen bedeutenden Marktanteil haben werden.

4.6.2 Kooperationen zwischen Banken und Telekommunikationsunternehmen

Wie gezeigt, sind für Banken der Zugang zu neuen Kundengruppen, Qualitäts- und Preisverbesserungen elektronischer Bankmarktleistungen sowie der Zugang zu technischem Know-how wesentliche Anreize, Kooperationen bei der Netzinfrastruktur einzugehen.
Dabei können Banken als Akteure im Bereich der Citynetze, der Regionalnetze, der nationalen und der internationalen Netze auftreten.[1]
Es zeigt sich, daß Banken mit regionaler Struktur, wie Sparkassen und Genossenschaftsbanken, verstärkt in Kooperation mit regionalen Netzbetreibern und Citynetzbetreibern treten. So plant die Telekommunikationsgesellschaft Mittleres Ruhrgebiet GmbH, eine Kooperation aus den Stadtwerken und Sparkassen der Städte Bochum, Hattingen, Herne und Witten, ein komplettes Angebot an Telekommunikationsdienstleistungen [o.V. 1996v, S. 10]. Die West LB und die Düsseldorfer Stadtwerke sind zu je 50% an der Telekommunikationsgesellschaft Isis beteiligt. Diese hat im Stadtbereich von Düsseldorf bereits 55 km Glasfaserkabel verlegt [o.V. 1996v, S. 10].
Großbanken mit überregionaler Präsenz und entsprechender Kapitalstruktur sind dagegen verstärkt in nationale und internationale Kooperationen integriert. Großbanken versuchen über solche Kooperationen dem internationalen Verflechtungsgrad ihrer Firmenkunden durch ein entsprechendes Telekommunikationsangebot Rechnung zu tragen. So ist die Bayerische Vereinsbank mit 5% an der Viag beteiligt. Die Banco Santander in Spanien sowie die Banco Nazionale del Lavoro in Italien kooperieren mit British Telecom [Berke 1995, S. 72]. Durch die Beteiligung von Banken an den großen Telekommunikationskooperationen erhalten diese zunehmend branchenübergreifenden Bezug.
Im folgenden sollen die CNI als bedeutendstes Beispiel einer Kooperation mit internationaler Beteiligung sowie die Netcologne als Beispiel für eine regionale Kooperation vorgestellt werden.

CNI

Die Communications Network International GmbH, im folgenden CNI genannt, ist ein Joint Venture zwischen der Deutschen Bank (Beteiligung: 33,3%) und Mannesmann (Beteiligung: 66,7%). Als internationaler Partner fungiert AT&T. Gegenwärtig lediglich als internationaler Vertriebspartner tätig, soll AT&T in

[1] Dieser Betrachtung liegt die Annahme zugrunde, daß CNs ebenfalls als Netz zu betrachten sind.

Kürze auch eine kapitalmäßige Beteiligung an der CNI erwerben. Die CNI wurde am 1.01.1994 gegründet und entstand aus der Deutschen Gesellschaft für Netzwerkdienste mbH, einer ehemaligen 100 prozentigen Tochter der Deutschen Bank.[1] Es bestehen 9 Niederlassungen[2] in Deutschland, in denen insgesamt 585 Mitarbeiter beschäftigt sind [CNI 1996, S. 1].
Die CNI verfügt über ein Hochgeschwindigkeitsnetzwerk auf Basis von 34 Mbit-Leitungen und seit April 1996 auch von 155 Mbit-Leitungen über neun untereinander vermaschte Standorte. Für den Kundenzugang sind 52 Zugangsknoten geplant.
CNI bietet primär Sprach- und Datendienste, Corporate Network-Lösungen, Videokommunikation sowie Call-Center Lösungen an.[3] Das Angebot der CNI richtet sich zunächst an Firmenkunden. Mit Freigabe des Sprachmonopols zu Beginn 1998 soll das Angebot auf Privatkunden ausgeweitet werden [Kühl 1996]. Ziel ist, die angebotene TK-Infrastruktur genau den Bedürfnissen der Kunden anzupassen.
Die Deutsche Bank verfolgt als wesentliche Ziele der Kooperation

- den Eintritt in das neue Geschäftsfeld Telekommunikation,
- die Reduktion der Telekommunikationskosten,
- die Reduktion des Risikos (z.B. EDIFACT über das unternehmenseigene CNI-Netz),
- die Absicherung der elektronischen Vertriebswege.

Nach eigenen Angaben strebt die Deutsche Bank mit CNI einen Marktanteil von 10% im Jahr 2000 am deutschen Telekommunikationsmarkt an.[4]
AT&T versucht über die Kooperation den deutschen Telekommunikationsmarkt zu erschließen und im Rahmen der Kooperation neue Kunden, auch für Cross Selling Produkte, zu akquirieren.
In die Kooperation bringt die Deutsche Bank als Ressourcen ihr Finanzierungskapital, die bestehenden Kundenbeziehungen, das X.25-Netz, über das die 1.800 Filialen der Deutschen Bank vernetzt sind, sowie ihren erheblichen politischen Einfluß ein. Der Vertrieb der bankspezifischen Telekommunikationsdienstleistungen soll zum Teil über die Firmenkundenberater der Deutschen Bank erfolgen.
Mannesmann trägt zur Kooperation im wesentlichen Vertriebs- und Netzbetreiber- Know-how bei.
AT&T steuert über ihre Kooperation mit Unisource Netzinfrastruktur und Absätzmärkte in kleineren europäischen Ländern, wie Spanien, Schweden, Schweiz

---

[1] Laut einem Expertengespräch mit Herrn Kühnapfel, CNI, Eschborn, am 2.03.1995.

[2] In Sulzbach bei Frankfurt, Ratingen bei Düsseldorf, Berlin, Schkeuditz, Stuttgart, Hamburg, Hannover, München und Nürnberg [CNI 1996, S. 1].

[3] Im einzelnen sind dies folgende Telekommunikations- und Mehrwertdienste: X.25-, Frame Relay-, ISDN- und ATM-Anschlüsse, Leased Lines, LAN-Kopplung, Aufbau von Corporate Networks, X.400-E-Mail/E-Fax-Clearing-Center, Videoconferencing mit Joint-Editing, Call-Center-Lösungen für Sprache und Online-Datenbanken. Darüber hinaus will sich die CNI vermehrt über Servicedienstleistungen von den Mitbewerbern abgrenzen. Daher will sie in Zukunft verstärkt die Bereiche Planung und Beratung, Projektierung, Installation, Customer Network Management, Accounting und Billing, Customer Care sowie Helpdesk anbieten (Laut einem Expertengespräch mit Herrn Kühnapfel, CNI, Eschborn, am 2.03.1995).

[4] Laut einem Expertengespräch mit Herrn Dr. Kühnapfel, CNI, Eschborn, am 2.03.1995.

und den Niederlanden, bei. Gleichzeitig verfügt AT&T über eine ausgebaute Netzinfrastruktur in den USA und kann auf eine über zehnjährige Erfahrung als Wettbewerber zurückgreifen.
Für die Netzinfrastruktur der CNI sind erhebliche Kosten angefallen. So sind allein für die Vernetzung der ersten sieben Standorte 35 Millionen DM investiert worden. Bis Ende 1996 sollen insgesamt 100 Millionen DM in die Netzinfrastruktur investiert werden. Die Aufteilung der Kosten erfolgt anteilsmäßig zwischen den Gesellschaftern.

Netcologne als Beispiel für eine Kooperation mit regionaler Ausrichtung

Die Netcologne GmbH ist ein Joint Venture zwischen den Gas-, Elektrizitäts- und Wasserwerken (GEW) Köln AG (74,9% Beteiligung) und der Kölner Stadtsparkasse (25,1% Beteiligung) [Hanf 1996]. Die Anteile der Kölner Verkehrsbetriebe, die ehemals eine 24,8 prozentige Beteiligung an der Netcologne hatten, wurden aus Kapitalgründen von den Elektrizitätswerken übernommen. Die Netcologne wurde am 31.10.1994 gegründet und beschäftigt gegenwärtig etwa 47 Mitarbeiter (Stand: 1.04.1996). Im Gegensatz zur CNI konzentriert sich die Netcologne auf den Kölner Wirtschaftsraum. An eine überregionale Ausweitung ist momentan nicht gedacht.
Die Netcologne verfügt über 200 km verlegte Glasfaser im Großraum Köln. Ziel ist, neben dem Angebot der Netzinfrastruktur zukünftig verstärkt Servicedienstleistungen anzubieten. In Kürze will die Netcologne auch als Internet Service Provider auftreten. Netcologne bedient sowohl den Firmenkunden- als auch den Privatkundenmarkt gleichermaßen. So werden gegenwärtig die Medienkonzerne im Großraum Köln über die Netcologne angebunden.
Ziel des Joint Ventures ist primär, den Kölner Wirtschaftsraum zu stärken. Für die Stadtsparkasse Köln steht darüber hinaus der Zugang zu einem leistungsfähigen und kostengünstigen Telekommunikationsnetz im Vordergrund. Sie hat daher ihr gesamtes Datennetz und das Netzmanagement an die Netcologne übertragen. Für beide Partner bietet das Joint Venture die Möglichkeit, interessante Angebotsbündel zu schnüren. So ist beispielsweise denkbar, daß die Netcologne die Anbindung der Privathaushalte an deren notwendige Infrastruktur (Gas, Wasser, Sprach- und Datenkommunikation, Bankverbindung) in Form einer Paketlösung zur Verfügung stellt [Schröder 1995, S. 110]. Insbesondere die GEW sieht hier Differenzierungsvorteile. Denn im Zuge der bevorstehenden Liberalisierung des Energiemarktes ist die GEW mit zunehmender Konkurrenz konfrontiert [Kessler/Peter 1996, S. 43].
Die Stadtsparkasse bringt als Stärke ihre auf Monopolleitungen der Deutschen Telekom AG aufgebaute Netzinfrastruktur und das hohe Datenvolumen ein. Weitere Stärken der Stadtsparkasse sind ihre Erfahrungen im Wettbewerb. Sie konkurriert im Kölner Raum mit ca. 53 Mitbewerbern, während die GEW nur Erfahrung als Monopolist hat.[1]
Die Kompetenz der GEW liegt im Bereich des Ausbaus und Betriebes von Tele-

---

[1] Laut einem Expertengespräch mit Herrn Moritz und Herrn Maus, Stadtsparkasse Köln, am 22.03.1995.

kommunikationsnetzen. Als Monopolist verfügt sie über ein hohes Kundenpotential. Fast jeder Einwohner des Wirtschaftsraumes Köln ist auch gleichzeitig Kunde der GEW. Darüber hinaus verfügt die GEW über Wege- und Trassenrechte. Ab 1998 kann deshalb die Netcologne sofort Sprachdienste am liberalisierten Markt anbieten.

4.7 Schlußfolgerungen

Wie in den vorangegangenen Kapiteln gezeigt, steigt die Anzahl der Kooperationen von Banken mit Telekommunikationsunternehmen im Bereich der Kommunikationsnetze und TK-Basisdienste stark an. Ursache hierfür sind neue technologische Entwicklungen, eine steigende Nachfrage nach TK-Dienstleistungen sowie die Liberalisierung. Dabei zeigt sich, daß Kooperationen und die Liberalisierung des TK-Marktes entgegengerichtete Wirkungsweisen aufweisen.
Tendenziell führt die Liberalisierung zu einer Erhöhung der Anzahl der TK-Anbieter, zu einer Verbesserung des Preis-Leistungsverhältnisses, zu einer Erhöhung von Service und Verfügbarkeit sowie zu einer Verkürzung der Innovationszeiten. Die Bildung von Kooperationen führt demgegenüber eher zu einer Wettbewerbsbeschränkung und damit zu Effizienzverlusten. Die beiden Wirkungen heben sich jedoch voraussichtlich nicht auf. Denn es ist davon auszugehen, daß die durch die Liberalisierung verursachten Effizienzsteigerungen größer sind als die Effizienzverluste, die sich durch die Kooperationen und die damit entstehende oligopolistische Anbieterstruktur des Telekommunikationsmarktes ergeben. Denn würde im Sinne der contestable markets Theorie ein zu hoher Preis für TK-Dienstleistungen verlangt werden, würde ein Anreiz zum Markteintritt für neue Anbieter bestehen. Dieser würde jedoch wiederum zu einer Preissenkung führen.
Der Zuwachs an TK-Kooperationen mit Beteiligung einer Bank impliziert, daß bei Banken vertikale und komplementäre Kooperationsstrategien neben horizontalen Kooperationsstrategien, die bisher hauptsächlich zur Komplettierung des Allfinanzangebotes eingegangen wurden, an Bedeutung gewinnen. Mit dem Entstehen dieser vertikalen und komplementären Kooperationen ist gleichzeitig eine Intensivierung von bilateralen Kooperationen im Telekommunikationsbereich festzustellen. Zumeist sind an den Kooperationen im Netzbereich nur wenige Banken beteiligt, in der Regel handelt es sich um eine Bank. Die übrigen Kooperationspartner sind i.d.R. regionale, nationale oder internationale Netzbetreiber. Dies bestätigt die These, daß die Telekommunikation verstärkt als strategisches Differenzierungsinstrument von Banken eingesetzt wird.

5 Kooperationen beim Betrachtungsteilfeld Automatenbanking

5.1 Überblick

Das Automatenbanking umfaßt die Kundenselbstbedienung an Geldausgabeautomaten, Kontoauszugsdruckern, Überweisungsterminals, Multifunktionsterminals sowie ferner an Informationsterminals, Sparbuchautomaten, Vordruckautomaten, Einzahlungsautomaten und Sortenwechslern.
Der Zusammenarbeit zwischen Banken und Kreditkartengesellschaften beim gemeinsamen Betrieb eines Geldausgabeautomatenverbundsystems kommt bereits seit längerer Zeit eine hohe Bedeutung bei. Zunehmend gewinnen aber auch Kooperationsstrategien beim Betrieb der übrigen Automaten an Gewicht. Während bei Geldausgabeautomaten hauptsächlich Gründe wie der Systemgutcharakter des GAA-Netzes, Wirtschaftlichkeit, Wettbewerb und Kundenorientierung für die Kooperationsstrategie sprechen, spielen bei den Anbieterkooperationen der übrigen Selbstbedienungsautomaten vor allem Standort- und Marketingüberlegungen eine wichtige Rolle.
Gegenwärtig zeichnen sich drei Felder ab, in denen kooperative Strategien beim Automatenbanking Anwendung finden:

- Kooperation zwischen Banken und bankfremden Anbietern zur Nutzung von Standorten für die Selbstbedienungsendgeräte.
- Gemeinsame Nutzung von Selbstbedienungsendgeräten durch mehrere Banken - Automatensharing. Diese Form findet bereits innerhalb einzelner Institutsgruppen statt.
- Gemeinsame Nutzung eines Endgerätes durch eine/mehrere Banken und bankfremde Anbieter, die ihre spezifischen Anwendungen auf dem Endgerät präsentieren.

Diese drei Felder treten entweder in ihrer Reinform auf oder auch in Verbindung miteinander. Im folgenden werden die drei Felder ausführlich untersucht.

5.2 Standortkooperationen zwischen Banken und Nichtbanken

5.2.1 Banking en passent fördert dezentrale Standorte

Das Automatenbanking findet gegenwärtig an mehreren Standorten statt.

- Indoor: Selbstbedienung innerhalb der Geschäftsstelle, daher nur zu den Öffnungszeiten zugänglich.

- Foyer: Aufstellen der Geräte in einem Vorraum der Bank, daher auch außerhalb der Geschäftszeiten zugänglich.
- Outdoor: Positionierung der Geräte an der Außenwand der Geschäftsstelle, daher ist auch eine Benutzung außerhalb der Geschäftszeiten möglich.
- Dezentral: Selbstbedienung an strategisch günstigen Orten.

Letztere Form gewinnt zunehmend an Bedeutung. Die Gründe hierfür sind hauptsächlich in einem veränderten Konsum- und Freizeitverhalten (erhöhte Mobilität), veränderten Arbeitsbedingungen sowie einer veränderten Struktur der privaten Haushalte (Tendenz zu Ein- und Zweipersonenhaushalte) [vgl. Grebe 1995, S. 32] zu suchen. Die dezentrale Selbstbedienung trägt damit dem Bedürfnis der Kunden nach einem öffnungszeiten- und zweigstellenunabhängigen Kontakt der Kunden mit dem Kreditinstitut Rechnung [vgl. Ambros 1995, S. 116]. Das „Banking en passent“ gewinnt zunehmend an Gewicht. Potentiell interessante Standorte sind daher:

- Öffentliche Plätze (Flughäfen, Bahnhöfe, zentrale Busbahnhöfe, S- und U-Bahnhöfe),
- Standorte in der Innenstadt mit hoher Fluktuation (Rathausplatz, Marktplatz, Fußgängerzone, Parkhäuser),
- Öffentliche Verwaltungen (Einwohnermeldeamt, Rathaus, KFZ-Zulassungsstelle, etc.),
- Öffentliche Einrichtungen (Schwimmbäder, Sportzentren, Theater, Kino, etc.),
- Einkaufszentren (Shopping Malls, große Supermärkte (Globus, Wertkauf, etc.)),
- Tankstellen,
- Fast-Food-Restaurants (in der Innenstadt, am Stadtrand an Ausfallstraßen liegend, an Bundesstraßen und Bundesautobahnen).

Banken versuchen, sich diese Standorte über Kooperationen zu erschließen. Eine Studie des Instituts für Bankinformatik hat ergeben, daß im Jahr 2000 zwischen 10% und 20% aller GAAs bei Kooperationspartnern stehen werden. Im Jahr 2005 werden dies bereits bis zu 30% sein [vgl. Kreuzer 1995, S. 61].
Als Standortkooperationen sollen im folgenden Formen der Zusammenarbeit verstanden werden, bei denen Banken ihre Selbstbedienungsautomaten am Standort des Kooperationspartners aufstellen, wobei es sich bei dem Kooperationspartner um eine Nichtbank handelt. Auf diesen Selbstbedienungsautomaten werden ausschließlich Dienstleistungen und Produkte der Bank angeboten.

5.2.2 Anreize und Wirkungen von Standortkooperationen

Standortkooperationen bieten sowohl für die Kreditinstitute als auch für die beteiligten Partner diverse Vorteile. Für Kreditinstitute ergeben sich folgende Vorteile:

- Kreditinstitute erreichen über das Automatenbanking an bankfremden Standorten eine Qualitätssteigerung ihres Vertriebswegemixes. Tankstellen, Fast Food Ketten und Shopping Center sind mit dem PKW schnell zu erreichen und verfügen über ausreichend Parkmöglichkeiten. Tankstellen und Fast Food

Ketten haben darüber hinaus häufig Öffnungszeiten zwischen 18 und 24 Stunden, sind stark frequentiert und bieten damit den Kunden ein im Gegensatz zu reinen Selbstbedienungsfilialen erhöhtes Maß an Sicherheit [vgl. Lengsdorf 1996, S. 24]. Öffentliche Plätze und Standorte in der Innenstadt werden von Kunden im Zuge ihrer täglichen Geschäfte häufig passiert. Die zu erwartende Kundenfrequenz an den Automaten ist vergleichsweise hoch. Damit ergibt sich eine tendenziell schnelle Amortisation der Investitionskosten.

- Standortkooperationen ermöglichen den Ausbau des Automatenbanking über die eigene Filiale hinaus. Sie schaffen somit die Voraussetzung für eine kostengünstige Ausweitung des Geschäftsgebietes. Ist aus Wirtschaftlichkeitsgründen die Errichtung einer eigenen Selbstbedienungsfiliale häufig nicht rentabel, so kann über das Aufstellen von Automaten an bankfremden Standorten Neukundenpotential akquiriert werden. Insbesondere Direktbanken, die über kein Filialnetz verfügen, nutzen diese Strategie, um in der Fläche mit Geldausgabeautomaten, Kontoauszugsdruckern und Multifunktionsterminals präsent zu sein. Filialbanken erreichen mit dieser Strategie eine Erhöhung der Kundenbindung.
- Über die Zusammenarbeit mit kompetenten Partnern erhalten Banken Zugang zum Know-how des Partners. Insbesondere Shopping Mall Betreiber, Mineralölgesellschaften und Fast Food Ketten verfügen über umfangreiche Kenntnisse bezüglich der die Standortwahl stark beeinflussenden Faktoren, wie Marktstruktur (regionale Wirtschaftsstruktur, Arbeitsmarktstruktur, Kaufkraft, Pendlerverhalten) und Konsum- und Freizeitgewohnheiten der ansässigen Bevölkerung [vgl. Singer 1995, S. 49]. Die Kooperation fördert damit vor allem den umsetzungsorientierten Lernprozeß in diesem Bereich.
- Auf Basis dieses Wissens wählen die o.g. Kooperationspartner die Standorte für Tankstellen, Fast Food Restaurants und Einkaufszentren aus. Banken sichern sich über diese Kooperationen den Zugang zu interessanten Standorten für den elektronischen Vertrieb von Bankmarktleistungen.
- Die Zusammenarbeit mit innovativen Partnern, wie z.B. mit Fast-Food-Restaurants, ermöglicht einen positiven Imagetransfer auf die Bank. Die Zusammenarbeit kann somit zur Wettbewerbsdifferenzierung beitragen. Allerdings ist dies nur der Fall, wenn das Partnerunternehmen auch zielgruppenspezifisch ausgewählt wurde.

Sofern es sich nicht um öffentlich-rechtliche Verwaltungen handelt, die in der Regel nicht gewinnorientiert agieren, ergeben sich für die Kooperationspartner weiterhin folgende Vorteile:

- Die Kooperationspartner der Banken erreichen eine Erhöhung ihrer Kundenfrequenz. Es besteht somit die Möglichkeit, Neukunden zu akquirieren. Des weiteren sind die Bankautomaten Ansatzpunkte für Cross Selling Produkte. Kunden, die die Tankstelle oder das Fast Food Restaurant mit der Absicht der Bargeldbeschaffung aufsuchen, werden möglicherweise spontan Waren der Kooperationspartner erwerben. Dieser Aspekt ist insbesondere für Tankstellenbetreiber von Interesse, die mehr als ein Drittel ihrer Erträge aus dem Warenverkauf im Tankstellenshop erzielen [vgl. Lengsdorf 1996, S. 23].

- Einkaufszentren, Tankstellen und Fast Food Restaurants erreichen durch die Installation von Bankautomaten in ihren Geschäftsräumen bzw. im näheren Umfeld eine Ausweitung ihrer Produktpalette und damit einen Ausbau in Richtung Convience Center. Sie können somit den Problemlösungsbedarf ihrer Kunden decken.

5.2.3 Ausgestaltung der Kooperationen

Die Ausgestaltung des Kooperationsvertrages zwischen den Kreditinstituten und den Dienstleistungsanbietern hinsichtlich Bindung und rechtlicher Verflechtung ist von mehreren Parametern abhängig. Dazu zählen die Einschätzung der strategischen Bedeutung der Kooperation, die jeweiligen Nutzenpotentiale der Bank und der Kooperationspartner sowie deren Verhandlungsmacht. Untersuchungen zeigen, daß die ersten Standortkooperationen hauptsächlich Transferzahlungen für Standortmiete und Nutzung des vorhandenen Kundenpotentials von der Bank an die Dienstleistungsanbieter vorsahen.[1] In neueren Kooperationsverträgen finden sich solche Transferzahlungen nicht mehr. Zum Teil ist die Kooperation in rechtlicher Hinsicht von der losen Form der Zusammenarbeit auf ein Joint Venture ausgeweitet worden. Dies läßt darauf schließen, daß auch von Seiten der Nichtbanken der Nutzen von derartigen Kooperationen zunehmend höher eingeschätzt wird.

5.2.4 Trend von reinen Standortkooperationen hin zum Automatensharing

Mitte der achtziger Jahre begannen die Banken, bedingt durch den Rationalisierungs- und Kostendruck innerhalb der Bankbranche, sehr einfache, standardisierte und wenig erklärungsbedürftige Bankmarktleistungen, wie Barabhebungen und Kontoauszüge, elektronisch über Automaten zu vertreiben. Sie haben damit im Vergleich zu anderen Branchen eine Vorreiterrolle eingenommen. Andere Anbieter automatenfähiger Dienstleistungen, wie Fluggesellschaften, Autovermieter, Verlage und Informationsanbieter, begannen erst viel später, ihre Produkte elektronisch zu präsentieren und teilweise auch zu vertreiben. Ein wesentlicher Grund hierfür mag in der höheren Komplexität ihrer angebotenen Produkte und Dienstleistungen liegen, die erst durch neue technische Entwicklungen, wie beispielsweise Multimedia und erhöhte Übertragungskapazitäten, in annehmbarer Form elektronisch darstellbar wurden.
Nachdem es technisch auch für andere Branchen möglich wurde, Produkte elektronisch zu vertreiben, sind diese als Kooperationspartner für Banken interessant geworden. Dies umso mehr, als der elektronische Vertrieb von Produkten und Dienstleistungen nicht mehr ausschließlich unter Rationalisierungsaspekten betrachtet wird, sondern zunehmend als aktives Marketinginstrument zur Wettbewerbsdifferenzierung eingesetzt wird.
Allgemein bezeichnet das Automatensharing die gemeinsame Nutzung eines Au-

---

[1] 1993 startete die Bank Girotel eine Standortkooperation mit Aral [Lengsdorf 1996, S. 24]. Die Bank Girotel entrichtete ein Nutzungsentgelt für die Standortmiete an Aral (Information auf Basis eines Expertengesprächs mit Herrn Nebel, BB-Data, Berlin, am 12.01.1996).

tomaten durch Banken und auch Nichtbanken, wobei jeder Kooperationspartner seine Produkte und Dienstleistungen auf dem Automaten präsentiert. Der gewählte Standort der Selbstbedienungsgeräte liegt häufig bei einem der Kooperationspartner, kann sich aber durchaus auch an einem fremden Standort, wie z.B. in einer Markthalle, befinden.

5.3 Automatensharing zwischen Banken und Dienstleistungsanbietern

5.3.1 Anreize und Wirkungen des Automatensharing

Das Automatensharing ist nach Porter als horizontale Kooperationsstrategie der Marktverflechtung von Unternehmen zuzuordnen [Porter 1992a, S. 434].[1] Zur Marktverflechtung zählen neben dem gemeinsamen Distributionssystem der Kooperationspartner, das auf dem gemeinsamen Vertriebskanal Selbstbedienungsautomat realisiert wird, beispielsweise auch eine gemeinsame Finanzierungsorganisation, ein kombinierter Produktabsatz oder ein gemeinsamer Markenname.
Die Kooperationspartner verfolgen mit dem Automatensharing unterschiedliche Ziele. Wie folgende Abbildung zeigt, weisen die Kooperationspartner unterschiedliche Prioritäten bezüglich der verfolgten Ziele auf. Dabei zeigen √√√ eine hohe Priorität, √√ eine mittlere Priorität und √ eine geringere Priorität innerhalb des Zielbündels auf. Ist kein Zeichen vermerkt, so bedeutet dies, daß das genannte Ziel im Rahmen der Kooperation für den jeweiligen Partner unbedeutend ist. Die Gewichtung der Ziele beruht dabei auf persönlich durchgeführten Interviews mit Experten.
Es zeigt sich, daß mit Ausnahme der Einkaufscenter über alle potentiellen Kooperationspartner hinweg die Qualitätssteigerung der Vertriebswege bzw. das Erschließen neuer Vertriebswege die wesentlichen Kooperationsanreize darstellen. Die Erweiterung der Produktpalette über die Primärleistung hinaus hat als Kooperationsanreiz insbesondere für Banken, Fast Food Restaurants und Tankstellen eine hohe Priorität. Für sie stellt das Angebot der Kooperationspartner einen Value-Added-Service dar, der den jeweiligen Zielgruppen einen höheren Nutzen gegenüber Konkurrenzangeboten vermitteln soll [Meffert/Burmann 1996, S. 26]. bestehenden Kundenpotentials. Durch die Kopplung von Produkten unterschiedlicher Anbieter auf dem gleichen Vertriebskanal kann durch die gegenseitige Erhöhung des akquisitorischen Potentials ein positiver Markteffekt, etwa in Form einer Marktanteilssteigerung, erzielt werden [vgl. Schnoedt 1994, S. 72] [Gerybadze 1995b, S. 16].

[1] Porter nennt als weitere mögliche Verflechtungsquellen Beschaffungsverflechtungen, technologische Verflechtungen, Infrastrukturverflechtungen und Produktionsverflechtungen.

Kooperationsanreize	Banken	Fast Food Rest.	Hand.-Dienstl .Untern	Tankstellen	Öffentl. Einricht.	Öffentl. Verwaltungen	ÖPNV	Einkaufscenter
Qualitätssteigerung d. Vertriebswege	√√√	√√	√√√	√√√	√√	√√	√√√	√
Erschließen neuer Vertriebswege	√√√	√√	√√√	√√√	√√√	√√√	√√√	√
Steigerung d. Kunden/Nutzerfrequenz	√√	√√√	√√	√√√	√√√	√√√	√	√
Erschließen neuer Geschäftsgebiete	√√√		√√		√√			
Erweiterung der Produktpalette	√√√	√√√	√	√√√				√√
Ausbau zum Convenience Center		√√	√	√√√	√			√√
Investitionskostenteilung	√	√	√√	√√	√√√	√√√	√√	√
Risikoteilung	√	√	√	√	√√	√√√	√	√
Imagetransfer/Attraktivitätssteigerung	√√	√	√√	√√	√√√	√√√	√√	√√

Abb. 5-1: Kooperationsanreize für potentielle Anbieter auf SB-Automaten

Das Anbieten von Bankmarktleistungen in Verbindung mit einem Warenverkauf direkt am Ort des Warenverkaufs hat darüber hinaus eine positive Wirkung auf die Abschlußbereitschaft der Kunden. Insbesondere sofortige Zahlungsmöglichkeiten, wie ec cash, Kreditkarten oder die Elektronische Geldbörse, sowie die Möglichkeit der Konsumentenkreditbeantragung fördern Spontankäufe. Damit ergeben sich Synergieeffekte nicht nur für die Banken, sondern auch für die jeweiligen Kooperationspartner.[1]Ein weiterer Kooperationsanreiz besteht in der besseren Ausschöpfung des bereits

Öffentliche Einrichtungen und öffentliche Verwaltungen werden das Selbstbedienungsgerät primär als Rationalisierungsinstrument einsetzen. Durch die Verlagerung von Verwaltungstätigkeiten auf den Bürger, der den Erfassungsaufwand am Selbstbedienungsgerät selbst übernimmt, werden die Verwaltungsangestellten entlastet und gleichzeitig lassen sich Zeit- und Kostenersparnisse realisieren. Über das Automatensharing können die Kosten weiter gesenkt werden. In Anbetracht der angespannten Finanzsituation vieler Städte und Gemeinden weist daher die Investitionskostenteilung als Anreiz für Kooperationen bei Selbstbedienungsautomaten eine hohe Priorität auf. Darüber hinaus spielen Aspekte der Imageverbesserung bei Städten und Gemeinden eine bedeutende Rolle. Die das vergleichsweise schlechte Image verursachenden Faktoren, wie lange Wartezeiten, starre Geschäftszeiten, schlechte Informationspolitik und schlechte Erhältlichkeit von Informationen, können durch Selbstbedienungsterminals wesentlich verbessert werden [o.V. 1995r]. Durch Kooperationen mit innovativen und attraktiven Anbietern kann die Attraktivität der bürgernahen Dienstleistungen auf SB-Geräten wesent-

[1] So ist beispielsweise denkbar, daß sich ein Kunde ein Auto bei einer Gebrauchtwagenbörse auf dem SB-Terminal aussucht und - sofern ein Finanzierungsbedarf besteht - sofort einen Kreditvertrag am SB-Terminal beantragt. Die Bank wird ihm dann in den nächsten Tagen die Vertragsunterlagen per Post übersenden, und - sofern der Käufer noch nicht Kunde der Bank ist - auch die erforderlichen Kontoeröffnungsunterlagen.

lich gesteigert werden und damit auch die Nutzerfrequenz. Gegenwärtig pilotiert das genossenschaftliche Rechenzentrum in Kassel gemeinsam mit der Volksbank Baunatal und der Gemeinde Baunatal ein solches SB-Projekt. Hierbei werden sowohl bürgernahe Anwendungen der Gemeinde als auch Bankmarktleistungen in die Selbstbedienungsterminals eingestellt.

5.3.2 Problem der richtigen Partnerwahl

Aufgrund des zum gegenwärtigen Zeitpunkt sehr innovativen Charakters des Automatenbanking und der eher bilateralen Ausrichtung der Kooperationen kommt der Auswahl des richtigen Partners eine besondere Rolle bei.
Je nach Zielsetzung und strategischer Ausrichtung einer Bank können beim Automatensharing unterschiedliche Partner in Frage kommen. Die Auswahl der Partner ist dabei primär von der spezifischen Problemsituation der Bank und ihren eigenen geschäftsfeldbezogenen Eigenschaften und Kernkompetenzen abhängig. Daneben spielen auch Faktoren der Oberflächengestaltung und die Abwicklungszeiten eine bedeutende Rolle. Anhand des eigenen Profils kann dann das Anforderungsprofil an die jeweiligen Partner abgeleitet werden [vgl. Staudt 1992, S. 93]. Im folgenden soll der Fokus auf die Kriterien Geschäftsfeld, Kernkompetenzen und SB-bezogene Faktoren und die jeweiligen Teilkriterien gelegt werden. Die sogenannten weichen Faktoren einer Kooperation, wie Unternehmenskultur und persönliche Eigenschaften (Teamfähigkeit, Innovationsbereitschaft, Vertrauen), werden dabei nicht berücksichtigt, obgleich sie für den Erfolg einer Kooperation auf jeden Fall bedeutend sind. Da sie jedoch häufig erst im Verlauf der Kooperation offensichtlich werden, können sie nicht exakt antizipiert werden. Lediglich anhand bestimmter Verhaltensweisen lassen sich Rückschlüsse auf weiche Faktoren ziehen. Eindeutige Gestaltungshinweise ex ante lassen sich damit tendenziell nicht ableiten.
Die folgende Tabelle zeigt die für das Anforderungsprofil möglichen Teilkriterien auf, wobei sich diese in ihrer Gewichtung je nach Problemstellung deutlich unterscheiden können. Auch sind nicht immer alle Kriterien relevant. In Abhängigkeit von der Problemstellung bilden jeweils nur einzelne Kriterien die Schnittstellen der Verflechtung zwischen den Unternehmen.

Geschäftsfeld	Kernkompetenzen	SB-bezogene Faktoren
• Branche. • Produkte und Dienstleistungen. • Kundengruppen. • Marktposition. • Umsatz. • Beschäftigte. • Firmenimage.	• Standorte. • Know-how bei SB-Hard- und Software, Oberflächengestaltung. • Know-how bei Marktzugang, Logistik. • Marktpotential. • Kontakte zu potentiellen Anbietern. • Kontaktquote. • Sachmittel, Anlagen, Finanzen.	• Abwicklungszeiten. • Informationsangebote. • Transaktionsangebote. • Darstellungskomplexität der Dienstleistungen/Produkte. • Maß an elektronischer Darstellbarkeit. • Logistik der angebotenen Produkte und Dienstleistungen.

Abb. 5-2: Das Anforderungsprofil bestimmende Kriterien beim Automatensharing

Folgendes Beispiel soll dies verdeutlichen.
Eine öffentliche Verwaltung möchte gerne einen Teil ihrer Verwaltungstätigkeiten auf Selbstbedienungsgeräten abwickeln, verfügt aber zum einen nicht über die notwendigen Ressourcen (Finanzen, Know-how zur Applikationsentwicklung, etc.) und zum anderen auch nicht über eine ausreichende Nutzerfrequenz, um das Selbstbedienungsgerät wirtschaftlich betreiben zu können. Damit die Kooperation für die öffentliche Verwaltung einen Zusatznutzen gegenüber der Alleingangstrategie bietet, stellt sie an die potentiellen Kooperationspartner die Anforderung, daß sie über die entsprechenden Ressourcen und eine ausreichend hohe Nutzerfrequenz verfügen. Der Zugang zu einem interessanten Standort spielt bei dieser Kooperationsentscheidung für die öffentliche Verwaltung nur eine untergeordnete Rolle, da sie primär nicht das Ziel der Neukundengewinnung verfolgt.

Wesentliche Kriterien für den Erfolg einer Zusammenarbeit bei Automaten sind neben den Geschäftsfeldern und Kernkompetenzen die SB-bezogenen Faktoren. Differieren beispielsweise die Abwicklungszeiten der unterschiedlichen Angebote sehr stark, so kann dadurch eine wartezeitenbedingte ungleiche Inanspruchnahme der angebotenen Dienstleistungen entstehen. Für die Partner ergeben sich damit abwicklungszeitbedingte Unterschiede in den Synergien der Partnerschaft. Anbieter mit kurzen Transaktionszeiten werden tendenziell weniger profitieren - eine gleiche Inanspruchnahme aller angebotenen Produkte und Dienstleistungen und eine gleichbleibende Nutzerfrequenz vorausgesetzt - als Anbieter mit langen Transaktionszeiten. In diesem Zusammenhang gewinnt auch die Darstellungskomplexität der angebotenen Produkte und Dienstleistungen an Bedeutung. Eine hohe Differenz in der Komplexität der Produkte und Dienstleistungen hat ein unterschiedliches Ausmaß an Erklärungsbedürftigkeit zur Folge und führt damit aufgrund differierender Grade der Darstellungskomplexität zu unterschiedlich langen Abwicklungszeiten. Darüber hinaus können lange Wartenzeiten, die insbesondere durch lange Abwicklungszeiten und nicht durch Schwankungen in der Nutzerfrequenz verursacht werden, dazu führen, daß Kunden die SB-Anwendung nicht nutzen. Diese Unterschiede sind in der Ausgestaltung des Kooperationsvertrages - etwa in Form höherer Kostenbeiträge der Anbieter mit langen Abwicklungszeiten - zu berücksichtigen.

Die Zusammenstellung der Partner sollte letztlich so erfolgen, daß ein optimaler Auslastungsgrad, der sowohl Wartenschlangen als auch langandauernde Leerzeiten vermeidet, ermöglicht wird.
Bei der Auswahl der Partner für eine SB-Anwendung spielt darüber hinaus der Standort des SB-Terminals eine bedeutende Rolle. An stark frequentierten Stellen bieten sich eher transaktionsorientierte Dienstleistungen mit geringer Abwicklungszeit an - es sei denn, der Zugang zu den Automatenleistungen wird durch eine ausreichend hohe Anzahl an SB-Terminals am gleichen Standort gewährleistet.

5.3.3 Problemlösung der Kunden durch kombinierte Produktangebote

Folgende Tabelle zeigt mögliche Partner für Kooperationen beim Automatensharing auf. Dabei weisen die in Frage kommenden Partner unterschiedliche Kernkompetenzen aus Sicht der Bank auf. Fast Food Restaurants, Tankstellen, Öffentliche Verwaltungen und Einkaufscenter verfügen über attraktive Standorte und weisen eine hohe Kundenkontaktquote auf. Sie bieten daher aus Sicht der Bank als Partner den Anreiz der Neukundengewinnung. Öffentliche Einrichtungen, wie Ticketservices oder die Stadtinformation, stellen Dienstleistungen zur Verfügung, die die Attraktivität der SB-Terminals erhöhen und damit zu einer Steigerung der Nutzerfrequenz führen.

Banken	Fast Food Restaurants	Handels- und Dienstleistungsunternehmen	Tankstellen	Öffentl. Einrichtungen	Öffentl. Verwaltungen	Öffentl. Personen Nahverkehr	Einkaufscenter
Kontoinformationen: • Kontostand • Zinssätze • Persönliches Limit Kontotransaktionen: • Geldausgabe • Überweisung • Aufladen der Geldkarte Kontoservices: • Scheckbestellung • Sortenbestellung • Kontoausdruck • Sparbuchnachtrag Informationsangebote: • Konditionen • Produkte • Börseninfos • Immobilien • Reisen	Informationsangebote: • Übersicht über Fast Food Restaurant-Netz • Infos aus Musik, Kultur, Sport Shopping Services: • Merchandising Products • Tickets	Informationsangebote: • Regionale Presse • Überregionale Presse • Infos aus Wirtschaft, Politik, Gesellschaft Entertainment: • Totto, Lotto • Spiele • Wetten Shopping Services: • Lebensmittel • Waren von Versandhäusern • Reisen • Flüge • Gebrauchtwagen	Informationsangebote: • Übersicht über Tankstellennetz • Öffnungszeiten • Reiseangebote • Flugangebote Shopping Services: • Lebensmittel • Musikkassetten • Videos	Ticketservices: • Reservation von Tickets • Ausdruck von Tickets • Bezahlung von Tickets Programmvorschau: • Museen • Kino • Theater • Sportevents • Sonst. kulturelle Veranstaltungen Bildungsangebote: • Volkshochschule • Universitäten • Freie Träger	Informationsangebote: • Arbeitsplätze • Beschäftigungsanforderung • Weiterbildung • Auslandsreise-informationen • Aufenthaltsgenehmigung • Visa • Medizinische Aukünfte BürgerServices: • Antragstellung für KFZ-An- und Ummeldung, Einwohnermeldung, Reisepaß, Ausweis, Führerschein • An- /Ab- /Ummeldung von Gewerbe • Ausdruck von Anwohnerparkausweisen • Auszahlung von Sozialhilfe	Informationsangebote: • Fahrpläne • Routenplaner Ticketservices: • Reservation von Fahrscheinen, Sitzplätzen, Mietwagen • Ausdruck von Fahrscheinen • Bezahlung von Fahrscheinen und Mietwagen Check-in Services: • Elektr. Check-in • Ausdrucken der Boarding Information [Eggert 1996, S. 326] Sonstige Services: • Stadtinfos • Verkaufsservices von Duty-Free Artikeln am Flughafen	Informationsangebote: • Einkaufscenter • Übersichtsplan • Produktangebote • Sonderangebote • Routenplaner für Einkaufscenter Servicefunktionen: • Getränkebestellung

Abb. 5-3: Automatensharing bei Multifunktionsterminals

Die von Banken auf SB-Terminals präsentierten Bankmarktleistungen haben dabei intangiblen Charakter. Nach Meffert ist bei intangiblen Dienstleistungen die physische Präsenz des Kunden nicht erforderlich, daher können diese Produkte und Dienstleistungen auch mit Hilfe von Kommunikationstechnologien vertrieben werden. Intangible Dienstleistungen sind damit leicht kopierbar und substituierbar.
Die von den Kooperationspartnern auf den SB-Terminals präsentierten Produkte und Dienstleistungen haben dagegen entweder intangiblen Charakter [Meffert/Bruhn 1995, S. 41] (Informations- und Serviceangebote) oder ermöglichen den Erwerb eines Rechtes auf den Bezug von tangiblen Dienstleistungen (Tickets, Check-in Funktion am Flughafen, Reservationsdienste), die in weitaus geringerem Maße ersetzbar sind.
Durch die Bündelung von tangiblen und intangiblen Dienstleistungen kann die Substitutionsmöglichkeit durch andere Produkte (z.B. von Non&Near Banks) vermindert werden. Gegenüber Banken, die auf den SB-Terminals ausschließlich Bankmarktleistungen anbieten, kann durch die Bündelung somit ein Wettbewerbsvorteil erreicht werden. Denkbar ist hier z.B. der Verkauf von vergünstigten Tickets gemeinsam mit der Bank.
Das gemeinsame Anbieten von Produkten und Dienstleistungen ermöglicht die Realisierung von Synergieeffekten. Diese können verstärkt werden, indem einzelne Angebote verschiedener Anbieter enger miteinander verflochten werden. Den veränderten Kundenpräferenzen entsprechend soll bei der engeren Kooperation der unterschiedlichen Anbieter die Problemlösung für den Kunden im Vordergrund stehen. Hierzu bietet sich aus Sicht der Bank die Kopplung der Finanzierungsfunktion (Konsumkredite, Ratenkredite, etc.) und der Transaktionsfunktion (Geldausgabe, Überweisung, Aufladen der Wertkarte) mit den übrigen Dienstleistungen an. Dem Kunden werden sozusagen problemlösungsorientierte Produktbündel, die Leistungen unterschiedlicher Anbieter enthalten, angeboten.[1]

---

[1] Folgendes Beispiel soll die mögliche Zusammenarbeit verdeutlichen: Ein Kunde möchte seinen Urlaub im Oman im September diesen Jahres verbringen. Maximal möchte er DM 5000,-- ausgeben. Er klickt daher auf der problemlösungsorientiert aufgebauten Oberfläche des SB-Terminals den Button Urlaub und dann Oman an. Weiterhin gibt er sein Budgetlimit von DM 5000,-- und den Reisemonat September ein. Ihm werden sodann eine Vielzahl von Reisen präsentiert. Nachdem er sich für eine Reise entschieden hat, sind folgende Transaktionsschritte denkbar:
1. Buchung der Reise direkt am SB-Terminal.
2. Bezahlung bzw. Anzahlung der Reise direkt am SB-Terminal entweder durch Überweisung vom eigenen Konto, POS-Zahlungsformen oder Einrichtung eines Konsumentenkredites.
3. Ausdruck der Buchungsbestätigung.
4. Bestellung von Sorten.
5. Bezug von Informationen über Wetter, Kultur, Land, Leute, Events, etc. im Reisemonat September sowie über Einreise- und Visabestimmungen, mögliche Infektionskrankheiten sowie prophylaktische Maßnahmen.
6. Beantragung eines Visums.
7. Abbestellen der Tageszeitung für den Zeitraum der Urlaubsreise.
8. Der Kunde gibt am SB-Terminal ein, wann er die Reiseunterlagen, die Sorten und das Visum nach Hause geliefert bekommen möchte.

5.3.4 Internetzugang bei SB-Automaten

Wie im folgenden Kapitel aufgezeigt wird, bietet sich der Elektronische Markt und dort insbesondere das Internet als Vertriebsweg für Bankmarktleistungen an. Grundsätzlich kann ein Zugang zum Elektronischen Markt auch über SB-Terminals als Endgerät realisiert werden. Es wäre also auch denkbar, auf den SB-Terminals zusätzlich zu den Kooperationsleistungen einen Internetanschluß zu implementieren oder ganz auf die Kooperationsleistungen zu verzichten und auf die Angebote im Internet zurückzugreifen. Folgende Gründe sprechen allerdings dagegen:

- Über einen Internetzugang können auch Mitbewerber erreicht werden. Strategische Vorteile der Kooperation, insbesondere Standortvorteile, verlieren an Bedeutung oder gehen ganz verloren. Extrem formuliert ermöglicht ein Internetzugang eine Subvention der SB-Infrastruktur der Mitbewerber.
- Ein wesentlicher Einflußfaktor auf den Erfolg von über Automaten vertriebenen Bankmarktleistungen sind die Wartezeiten. Sind diese zu lang, so werden Kunden tendenziell die Automatenleistungen weniger nutzen. Ein Internetzugang, der das unbeschränkte „Surfen" im Internet ermöglicht, erhöht nicht nur die Wartezeiten, sondern fördert auch die Unsicherheit der Wartezeiten.

Diese Probleme sind behebbar, indem ein Adressfilter, der nur den Zugang zu den Webseiten der Kooperationspartner ermöglicht, in die Automatensoftware integriert wird. Denkbar sind darüber hinaus Preisstrategien, die eine Preisdifferenzierung hinsichtlich der Anbieter vornehmen. Dienstleistungen der Kooperationspartner im Internet können dann beispielsweise kostenlos in Anspruch genommen werden, wohingegen ein allgemeiner Internetzugang, die Nutzung von Internetdiensten, wie Email oder FTP, oder der Zugang zu Mitbewerbern nutzungszeitabhängig bepreist wird.
Preise für Leistungen von Nichtkooperationspartnern an SB-Terminals dienen somit der Steuerung des Nachfrageverhaltens. Darüber hinaus liefern die Einnahmen an Fremdnutzungsgebühren einen Beitrag zu den laufenden Kosten der Kooperationspartner. Folgende Abbildung zeigt, wie eine problemlösungsorientiert aufgebaute Oberfläche eines Automaten aussehen könnte.

Zum angegebenen Termin werden ihm die Unterlagen direkt nach Hause entweder per Post, per Kurierdienst oder durch ein Logistikunternehmen geliefert. Der Standort für eine solche Anwendung sollte längere Inanspruchzeiten des Terminals ermöglichen. Daher bieten sich als mögliche Standorte Banken, Reisebüros oder auch Ämter an. Für den Kunden besteht der Nutzen in geringeren Transaktionskosten, die sich vor allem durch verminderte Such- und Informationskosten durch das „one stop shopping" ergeben.
Im Rahmen eines proprietären Netzes hat BP einen virtuellen Online-Supermarkt auf Basis multimedialer Terminals realisiert. Die Kunden können sich Waren vom Otto Versand sowie CD's, Musikkassetten, Videos oder CD-Rom-Produkte von der BMG Ariola Miller GmbH bestellen [o.V. 1996h, S. 19].

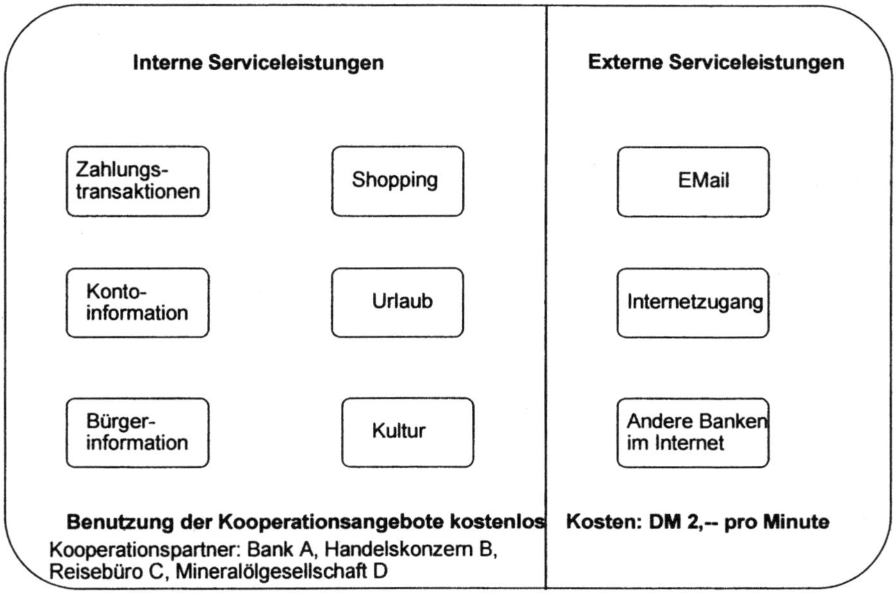

Abb. 5-4: Beispiel für eine SB-Oberfläche mehrerer Kooperationspartner

5.4 Automatensharing innerhalb einer einzelnen Institutsgruppe

Kooperative Strategien zwischen Banken und Dienstleistungsanbietern zur Sicherung von Standorten und zum gemeinsamen Betrieb von SB-Geräten über Geldausgabeautomaten hinaus sind für sämtliche Institutsgruppen von Interesse. Sie sind daher sehr ausführlich behandelt worden. Die kooperative Zusammenarbeit zwischen Banken zum gemeinsamen Betrieb von SB-Geräten bzw. zur Zugangssicherung an die Geräte der Kooperationspartner ist hauptsächlich für regional strukturierte Institute von Interesse und wird daher nur kurz dargestellt. Volks- und Raiffeisenbanken sowie Sparkassen können durch eine Zusammenarbeit auf diesem Gebiet eine Stärkung ihrer eigenen Institutsgruppe gegenüber den überregional strukturierten Großbanken erreichen. Da die Großbanken bundesweit vernetzt sind und zumeist nur ein Rechenzentrum[1] haben, können sie ihren Kunden -

[1] Die BV-Informationsverarbeitungs GmbH, das Konzernrechen- und Servicezentrum der Vereinsbankgruppe, versorgt beispielsweise über 40.000 Komponenten im Datennetz der Vereinsbank mit Informationen, darunter auch SB-Geräte und Geldausgabeautomaten. Die Vereinsbankgruppe ist über mehrere 2 Megabitleitungen bundesweit vernetzt [vgl. Büker/Lambert 1995, S. 31].

unabhängig von der jeweiligen Zuordnung zur Heimatgeschäftsstelle - an jedem Standort innerhalb Deutschlands die gleiche SB-Leistungspalette anbieten.[1] Regional strukturierte Institute können dies nicht.
Diesen Nachteil können sie allerdings über eine institutsspezifische, bundesweite Vernetzung der bereits vorhandenen SB-Geräte reduzieren. Bestrebungen bestehen bereits im Sparkassensektor. Dort sollen die Kontoauszugsdrucker der regionalen Sparkassen miteinander vernetzt werden.[2] Kunden der Sparkasse München können dann beispielsweise ihren Kontoauszug am KAD der Stadtsparkasse Hamburg beziehen. Während sich die bundesweite Vernetzung der Kontoauszugsdrucker vergleichsweise einfach gestaltet, da die zu übermittelnden Datensätze eindeutig strukturiert sind, erweist sich der Zusammenschluß bei Informations- und Multifunktionsterminals schwieriger. Da sowohl im Volksbanken- und Raiffeisensektor als auch im Sparkassensektor diverse Rechenzentren die Informatikleistungen für die angeschlossenen Primärinstitute erbringen, bestehen Inkompatibilitäten in den benutzten Datenformaten. Im Rahmen der Kooperation müssen daher zunächst rechenzentrenübergreifende Standardisierungen erfolgen.[3]
Neben der Stärkung der eigenen Institutsgruppe erreichen die Verbundpartner durch das institutsspezifische Automatensharing eine Qualitätssteigerung des SB-Vertriebsweges sowie eine höhere Kapazitätsauslastung. Die Gefahr, daß Kunden beim Wohnortwechsel ebenfalls die Bank wechseln, wird reduziert. Damit wird gleichzeitig die Kundenbindung erhöht.

5.5 Praxisbeispiel: Standortkooperation und Automatensharing zwischen Allbank und Aral

1993 begann die Allbank im Rahmen einer Standortkooperation mit Aral, Geldausgabeautomaten an über 30 Araltankstellen in Deutschland aufzustellen [Lengsdorf 1996, S. 24]. Nach erfolgreichem Verlauf der Testphase sollen bis Ende 1996 insgesamt 1500 Geldausgabeautomaten installiert werden, wobei bei Aral 800 Automaten und bei Esso 80 Automaten aufgestellt werden. Die übrigen befinden sich in weiteren Tankstellen und Kaufhäusern. Die Geldausgabeautomaten tragen das Logo der Bank Girotel, in der die Direktbankaktivitäten der

[1] Ein Kunde der deutschen Bank Hamburg kann sich am Kontoauszugsdrucker in Freiburg seine aktuellen Kontostände ausdrucken lassen, am Informationsterminal eine Überweisung veranlassen sowie seine aktuellen Depotbestände betrachten.

[2] Lt. einem telefonischen Expertengespräch mit Dr. Nowack, Sparkassen-Informatik-Zentrum Bonn, am 15.5.1996.

[3] Um den Koordinationsaufwand zu reduzieren und damit einen schnellen Markteintritt zu ermöglichen, wäre eine mögliche Lösung, auf den HBCI-Standard zurückzugreifen. Dieser „Homebanking Computer Interface"-Standard ist ein vom ZKA im Jahre 1995 entworfener plattformunabhängiger Standard [ZKA 1995], der neben reinen Zahlungsverkehrsspezifikationen auch Verschlüsselungs- und Komprimierungsfunktionen enthält und damit auch für Zahlungen über das Internet geeignet ist.

Berliner Bank und der Allbank zusammengelegt wurden.[1]
Während der Zusammenarbeit von Aral und der BB-Data bei der Konzeptphase für die Aufstellung der Geldausgabeautomaten wurde die strategische Bedeutung der SB-Terminals sichtbar. Deshalb wurde im Dezember 1995 ein Joint Venture zwischen Aral und der BB-Data[2] gegründet, mit dem Ziel, gemeinsam Multimedia-Geräte zu betreiben. Die Kosten für die SB-Geräte, die Softwareapplikation sowie für den laufenden Betrieb werden zu je 50% von den Kooperationspartnern getragen. Zu Beginn sollen zunächst 10 Anwendungen auf den Multimedia-Geräten laufen. Dazu zählen Finanzdienstleistungen der Berliner Bankgesellschaft, Kartenanträge, Versicherungen, Ticketservices für Eintrittskarten,[3] Stadtinformationen, Kataloggeschäfte, Blumenversand, Flugtickets, die billiger als im Reisebüro angeboten werden, sowie eine Gebrauchtwagenbörse. Bei der Gebrauchtwagenbörse kann der Kunde das Auto am Bildschirm betrachten und bei Gefallen direkt am Terminal einen Kreditvertrag abschließen. Insgesamt sollen ab Herbst 1996 800 Automaten installiert werden, in der Testphase zunächst 50 Automaten.[4]
Die Kooperationspartner zeichnen sich durch unterschiedliche Kernkompetenzen aus. Folgende Tabelle zeigt die unterschiedlichen Stärken der Kooperationspartner.

Aral	BB-Data/Bankgesellschaft Berlin
• Marktführer in Deutschland. • Tankstellen an attraktiven Standorten. • Hoher Markenbekanntheitsgrad sowie innovatives Image. • Hohe Kundenkontaktquote (500 Mio. Kundenkontakte pro Jahr). • Kontakte zu potentiellen Anbietern/Angeboten. • Hohes Know-how im Bereich Marketing/Endkundenvertrieb.	• Informationstechnologien als Kerngeschäftsfeld. • Know-how beim Betrieb von SB-Systemen sowie im Home Banking Bereich. • Eigene Finanz-Versicherungs- und Immobilienprodukte.

Abb. 5-5: Kernkompetenzen von Aral und BB-Data/Bankgesellschaft Berlin

Aral erhofft sich, durch die Kooperation mit der Bank eine Frequenzerhöhung an ihren Tankstellen zu erreichen. Darüber hinaus spielt die Erweiterung ihrer Produktpalette zur Erhöhung der Kundenzufriedenheit eine wesentliche Rolle. Denn mehr als 40% der Kunden suchen bereits heute die Tankstelle auf, um nicht zu tanken, d.h. um Serviceleistungen in Anspruch zu nehmen oder um Waren einzukaufen. Durch den elektronischen Vertrieb von Waren und Dienstleistungen auf

[1] Zur Einordnung der Bank Girotel in die Konzernstruktur der Bankgesellschaft Berlin: Die Bankgesellschaft Berlin (275 Mrd. Bilanzsumme Ende 1995) hat drei Tochterunternehmen: Die Berliner Bank, die Berliner Landesbank sowie die Berlin Hyp. Die Berlin Hyp hat wiederum die Töchter Weber Bank und Allbank. Gemeinsam mit der Berliner Bank hat die Allbank die Tochter Bank Girotel [Bank Gesellschaft Berlin 1995].

[2] Die BB-Data ist das Rechenzentrum für die Bankgesellschaft Berlin.

[3] Diese Funktion wird bereits an einzelnen Terminals bei Aral als monofunktionale Anwendung realisiert.

[4] Lt. einem Expertengespräch mit Herrn Nebel, BB-Data, Berlin, am 12.01.1996.

einem Selbstbedienungsgerät kann die Verkaufsfläche des Tankstellenshops vergleichsweise kostengünstig erweitert werden und durch das Angebot von Kooperationspartnern zu einem Convenient Center ausgebaut werden.
Aus Sicht der Bankgesellschaft Berlin sprechen für Aral neben den bereits genannten Vorteilen von Standortkooperationen insbesondere die langen Öffnungszeiten der Tankstellenshops von 6 bis 22 Uhr. Ein weiterer Vorteil ist der relativ sichere Standort der Terminals in den Verkaufsräumen. Die Kunden tätigen vor allem zu Nachtzeiten gerne Bankgeschäfte in einer Umgebung, in der sich Personal befindet.

Neben den individuellen Zielen ist das Bestreben der beiden Kooperationspartner, ein gemeinsames Markenimage zu schaffen. Dies soll über das Anbieten von Aktionsware, wie Sonderangebote bei Lebensmitteln, Reisen oder Flügen, an den Selbstbedienungsterminals erfolgen. Dabei soll als Marketinginstrument eine zeitlich differenzierte Preis- und Produktdifferenzierung [vgl. Meffert/Bruhn 1995, S. 309] (ähnlich wie z.B. bei den Waren der Tschibo- und Eduschoshops) eingesetzt werden. Diese Angebote sollen durch weitere Kooperationspartner, mit denen Exklusivverträge vereinbart werden, auf den Selbstbedienungsterminals eingestellt werden.

5.6 Geldausgabeautomatenverbundsysteme

5.6.1 Überblick

Geldausgabeautomatenverbundsysteme (GAA-Verbundsysteme) stellen die Vernetzung von Geldausgabeautomaten, Autorisierungszentralen, Acquirerbanken (GAA-Betreiber) und Issuerbanken (Kartenherausgeber) dar. Zentrale Aufgaben der Geldausgabeautomatenverbundsysteme sind Autorisierung, Clearing und Settlement von Zahlungen. Diese Verbundsysteme ermöglichen den Kunden den instituts- und länderübergreifenden Bezug von Bargeld an Geldausgabeautomaten. GAA-Verbundsysteme werden gegenwärtig auf nationaler Ebene zwischen den einzelnen Banken auf Basis einer Korrespondenzbankbeziehung, zwischen Banken derselben Institutsgruppe im Rahmen einer sektorspezifischen Kooperation und zwischen den Verbänden der einzelnen Institutsgruppen realisiert. Letztere Form wird in Deutschland auch als nationaler Online-Verbund bezeichnet.[1] Gegenwärtig sind an den nationalen deutschen Online-Verbund 37.500 Geldausgabeautomaten (Stand: 12/1995) angeschlossen. Auf internationaler Ebene existieren neben diesen drei Grundformen der Zusammenarbeit auch Nutzungsvereinba-

[1] Im Rahmen dieses Online-Verbundes ist es seit Frühjahr 1996 (Information auf Grundlage eines Telefongespräches mit Herrn Damfeld vom DSGV am 16.4.1996) möglich, Autorisierungsanfragen für GAA-Verfügungen unabhängig von der Zugehörigkeit des GAA-Betreibers zu einzelnen kreditwirtschaftlichen Bereichen an das Autorisierungssystem des kartenherausgebenden Instituts weiterzugeben [vgl. Cimiotti 1991, S. 43]. Da es damit möglich ist, GAA-Verfügungen direkt am Konto zu autorisieren, entfallen die ehemals gültigen Grenzen für Fremdverfügungen in Höhe von i.d.R. DM 400,--.

rungen zwischen den länderspezifischen Online-Verbunden.
In Deutschland wurden zunächst diese Verbundsysteme für die gegenseitige Nutzung der ec-Karte geschaffen. Im Rahmen von bilateralen Nutzungsvereinbarungen haben einzelne Banken (darunter die Deutsche Bank, die Postbank, die Deutsche Verkehrs-Bank sowie die Service Bank) die Verfügungsmöglichkeiten auf Kreditkarten erweitert [vgl. Steinhaus 1992, S. 92]. Im folgenden sollen die Voraussetzungen für die Kooperationen, deren Ausgestaltungen, Anreize und Wirkungen näher betrachtet werden.

5.6.2 Anreize und Wirkungen der gegenseitigen Akzeptanz von Karten an Geldausgabeautomaten

Angesichts der doch erheblichen Investitionen in die Schaffung von Geldausgabeverbundnetzen stellt sich die Frage nach der Anreizstruktur für die beteiligten Banken. Dabei lassen sich neben Wirtschaftlichkeitsaspekten und systemgutbedingten Gründen vor allem kunden- und konkurrenzbezogene Aspekte nennen.

Wirtschaftlichkeitsaspekte

Geldausgabeautomatensysteme weisen Merkmale eines natürlichen Monopols auf. Wie im Abschnitt über Telekommunikation bereits gezeigt, gilt ein natürliches Monopol für Güter, deren Produktion hohe Investitionen in die Infrastruktur erfordert. Die Errichtung eines zweiten institutseigenen Geldausgabeautomatennetzes neben einem bereits existierenden würde sich nicht lohnen, da die hohen Investitionskosten doppelt erbracht werden müßten, die Nutzerraten sich jedoch nur unwesentlich erhöhen würden [vgl. Schumann 1987, S. 259]. Bei natürlichen Monopolen bleibt daher nur ein Anbieter übrig. Bei diesem Anbieter kann es sich um ein einzelnes Unternehmen oder um einen Unternehmensverbund handeln. Da sich das Geschäftsfeld von Banken hauptsächlich in regionalen bzw. nationalen Grenzen bewegt, könnte die Ausweitung eines institutseigenen Geldausgabeautomatensystems über den Geschäftsbereich hinaus nicht kostendeckend erfolgen, da die Nutzerraten gerade im überregionalen/internationalen Bereich nicht ausreichend hoch wären. Somit ist die Kooperation mit Partnerbanken die notwendige Voraussetzung, um überhaupt einen überregionalen/internationalen Geldausgabeautomatenservice anbieten zu können. Die Schaffung eines bankübergreifenden Geldausgabeautomatenverbundes ermöglicht eine Erhöhung der bankinternen und bankübergreifenden Nutzerfrequenz. Die einzelnen Automaten sowie die Autorisierungsnetze können damit, bedingt durch Fixkostendegressionseffekte, wirtschaftlicher betrieben werden. Denn insbesondere der Zugang fremder Bankkunden ermöglicht die Realisierung erhöhter Gebühreneinnahmen. Untersuchungen des Instituts für Bankinformatik zeigen, daß der Fremdkundenverfügungsanteil ca. 25% aller Geldausgabeautomatentransaktionen [vgl. Fotschki/Stockmann 1995, S. 41] beträgt. Damit leisten die Fremdverfügungen einen wesentlichen Deckungsbeitrag.[1]

---

[1] Der Break-Even wird beim GAA bei ca. 4000 Transaktionen pro Gerät und Monat erreicht [vgl. Turiaux 1993, S. 7ff.].

Darüber hinaus kann die Errichtung eines Geldausgabeautomatenverbundes zur weiteren Substitution der Bargeldbeschaffung über die bemannte Filiale beitragen und damit zu weiteren Kosteneinsparungen beitragen. Auslandszahlungsmittel, wie Traveller Schecks, die in der Abwicklung hohe Kosten verursachen, werden durch die Möglichkeit der Bargeldbeschaffung am Automaten im Ausland zunehmend an Bedeutung verlieren.

Systemgutbedingte Aspekte

Geldausgabeautomaten sind wie andere Integrationstechnologien den Systemtechnologien zuzurechnen. Bei Systemtechnologien lassen sich, wie gezeigt, Netzeffektgüter und Systemgüter unterscheiden. Netzeffektgüter liefern neben dem originären Nutzen auch einen derivativen Nutzen [Weiber 1992, S. 16]. Dieser Derivativnutzen steigt, je höher die Verbreitung der Güter selbst sowie der Komplementärgüter ist.
Kartengestützte Zahlungssysteme und damit auch die Infrastruktur zur Nutzung der Karten sind den Systemgütern zuzurechnen. Für Kunden steigt der Nutzen, je größer die Verbreitung von Geldausgabeautomaten ist, die er nutzen kann und je mehr unterschiedliche Karten daran akzeptiert werden. Durch Kooperationen zwischen unterschiedlichen Banken und Geldausgabeautomatenverbundnetzen kann die Verfügbarkeit von Geldausgabeautomaten erhöht werden. Da damit der Anwendernutzen steigt, erhöht sich auch die Akzeptanz für Geldausgabeautomaten.

Kundenbezogene Aspekte

Aus Kundensicht ist ein universell einsetzbares Zahlungsmittel vorteilhaft. Eine Karte, die bank- und länderübergreifend eingesetzt werden kann, steigert die Qualität der angebotenen Bankmarktleistung. Vorteile aus der Kooperation bei Geldausgabeautomaten ergeben sich vor allem für kleinere Privatbanken sowie für Banken aus dem Genossenschafts- und Sparkassensektor. Da ihr Wirkungskreis regional begrenzt ist, die Kunden jedoch einen Bargeldbeschaffungsbedarf über die regionalen Grenzen hinaus haben, kann durch den Verbund die bequeme Bargeldbeschaffung auch überregional gewährleistet werden.
Im Zuge der steigenden Mobilität der Bevölkerung erlangt diese Qualitätssteigerung wesentliche Bedeutung. In Verbindung mit Home-Banking können daher Kunden auch über weite Distanzen (z.B. nach einem Wohnortwechsel) hinweg Kunde ihrer Bank bleiben. Geldausgabeautomatenverbundsysteme tragen damit auch zur Erhöhung der Kundenbindung bei.
Des weiteren ermöglichen neue technische Entwicklungen die direkte Autorisierung und Disposition am Konto des Kunden. Ersatzautorisationen, die die Abhebebeträge auf DM 400,-- begrenzt haben, entfallen. In der Regel kann somit in Höhe des Limits frei verfügt werden.

Wettbewerbsbezogene Aspekte

Im nationalen Online-Verbund wurden die verschiedenen Autorisierungsnetze der einzelnen Institutsgruppen miteinander verbunden.

Die mit dieser Kooperation einhergehende Einschränkung des Wettbewerbs führt tendenziell zu einer Verlagerung der Differenzierungsmöglichkeiten der einzelnen Institutsgruppen auf das absatzpolitische Instrumentarium der Banken. Eine besondere Stellung nimmt hierbei die Preis- und Konditionengestaltung ein [vgl. Meffert 1986, S. 119]. Die einzelnen Institutsgruppen versuchen sich hier gegenüber ihren Mitkonkurrenten abzugrenzen und damit eine Stärkung der eigenen Institutsgruppe herbeizuführen. Folgende Strategien sind am Markt zu beobachten:

- Die Gebühren für Verfügungen an institutsgruppeneigenen Geldausgabeautomaten sind deutlich niedriger als die Gebühren für Verfügungen externer Kunden. In der Regel werden für Abhebungen innerhalb der Institutsgruppe Gebühren in Höhe von DM 1,-- bis DM 2,-- verlangt, für bankfremde Verfügungen zwischen DM 3,-- und DM 5,--.[1] [2] Für bestimmte Zielgruppen werden niedrigere Gebühren verlangt. So haben sich die deutschen Volks- und Raiffeisenbanken geeinigt, daß Verfügungen für Jugendliche bis 18 Jahren an allen genossenschaftlichen Automaten kostenlos sind.[3]
- Einige Banken der gleichen Institutsgruppe haben sich darüber hinaus auf eine weitergehende Zusammenarbeit geeinigt. Sie bieten gegenseitige Verfügungen kostenlos an. Das Ziel ist hier vor allem in der Stärkung der Institutsgruppe im regionalen Umfeld zu sehen. Ein Beispiel hierfür ist die Zusammenarbeit einiger Volks- und Raiffeisenbanken im Landkreis Landshut. Die Kunden der unterschiedlichen Bankinstitute können kostenlos an den Geldausgabeautomaten der Partnerinstitute verfügen [vgl. Volksbank-Raiffeisenbank Landshut 1996]. Die Nutzungsentgelte für die GAA-Betreiber werden von den jeweiligen Hausbanken der Kunden übernommen.[4] Die Hausbanken subventionieren somit die Verfügungen an den Automaten der Kooperationspartner. Innerhalb des Kooperationsverbundes profitieren daher insbesondere die Partner mit der höheren Kundenanzahl und dem zentraleren Standort. An ihren Automaten ist mit einer höheren Anzahl an Fremdverfügungen der Kunden der Kooperationspartner zu rechnen als umgekehrt.[5]

Die Geldausgabeautomatenverbundsysteme, die bisher für jede Bank frei zugänglich ist, senken die Markteintrittsbarrieren für neueintretende Finanzdienstleistungsunternehmen. Einige Banken versuchen daher, eine Abgrenzung gegenüber Direktbanken und Kreditkartenorganisationen zu erreichen.

---

[1] Gemäß einem telefonischen Interview mit Herrn Göttl, Rechenzentrale bayerischer Genossenschaftsbanken, am 19.4.1996.

[2] Untersuchungen der Stadtsparkasse München in Zusammenarbeit mit der Bayerischen Vereinsbank AG zeigen allerdings, daß Kunden insbesondere an stark frequentierten Plätzen wie Haupteinkaufsstraßen und Einkaufszentren eine geringe Preiselastizität der Nachfrage aufweisen.

[3] Lt. einem telefonischen Gespräch mit Herrn Häglsperger, Vorstand Volksbank-Raiffeisenbank Landshut eG, am 19.4.1996.

[4] Beim Kooperationsverbund Landshut beträgt das gegenseitige Nutzungsentgelt DM 2,--.

[5] Lt. einem telefonischen Gespräch mit Herrn Häglsperger, Vorstand Volksbank-Raiffeisenbank Landshut eG, am 19.4.1996.

Für Direktbanken, die ihre Kunden hauptsächlich über das Telebanking bedienen, stellt die Bargeldversorgung ein Engpaß dar. Die meisten geben daher Kreditkarten an ihre Kunden aus. Bei einigen Universalbanken mit Filialnetz besteht die Überlegung, sich gegenüber dieser Konkurrenz durch kollusionistische Preisabsprachen zu wehren, indem hohe GAA-Betreibergebühren für Bargeldverfügungen mit der Kreditkarte von Direktbanken berechnet werden. Damit stärken sie die Position der ec-Karten und Bankkundenkarten. Einige Direktbanken, wie z.B. die Advance Bank,[1] die keine eigenen Geldausgabeautomaten unterhalten, versuchen daher, diesen Wettbewerbsnachteil durch die Gewährung einer bestimmten Anzahl an kostenlosen Verfügungen zu reduzieren. In vorliegendem Beispiel übernimmt die Advance Bank die Fremdgebühren an bankfremden Geldausgabeautomaten. Für die Zukunft ist damit zu rechnen, daß Direktbanken verstärkt bilaterale Nutzungsvereinbarungen mit einzelnen Institutsgruppen oder Kreditkartenorganisationen eingehen werden, um die Bargeldversorgung auch weiterhin zu sichern.

5.6.3 Kooperationsform und rechtliche Ausgestaltung am Beispiel des ec-Geldausgabeautomatensystems

An der Schaffung eines bankübergreifenden Geldausgabeautomatenverbundsystems sind eine Vielzahl sehr unterschiedlicher Finanzinstitute hinsichtlich Wirtschaftsgesinnung, Rechtsform, Breite des Angebots an Bankmarktleistungen, Größe und regionaler Ausrichtung beteiligt. Es kann daher bei dieser Form der Zusammenarbeit von einer Branchenkooperation gesprochen werden, mit zum Teil branchenübergreifender Wirkung. Dies ist genau dann der Fall, wenn ein Multifunktionsterminal sowohl als Geldausgabeautomat von Banken als auch als Informationsterminal von Nichtbanken genutzt wird.

Die Schaffung eines solchen Verbundsystems erfordert ein Mindestmaß an Abstimmungen zwischen den beteiligten Partnern. In der Regel werden dazu Vereinbarungen zwischen den Kooperationspartnern getroffen. In Anlehnung an die Vereinbarungen über das deutsche ec-Geldautomatensystem werden im folgenden die wesentlichen Inhalte eines solchen Vertrages kurz dargestellt [vgl. o.V. 1995q, S. 3ff.]. Diese betreffen

- die zugelassenen Karten an den Automaten,
- die technischen Spezifikationen für die ausgegebenen Karten und für die kartenakzeptierenden Geldausgabeautomaten,
- die Sicherheitsvorkehrungen zum Schutz und zum Betrieb des Systems,
- die Vereinbarungen für den Kartenvertrag zwischen dem kartenemittierenden Institut und dem Kunden,
- die Autorisierungsbestimmungen,
- die Handhabung von Kartensperren,
- die Durchführung des Clearing und Settlement,
- die Anbindung externer Geldausgabeautomatensysteme,

[1] Die Advance Bank ist eine Tochter der Vereinsbank AG. Sie hat im März 1996 ihren Kundenbetrieb aufgenommen und wählt als Vertriebsweg hauptsächlich das Telebanking.

- die Festlegung der Limits,
- sowie die Schadensregelungen bei Beschädigungen an den Endgeräten des Verbundsystems.

Darüber hinaus bestehen vertragliche Vereinbarungen über die Anbindung externer Geldausgabeautomatenverbundsysteme, wie z.B. die Anbindung an das CIRRUS-System.[1]
Die zu wählende Kooperationsform bei einem Verbund von Geldausgabeautomaten wird wesentlich von der Struktur der Institutsgruppe bestimmt. Bei den genossenschaftlichen Kreditinstituten sowie bei den Sparkassen wird der Verbund auf der überregionalen Verbandsebene realisiert. Hier besteht schon aufgrund des institutsspezifischen Charakters des Verbandes eine vergleichsweise hohe Bindungsintensität an die Entscheidungen des Verbandes. Bei den Privat- und Großbanken hingegen, die sich hinsichtlich Größe, Unternehmensstrategie, Kundenstruktur, etc. stark unterscheiden, ist der Konsensfindungsprozeß zwischen den beteiligten Partnern schwieriger. Daher werden die Vereinbarungen zur Schaffung eines Verbundsystems detaillierter ausgestaltet sein. Bei auftretenden Problemen kann dies allerdings durchaus Vorteile haben.

5.6.4 Probleme der Zusammenarbeit

Bei einem GAA-Verbund handelt es sich um ein Systemgut, das nur funktioniert, wenn alle Beteiligten auf den gleichen technischen Stand gebracht werden. Die Realisierung eines bankübergreifenden Geldausgabeautomatenverbundes erfordert daher zunächst eine technische Harmonisierung der bankinternen Infrastruktur mit den technischen Spezifikationen der zu schaffenden GAA-Verbundstruktur.
Die Banken weisen betriebsgrößenbedingt unterschiedliche Voraussetzungen zur Erfüllung dieser Anforderungen auf. Bei einer sehr heterogenen Struktur der Partnerbanken kann es daher zu Verzögerungen bei der Umsetzung kommen. So hat es sich bei der Einführung des nationalen Online-Verbundes gezeigt, daß das BIK,[2] der Bankverlag sowie die Dvg[3] die technischen Spezifikationen relativ schnell erfüllen konnten. Die Postbank konnte dagegen den technischen Anforderungen erst mit einer erheblichen Verzögerung gegenüber den übrigen Autorisierungszentralen nachkommen. Die projektierte Fertigstellung des nationalen Online-Verbundes bis Ende 1994 konnte daher endgültig erst 1996 beendet werden.[4]
Ein nicht zu unterschätzendes Problem ist darüber hinaus die unterschiedliche Abhängigkeit der Kooperationspartnerbanken vom Bestand eines bankübergreifenden Verbundes. Aufgrund der Vielzahl der weiterleitenden und autorisierenden

[1] CIRRUS ist eine Tochtergesellschaft von MasterCard International und betreibt ein weltweites Geldausgabeautomatennetz. Bisher konnten CIRRUS-Karteninhaber nur an wenigen Automaten in Europa mit ihrer Karte verfügen. Zukünftig sollen auch die restlichen ec-Automaten mit dem CIRRUS-Logo ausgestattet werden und damit für CIRRUS-Karteninhaber zugänglich werden [Steinhaus 1995, S. 87] (vgl. auch 5.6.5).

[2] BIK: Betriebswirtschaftliches Institut der Kreditgenossenschaften.

[3] Dvg: Hannover Datenverarbeitungsgesellschaft mbH (Rechenzentrum der Sparkassen).

[4] Lt. einem Telefongespräch mit Herrn Damfeld, Bundesverband deutscher Banken, am 19.4.1996.

Stellen existieren verschiedene Partner und Möglichkeiten, über die die Transaktionen abgewickelt werden können. Es bestehen daher einige Möglichkeiten, sich im Rahmen von bilateralen Vereinbarungen einem bereits bestehenden Netz anzuschließen bzw. ein eigenes aufzubauen. Interessant ist diese Option vor allem für Verbindungen mit großen Transaktionsvolumina. In diesem Fall kann es dazu kommen, daß Partnerbanken eines Geldausgabeautomatenverbundes ihre umsatzstarken Verbindungen aus dem meist mischkalkulierten multilateralen Online-Verbund herauslösen und diese über bilaterale Verbindungen abwickeln. Dies kann für das austretende Institut den Vorteil einer preisgünstigeren sowie zuverlässigeren und sichereren Abwicklung zur Folge haben. Für die im Gemeinschaftsunternehmen verbleibenden tendenziell umsatzschwächeren Unternehmen verteuert sich damit die Abwicklung. Der Anreiz zum Austritt aus dem Gemeinschaftsunternehmen kann tendenziell nur durch die Schaffung von Austrittsbarrieren, wie z.B. durch die Zahlung von Austrittsgeldern, vermindert werden.
Ein weiteres Problem stellt die unterschiedliche Partizipation der Kooperationspartner an der Wertschöpfung eines Geldausgabeautomatenverbundes dar. Definiert man die Wertschöpfung als Differenz zwischen den aufzuwendenden Kosten für die Kooperation und dem daraus resultierenden Nutzen, so muß im Vorfeld der Kooperation bereits der Kooperationsbeitrag der einzelnen Banken festgelegt werden. Exogene Einflußfaktoren, wie z.B. das Nachfrageverhalten nach einem Geldausgabeautomatenverbund, haben jedoch einen hohen Einfluß auf die unternehmensindividuelle Wertschöpfung, sind aber ex ante häufig nicht antizipierbar. Sie erhöhen damit die Unsicherheit innerhalb der Kooperation und können so zu einer Gefährdung der Kooperation insgesamt führen.

5.6.5 Die Verbundnetze

Die deutschen Kreditinstitute sind in fünf Verbände gegliedert, die die Interessen ihrer Mitglieder vertreten. Außer dem Verband deutscher Hypothekenbanken e.V. betreibt jeder Verband ein eigenes Autorisierungsnetz, das für den jeweiligen Bereich die Autorisierungsnachrichten austauscht. Jeder Verband hat ein zentrales Rechenzentrum beauftragt, das als gemeinschaftliche Autorisierungszentrale dieses Verbandes arbeitet [vgl. Steinhaus 1995, S. 68]. Ende 1995 sind an das Netz des DSGV 15.000 GAA, an das Netz des BVR 11.000, an das Netz des VÖB 2.200 und an das GAA-Netz des BdB 7.500 Geldausgabeautomaten angeschlossen.
Im folgenden werden die nationalen Verbundnetze und im Anschluß daran die internationalen Verbundnetze kurz vorgestellt.

Das genossenschaftliche Autorisierungsnetz

Die dem Bundesverband deutscher Volks- und Raiffeisenbanken angeschlossenen Primärinstitute haben ein eigenes Verbundnetz geschaffen, das von den acht genossenschaftlichen Rechenzentralen[1] getragen wird. Die einzelnen Rechenzentren übernehmen die Autorisierung für die von ihren Banken ausgegebenen Karten. Als zentrale Autorisierungsstelle für den genossenschaftlichen Verbund wurde das BIK ausgewählt. Es fungiert als zentraler Netz- und Verteilknoten für die Autorisierungsanfragen von Karten der genossenschaftlichen Primärbanken bei Geldausgabeautomaten bei anderen Verbänden sowie im Ausland. Das BIK leitet die Anfragen an die jeweiligen Rechenzentralen weiter. Die Antwort wird ebenfalls über das BIK an die anfragende Stelle weitergeleitet. Gleichzeitig ist es für das Routing der Autorisierungsanfragen beim Einsatz fremder Karten an den verbundeigenen Geldausgabeautomaten in die zugehörigen Verbandsnetze bzw. ausländischen Netze zuständig.

Das Postnetz

Das Netz der Postbank wird von fünf Rechenzentren, die sich in Karlsruhe, Leipzig, München, Hamburg und Dortmund befinden, getragen. Die zentrale Autorisierungsstelle für den Verbund der Post ist das Rechenzentrum der Niederlassung Karlsruhe. Es übernimmt das Routing der ein- und ausgehenden externen Autorisierungsanfragen. Ebenso wie beim genossenschaftlichen Verbundnetz übernehmen die angeschlossenen Rechenzentren die Autorisierung der von den angeschlossenen Banken ausgegebenen Karten.

Das Autorisierungsnetz der Sparkassen

Im Bereich der Sparkassen existiert ein verbandsweiter Online-Verbund, an den 14 Rechenzentren und einige Eigenanwender-Rechenzentren einzelner Sparkassen angeschlossen sind. Im Zentrum dieses Verbundes steht die Dvg Hannover Datenverarbeitungsgesellschaft mbH [vgl. Steinhaus 1995, S. 74]. Sie übernimmt neben den bereits erwähnten Aufgaben einer zentralen Autorisierungsstelle die Ersatzautorisierungen für die ec-Karten des Sparkassenverbundes. Die Dvg ist darüber hinaus Netzknoten für den europäischen Sparkassenverbund EUFISERV und unterhält Netzübergänge zu den Mitgliedsorganisationen von EUFISERV. Über diese Verbindung werden Kartentransaktionen der Sparkassenkunden des europäischen Verbundes EUFISERV geleitet. Alle übrigen Transaktionen werden über die GZS geleitet. Die Aufnahme von American Express, Diners Club oder JCB in den Kooperationsverbund ist nicht angedacht. Insbesondere aus marktpolitischen Gründen hat die Sparkassenorganisation kein Interesse, neben den Eurocard- und Visakarten, die sie selbst emittiert, konkurrierende Karten zuzulassen.

Das Autorisierungsnetz der Privatbanken

Der Bundesverband deutscher Banken ist durch eine sehr heterogene Mitgliederstruktur gekennzeichnet. Dieses Charakteristikum zeigt sich auch in der techni-

[1] Diese Rechenzentralen werden von der DG-Bank und den drei Zentralbanken, der Süddeutschen Genossenschaftszentralbank in Frankfurt, der Genossenschafts-Zentralbank in Stuttgart sowie der Westdeutschen Genossenschafts-Zentralbank in Münster in gemeinsamer Verantwortung betrieben.

schen Infrastruktur der angeschlossenen Kreditinstitute. Einige Kreditinstitute leiten daher auch die Autorisierung ihrer eigenen Karten an die zentrale Autorisierungsstelle des BdB, den Bankverlag in Köln, weiter. Dieser übernimmt - neben der Funktion als Netzknoten zu den anderen Autorisierungszentralen - die Funktion der Ersatzautorisierung für ec-Kartenverfügungen von Mitgliedsinstituten, die keine eigenen Autorisierungen durchführen. Ähnlich den Sparkassen plant auch der Bankverlag den bilateralen Austausch von GAA-Transaktionen mit internationalen Partnern. Als Kooperationspartner ist Europay Austria angedacht.

Der nationale Online-Verbund

Übergreifend über alle deutschen Geldausgabeautomatenverbundnetze wurde der nationale online-Verbund geschaffen. Er ist die Weiterentwicklung des deutschen Geldausgabeautomatensystems, das 1979 mit der „Vereinbarung für das institutsübergreifende Geldausgabeautomatensystem (Pool-Vereinbarung) durch die Spitzenverbände der deutschen Kreditwirtschaft im ZKA geschaffen wurde [vgl. Dahl 1993, S. 489] und der entsprechend den damaligen technischen Möglichkeiten offline funktionierte. Der nationale Online-Verbund ermöglicht, daß Verfügungen an deutschen GAAs direkt vom Kartenherausgeber oder von der von ihm beauftragten Stelle im sog. „online to issuer" Verfahren autorisiert werden können. Da damit in der Regel direkt beim kontoführenden Institut autorisiert und disponiert werden kann, können Verfügungen bis zum individuellen Limit des einzelnen Kontoinhabers erfolgen [vgl. Steinhaus 1995, S. 77].[1] Diese Vereinbarungen gelten für die emittierten ec-Karten und Kundenkarten, die mit dem GAA-Piktogramm ausgestattet sind [vgl. o.V. 1995q, S. 3]. Voraussetzung für den Online-Verbund ist daher die Vernetzung der Autorisierungszentralen der vier Verbände. Diese Vernetzung betrifft das BIK in Frankfurt, den Bank-Verlag in Köln, die Dvg in Hannover sowie die Postbank in Karlsruhe. Diese leiten die Autorisierungsanfragen an die angeschlossenen Rechenzentren weiter. Die folgende Abbildung zeigt den nationalen Online-Verbund mit seinen vier Autorisierungszentralen. Beispielhaft für die übrigen Verbände ist die Dvg in Hannover mit einem Teil ihrer angeschlossenen Rechenzentralen im In- und Ausland dargestellt.

[1] In der Regel akzeptieren die GAA-betreibenden Institute Verfügungen bis zu einem Limit von DM 4000,--.

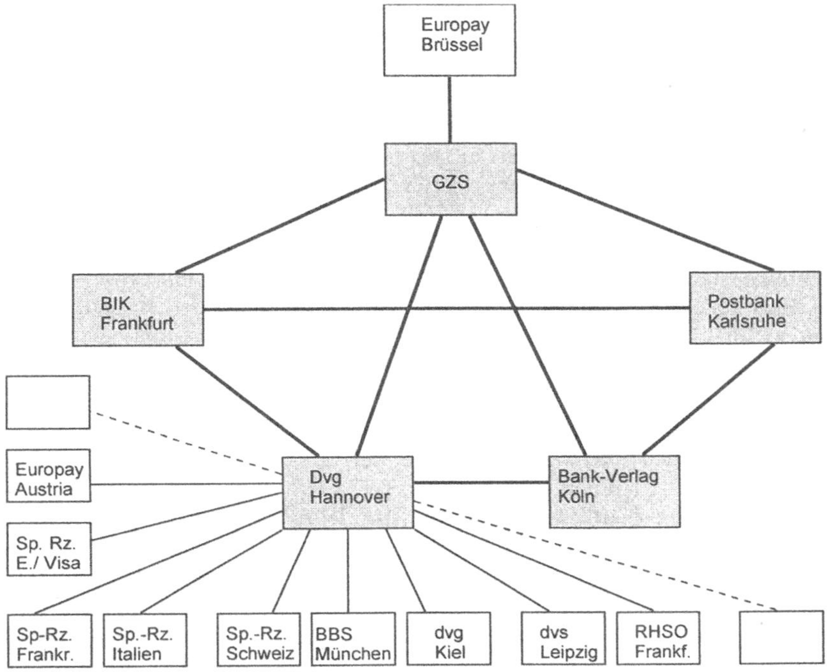

Abb. 5-6: Nationaler Online-Verbund

Die internationale Anbindung des nationalen Online-Verbundes an andere Geldausgabeautomatennetze erfolgt über die GZS. In diesem Bereich ist wachsende Konkurrenz zu verzeichnen. Immer mehr Verbände gehen bilaterale Vereinbarungen mit Partnerorganisationen im Ausland ein und umgehen so die GZS.

Internationale Verbundnetze

Bei den grenzübergreifenden Verbundnetzen lassen sich die internationalen Netze der Kreditkartenorganisationen Europay/MasterCard, Visa, American Express, Diners Club sowie JCB unterscheiden. Bei Europay/MasterCard und Visa handelt es sich um Interbankvereinigungen, die als Lizenzgeber gemeinsam mit den lizenznehmenden Kreditinstituten auftreten [vgl. Wittenberg 1994, S. 351]. Die drei letztgenannten Kartenorganisationen agieren demgegenüber als eigenständige Kartenorganisationen, die direkt oder in Zusammenarbeit mit Franchisenehmern die Karten emittieren [vgl. Steinhaus 1995, S. 86].
Von besonderem Interesse ist der Kooperationsverbund zwischen Europay[1] und MasterCard. Im Rahmen der Kooperation haben sich die Kooperationspartner zur gegenseitigen Öffnung ihrer GAA-Netze geeinigt. Darüber hinaus erhält Europay

[1] Europay International ist ein Zusammenschluß von Eurocard International und eurocheque International.

International durch den Zusammenschluß mit MasterCard Zugang zum weltweiten GAA-System CIRRUS. Dieses ist eine Tochtergesellschaft von MasterCard International, die insbesondere in den außereuropäischen Ländern ein Geldausgabeautomatennetzwerk mit ca. 100.000 Automaten in über 35 Ländern betreibt. Durch einen erweiterten Kooperationsvertrag können seit 1994 CIRRUS-Karteninhaber an deutschen Geldausgabeautomaten verfügen. In Europa besteht außerdem eine Kooperationsvereinbarung mit der britischen Access [vgl. Steinhaus 1995, S. 87].
Neben diesen kreditkartenspezifischen Verbundnetzen sind in jüngster Zeit auch institutsbezogene Verbundnetze entstanden. Dazu zählen EUFISERV, das Verbundnetz der Sparkassen, sowie PostNet, das Verbundnetz der europäischen Postbanken. Im folgenden soll EUFISERV als das europaweit größte institutsspezifische GAA-Netz vorgestellt werden.

5.6.6 Praxisbeispiel: EUFISERV als Beispiel für einen grenzübergreifenden Verbund

Die europäischen Sparkassen gründeten im Jahre 1990 EUFISERV (European Savings Banks Financial Services Company) als Gemeinschaftsunternehmen von mehreren Sparkassenverbänden und Sparkassen aus zwölf europäischen Ländern. Ziel des Unternehmens ist, mittels einer aktiven Kooperationspolitik die europäische Sparkassenorganisation zu stärken, indem bereits bestehende Infrastrukturressourcen zusammengelegt werden und die Entwicklung neuer Finanzdienstleistungen unter dem europäischen Integrationsaspekt zum Teil bei EUFISERV erfolgt [Müller 1992, S. 8]. EUFISERV hat zu diesem Zweck mit der Dvg Hannover einen langfristigen Vertrag zur Nutzung des Netzwerkes abgeschlossen. Damit ist es möglich, den Sparkassenkunden ein international zugängliches 24 h online GAA-Netz zur Verfügung zu stellen. Außer Deutschland sind folgende Länder dem GAA-Kooperationsverbund angeschlossen: Österreich, Belgien, Spanien, Frankreich, Italien, Niederlande, Norwegen, Portugal, Finnland, Schweden und ab Ende 1996 auch Luxemburg [Dvg 1996]. Seit Januar 1996 ist auch Tschechien Mitglied bei EUFISERV, wickelt jedoch im Gegensatz zu den übrigen Mitgliedern noch keine Transaktionen ab. Obgleich zu Beginn des Kooperationsverbundes projektiert wurde, daß bis im Frühjahr 1992 sämtliche 12 Gründungsländer an den GAA-Verbund angeschlossen sind [Müller 1992, S. 8], zögert sich die Realisierung voraussichtlich bis Ende 1996 hinaus. Insbesondere die ungleichen technischen Voraussetzungen zum Anschluß an das EUFISERV-Netzwerk und die unterschiedlichen Prioritäten der Mitgliedsländer sind hierfür die Ursache. In den Niederlanden führte ein starker Fusionierungszwang im Zeitraum von 1991 bis 1996 zu einer Reduktion der Institute von über 100 Instituten auf 3 Institute. In Frankreich sind im gleichen Zeitraum die Institute von 300 auf 30 Institute geschrumpft. Die Schwerpunkte der Harmonisierung der technischen Infrastruktur lagen daher in beiden Ländern vor allem im nationalen Bereich.[1]

[1] Lt. einem Experteninterview mit Herrn Krüger, DSGV, am 3.05.1996.

Die Partner des Kooperationsverbundes profitieren in unterschiedlichem Maße an den Synergien des GAA-Verbundes. So beträgt der Anteil der Zahlungen deutscher Karteninhaber an den insgesamt von EUFISERV abgewickelten Transaktionen 72%. Demgegenüber werden in Deutschland nur 5% der Gesamttransaktionen getätigt [Dvg 1996]. In Spanien werden 35% der gesamten Kartentransaktionen durchgeführt, wohingegen nur 5% der gesamten Transaktionen durch spanische Karteninhaber verursacht werden.
Die Ausgestaltung des Kooperationsvertrages trägt dieser Ungleichverteilung der Transaktionen zum Teil Rechnung. So ist der DSGV zwar nur mit 27% an EUFISERV beteiligt, trägt jedoch mit 40% einen überproportionalen Anteil an den Grundkosten, die von jedem Mitglied im Sinne eines Grundbetrages zur Deckung der anfallenden Fixkosten für Personal und Mietkosten zu leisten sind.[1] Darüber hinaus ist ein transaktionskostenbezogener Kostenanteil zu leisten.

Im Rahmen eines bilateralen Kooperationsabkommens mit Visa im September 1992 hat EUFISERV sein GAA-Verbundnetz Visa- und Pluskarteninhabern zugänglich gemacht und im Gegenzug den eigenen Kunden die Nutzung der Visa/Plus-GAA ermöglicht. Der Nutzen dieser Kooperation liegt in einer höheren Auslastung des eigenen GAA-Verbundnetzes sowie in einer Erweiterung des GAA-Netzes, das zu einer Akzeptanzerhöhung der emittierten Karten führt [EUFISERV 1993].
Für die Zukunft ist angedacht, Japan als bilateralen Partner in den Kooperationsverbund aufzunehmen. EUFISERV erhofft sich dadurch eine bessere Auslastung des GAA-Netzes, da sich japanische Karteninhaber durch eine hohe europäische Reisetätigkeit auszeichnen.[2]

5.6.7 Wettbewerbswirkungen der Verbundsysteme

Verhalten sich mehrere Anbieter von Geldausgabeautomatensystemen kooperativ, so kann dies wettbewerbsbeschränkende Wirkung haben.
In der Bundesrepublik Deutschland unterliegen kooperative Handlungen im Kreditgewerbe neben der Fachaufsicht durch das Bundesaufsichtsamt für das Kreditwesen auch dem Gesetz gegen Wettbewerbsbeschränkungen. Das Kernstück des Gesetzes (§§1 bis 37) bilden die materiellen Vorschriften zur Sicherung des Wettbewerbs. Kennzeichnend für eine Beschränkung des Wettbewerbs ist lt. §1 GWB demnach, daß sich entweder mehrere Unternehmen bei ihren Entscheidungen auf einem bestimmten Markt nicht mehr selbständig, sondern solidarisch verhalten, oder ein oder mehrere Unternehmen kraft ihrer Marktmacht in der Lage sind, ohne Rücksicht auf Wettbewerber zu handeln [o.V. 1986a, S. 25]. Für Kreditinstitute und Versicherungen gilt §1 jedoch nur eingeschränkt. Verträge zwischen Banken sowie Beschlüsse und Empfehlungen der Verbände, die den Wettbewerb sichtlich beschränken, sind lt. §102 GWB nicht a priori unwirksam, sondern können durch das Bundesaufsichtsamt für das Kreditwesen oder das Kartellamt lega-

[1] Lt. einem Experteninterview mit Herrn Krüger, DSGV, am 14.05.1996.
[2] Lt. einem Experteninterview mit Herrn Krüger, DSGV, am 14.05.1996.

lisiert werden. Begründet wird die Einrichtung des Verfahrens zur fallbezogenen Freistellung der Kreditwirtschaft vom Kartellverbot damit, daß ein schädigender Konkurrenzkampf zwischen den Banken auch der übrigen Wirtschaft den Boden entzieht, wenn es zu volkswirtschaftlich ineffizienten Kettenreaktionen kommt. Diese Auslegung bedeutet zwar nicht, daß die Banken der Mißbrauchsaufsicht völlig enthoben sind, gewährt ihnen jedoch Freiraum für Kooperationen und gegenseitige Vereinbarungen für Bereiche, die nur bei Zusammenarbeit volkswirtschaftlich effizient funktionieren. Zu nennen sind in diesem Zusammenhang die Kooperationen im Bereich des Zahlungsverkehrs, insbesondere die Geldausgabeautomatenverbundsysteme und die electronic-cash-Verbundsysteme, die - wie beschrieben - Eigenschaften eines natürlichen Monopols aufweisen.
Handelt es sich um Verbundsysteme, die einen europaweiten Zugang ermöglichen, so sind darüber hinaus die Vereinbarungen des EG-Vertrages relevant. Demnach sind Vereinbarungen zwischen Unternehmen, die eine Einschränkung des Wettbewerbs bewirken, insbesondere Preisabsprachen, gemäß Artikel 85 EG-Vertrag verboten. Aus diesen Gründen haben beispielsweise die automatenbetreibenden Institute des ec-Geldausgabeautomatensystems vertraglich keine festen Entgelthöhen festgelegt, sondern nur maximale Entgelthöhen. In bilateralen Vereinbarungen zwischen den Verbänden bzw. innerhalb des Verbandes für die angeschlossenen Mitgliedsbanken können niedrigere Sätze vereinbart werden [vgl. Steinhaus 1995, S. 112].
Des weiteren folgt aus Art. 85 EG-Vertrag, daß bei einem Verbundsystem objektive Kriterien gelten müssen, die a priori keinen Marktteilnehmer vom Zutritt der Kooperation ausschließen. Insbesondere müssen die Zutrittsbedingungen für alle Teilnehmer weitgehend gleich sein. So muß beispielsweise im Rahmen des ec-Geldausgabeautomatensystems allen Karteninhabern das GAA-Netz ohne Differenzierung nach Institut und zeitlicher Nutzungsmöglichkeit zur Verfügung gestellt werden [vgl. o.V. 1995q, S. 4].

5.7 Schlußfolgerungen

Mit veränderten Kundenpräferenzen gewinnt das Automatenbanking an dezentralen, bankfremden Standorten an Bedeutung. Banken versuchen daher verstärkt, sich diese Standorte über Kooperationen zu erschließen. Im Zuge dieser Entwicklung ist eine Abkehr von losen Kooperationsformen im Automatenbanking hin zu Kooperationen mit einem höheren Verflechtungsgrad zu beobachten. Dabei zeigt sich, daß das Automatensharing zunehmend neben reinen Standortkooperationen Gewicht erlangt. So kooperieren klassische Filialbanken zur Erreichung einer höheren Kundennähe langfristig mit Tankstellen und Kaufhäusern. Die Kooperationen gewinnen damit branchenübergreifende Wirkung. Der Erfolg des Automatensharing wird dabei wesentlich durch die richtige Partnerwahl und die Übereinstimmung der SB-bezogenen Faktoren der jeweiligen Angebote der Kooperationspartner bestimmt.
Bei Geldausgabeautomaten werden sich im Zuge der Entstehung von Direktbanken verstärkt bilaterale Nutzungvereinbarungen zwischen Direktbanken und ein-

zelnen Institutsgruppen oder Kreditkartenorganisationen entwickeln. Auch innerhalb einzelner Institutsgruppen, insbesondere im Bereich der Volks- und Raiffeisenbanken sowie der Sparkassen, werden zukünftig verstärkt institutsspezifische Kooperationen zur gegenseitigen Nutzung der Automateninfrastruktur entstehen. In diesem Sinne soll über horizontale Kooperationen eine Stärkung der eigenen Institutsgruppe erreicht werden.

6 Kooperationen im Betrachtungsteilfeld Elektronischer Markt

6.1 Überblick

Für den Elektronischen Markt wird für die nächsten fünf bis zehn Jahre ein hohes Marktpotential prognostiziert. Aufgrund der hohen Prognoseunsicherheit, die Schätzungen über einen völlig neu entstehenden Markt beinhalten, und den unterschiedlichen Erhebungsmethoden schwanken die von den verschiedenen Marktforschungsinstituten veröffentlichten Markt- und Wachstumsdaten sehr stark. Gleichzeitig differieren die Begriffsauslegungen für den Elektronischen Markt erheblich.
So prognostizieren Killen and Associates, daß im Jahr 2000 600 Mrd. Dollar für Waren und Dienstleistungen im Internet ausgegeben werden [Lunt 1995, S. 46]. Die Media Gruppe München rechnet demgegenüber mit einem deutlich geringeren Umsatzvolumen. Sie kalkuliert für das Jahr 2000 mit einem weltweiten Marktvolumen von 8,7 Mrd. Dollar [o.V. 1996b, S. 9]. Doch trotz dieser Schwankungsbreiten und bereits erster dämpfender Prognosen[1] sind das Internet und die Online-Dienste als Wachstumsmärkte der Zukunft zu betrachten.
Das Leistungsangebot im Elektronischen Markt ist vielfältig. Es umfaßt u.a. Informationsangebote, Produkt- und Dienstleistungsangebote, Transaktionsangebote sowie Entertainmentangebote [vgl. Gaida 1995, S. 146]. Insgesamt werden diese Leistungen im Elektronischen Markt als Telemarktleistungen bezeichnet.
Auch Bankmarktleistungen werden im Elektronischen Markt angeboten. Banken integrieren den Elektronischen Markt immer mehr in ihr Vertriebswegekonzept. Für den Vertrieb von Bankmarktleistungen über den Elektronischen Markt eignen sich je nach Kommunikationsbedarf des Kunden nur bestimmte Produkte. Tendenziell zeichnen sich solche Produkte durch ein hohes Maß an Standardisierbarkeit und ein geringes Maß an Erklärungsbedürftigkeit aus. Der Elektronische Markt ist daher aus Sicht der Banken als zusätzlicher Vertriebsweg neben den bereits bestehenden klassischen und elektronischen Vertriebswegen einzustufen.
Gegenwärtiger Engpaß, der die Etablierung eines umfassenden Elektronischen Marktplatzes bremst, sind die noch fehlenden Sicherheitsmechanismen für Zahlungssysteme im Elektronischen Markt. Da jedoch die Realisierung eines umfassenden Elektronischen Marktplatzes die Möglichkeit sicherer Zahlungstransaktionen zwingend voraussetzt [Stockmann 1996, S. 5], wird immer mehr der Bedarf nach einheitlichen Sicherheitsstandards deutlich. Im Zuge dieser Entwicklung

---

[1] Die International Data Corporation (IDC) prognostiziert einen Umschwung der Aktivitäten des Internet und World Wide Web „von einer Hochstimmung zu einer Katerstimmung". IDC geht davon aus, daß 20% der 500 kapitalkräftigsten Unternehmen, die kommerzielle Web-Seiten anbieten, diese schließen oder nicht mehr aufrechterhalten werden [o.V. 1996c, S. 5].

haben sich bereits erste horizontale Kooperationen zwischen Kreditkartenorganisationen gebildet. Diese werden in Abschnitt 6.5 ausführlich diskutiert.
Daneben zeichnen sich gegenwärtig drei Felder ab, in denen Kooperationsstrategien von Banken von wesentlicher Bedeutung sind. Dies sind

- Kooperationen mit Informationsdienstleistern,
- Kooperationen mit Online-Dienste-Anbietern sowie
- Kooperationen mit Internet Service Providern.

Dabei zeigt sich, daß Marketingaspekte wesentlichen Einfluß auf die Bildung dieser Kooperationen haben. Darüber hinaus sind Kooperationen bei der Entwicklung und Umsetzung einer Präsenz im Elektronischen Markt gerade für kleine Banken von zentraler Bedeutung. Deshalb sind Kooperationen einzelner Institutsgruppen ebenfalls Gegenstand der Betrachtung.

6.2 Wichtige Online-Dienste

6.2.1 Kommerzielle Online-Dienste

Über Online-Dienste erhält der Kunde Zugang zum Elektronischen Markt. Online-Dienste-Anbieter stellen dem Kunden einen Dienstzugang, Mehrwertdienste sowie weitere Serviceleistungen zur Verfügung. Online-Dienste lassen sich auf der Anwendungsebene bezüglich ihrer regionalen Ausrichtung, der Inhalte und Themenbereiche sowie der Anzahl der Anbieter unterscheiden. Des weiteren lassen sich kommerzielle Online-Dienste gegenüber nichtkommerziellen Online-Diensten abgrenzen. Bei kommerziellen Online-Diensten muß der Kunde zusätzlich zu den Telefongebühren eine Gebühr an den Online-Dienste-Anbieter entrichten, die sich i.d.R. aus einer Grundgebühr und einer nutzungsabhängigen Gebühr zusammensetzt. Bei nichtkommerziellen Systemen sind lediglich die Telefongebühren zu tragen.
Im folgenden werden die wichtigsten kommerziellen Online-Dienste in Deutschland, T-Online, America Online, CompuServe und Microsoft Network kurz vorgestellt. Anhand der Produktangebote zeigt sich, daß die verschiedenen Online-Dienste unterschiedliche Zielgruppen bedienen.
Neben diesen nationalen und internationalen Anbietern von Online-Diensten gibt es auch eine Vielzahl von regionalen Anbietern, die sich durch regionale Produkte und Dienstleistungen auszeichnen. Zu nennen sind hier beispielsweise Donau Online oder Mannheim *Internet*ional. Technisch basieren diese Online-Dienste auf dem Internet/WWW. Sie finanzieren sich i.d.R. durch Gebühren der Anbieter und sind daher für den Nutzer kostenfrei [vgl. Bartmann/Stockmann 1996, S. 113].

Mehrwertsystem	Gesellschafter	Teilnehmer in Deutschland	Zielgruppe	Angebot
T-Online	T-Online GmbH	1.128.418 (Stand 6/96)	Zunächst berufliche Nutzer; immer mehr auch private Nutzer.	2.500 Anbieter, Verlagsangebote, Homebanking, Börsen-Reise-Telefonauskunft.
America Online	Bertelsmann, America Online International, (zukünftig evtl. Springer und Dt. Telekom AG)	ca. 120.000 (Stand 7/96)	Massenmarkt der Privatnutzer.	Nachrichten, Verlagsangebote, Chat-Foren, Reisen, Finanzen, Entertainment.
CompuServe	H&R Blockgruppe	ca. 270.000 (Stand 6/96)	Berufliche und private Nutzer, PC-Freaks.	Software, Verlagsangebote, Diskussionsforen, Börsen- und Reiseauskunft.
Microsoft Network	Microsoft	ca. 1 Mio. weltweit (Stand 6/96)	Mittelständische Unternehmen, Windows-Benutzer.	Verlagsangebote, Medienangebote, Software, Reiseauskunft.

Abb. 6-1: Kommerzielle Online-Dienste im Vergleich

Für viele Online-Dienste stellen Bankmarktleistungen eine wesentliche Schlüsselapplikation dar. Anhand der Entwicklung von T-Online, ehemals BTX, läßt sich dies deutlich nachvollziehen. 1995 wurden 1,4 Millionen Konten über T-Online geführt, im Juni 1996 sind es bereits über 1,8 Millionen Konten. Daher ist es nicht verwunderlich, daß America Online und CompuServe versuchen, Banken als Anbieter für ihren Online-Dienst zu gewinnen. So bietet die Direkt Anlage Bank als erste Bank ihre gesamten Bankmarktleistungen über America Online an [o.V. 1996e, S. 22].
Für die Zukunft ist zu erwarten, das viele der kommerziellen Online-Dienste im Internet aufgehen werden.

6.2.2 Das Internet/WWW

Neben den kommerziellen Online-Diensten nimmt das Internet als nichtkommerzielles Mehrwertsystem eine bedeutende Rolle ein. Das Internet besteht aus einer Vielzahl von Teilnetzen, die über Gateways miteinander verknüpft sind [vgl. Herbert 1995, S. 66]. Ursprünglich zu militärischen Zwecken entwickelt und damit nur einem beschränkten Nutzerkreis zugänglich, wurde es in den siebziger Jahren der Allgemeinheit geöffnet und besonders in den Universitäten für Kommunikation (Email) und Datenaustausch (FTP, etc.) eingeführt. Seit Mitte der neunziger Jahre wird das Internet verstärkt kommerziell genutzt, wodurch sich das Nutzerprofil auf Firmen und Privatpersonen erweitert hat. Das Internet wächst bezüglich Anbieter, Nutzer und Transaktionen stark an. Mittlerweile zählt es über 40 Millionen Nutzer weltweit [vgl. Tierling/Lackerbauer 1996, S. 46]. Die Entwicklung des Internet wird von der Seite des Staates und von Telekommunikationsunternehmen stark gefördert. So will die Bayerische Staatsregierung jedem Mitbürger einen kostenlosen Zugang zum Internet anbieten [vgl. o.V. 1996f,

S. 27]. Die France Télécom bietet bereits flächendeckend die Einwahl ins Internet zum Ortstarif an [vgl. o.V. 1996δ, S. 8]. Viele Banken betrachten das Internet als Vertriebsweg der Zukunft. Mittlerweile sind schon über 160 deutsche Banken, zumeist mit Informationsangeboten, im Internet zu finden.[1]
Als technische Basis für Internet-Bankmarktleistungen bietet sich der 1989 entwickelte Mehrwertdienst World Wide Web (WWW) an. Das WWW ist ein auf Hypertext basierendes Informationssystem. Es besteht im wesentlichen aus drei Komponenten. Mit dem WWW-Browser können die Benutzer auf die WWW-Informationen zugreifen, auf dem WWW-Server werden die Informationen gespeichert und verwaltet und mittels der HTML-Sprache (Hypertext Markup Language) werden die Dokumente erstellt.

6.3 Kooperationen im Elektronischen Markt

6.3.1 Spezifische Eigenschaften fördern die Kooperationen im Elektronischen Markt

Elektronische Märkte weisen gegenüber konventionellen Märkten spezifische Eigenschaften auf. Im besonderen sind dies:

- Gegenüber klassischen Vertriebswegen, wie Filiale oder Außendienst, ist der Elektronische Markt weitgehend entpersonalisiert. Anbahnung, Durchführung und Abwicklung von Kundenkontakten können ohne persönlichen Kontakt erfolgen. Die Differenzierungsmöglichkeiten einer Bank gegenüber ihren Mitbewerbern werden dadurch reduziert.
- Bedingt durch die elektronische Abwicklung sind die Transaktionskosten, die im wesentlichen bestimmt werden durch die Informations- und Kommunikationskosten, geringer. Diese Eigenschaft fördert die Transparenz Elektronischer Märkte. Für die Zukunft ist mit der Entstehung Elektronischer Agenten zu rechnen, die diesen Effekt noch verstärken. Elektronische Agenten ermöglichen die Suche nach bestimmten Angeboten im Elektronischen Markt. Bspw. kann sich der Kunde dann sämtliche Festgeldkonditionen aller Banken auf einer Webseite auflisten lassen. Damit geht eine Intensivierung des Wettbewerbs im Elektronischen Markt einher.
- Zur Durchführung von Transaktionen sind neue Formen der Leistungsbeschreibung erforderlich. Vertragsrechtliche Komponenten von Geschäftskontakten müssen elektronisch abgebildet werden.
- Auf Elektronischen Märkten wird tendenziell global agiert. Über die technische Möglichkeit, weltweit Computernetze über Gateways miteinander vernetzen zu können, können Elektronische Märkte weltweit Anbieter und Nachfrager zusammenführen [vgl. Kuhlen 1995, S. 78]. Elektronische Märkte führen somit zu einer Markterweiterung.
- Unternehmen in Elektronischen Märkten sind sowohl bezüglich der Märkte,

---

[1] Das Institut für Bankinformatik stellt ein aktuelles Verzeichnis der Banken im Internet unter http://www.ibi.de zur Verfügung.

als auch teilweise bezüglich ihrer Organisationsform offene Systeme, die sich auf offene technische Systeme abstützen. Diese offenen technischen Systeme ermöglichen neue Formen der Koordination, insbesondere der Kooperation.
- Die Zutrittsbarrieren für Elektronische Märkte sind im Vergleich zu konventionellen Märkten geringer.
- Die Zugangsmöglichkeiten sind für alle Teilnehmer weitgehend gleich, unabhängig von Unternehmensgröße und Unternehmensstandort.

Aufgrund dieser spezifischen Eigenschaften bietet der Elektronische Markt insbesondere Chancen für Unternehmen mit dezentralen Standorten, mit einer kleinen Größe und für Unternehmen mit einer geringen Kapitalausstattung.

6.3.2 Von der hierarchischen Koordination zur Kooperation

Wie bereits in Abschnitt 2.6 dargestellt, lassen sich die Koordinationsformen Markt, Formen von unternehmensübergreifenden Netzwerken und Hierarchien unterscheiden. Die spezifischen Eigenschaften Elektronischer Märkte implizieren, daß die Realisation von marktlichen und kooperativen Formen der Leistungserstellung und Leistungskoordination neben der Erstellung in Unternehmenshierarchien erleichtert wird. Der technische Wandel induziert in diesem Sinne einen organisatorischen Wandel [Picot/Reichwald/Wigand 1996, S. 57].
Hierarchien sind tendenziell immer dann geeignet, wenn die Leistungserbringung eine hohe strategische Bedeutung und/oder einen hohen Spezifitätsgrad aufweist. Je niedriger die strategische Bedeutung und je niedriger der Spezifitätsgrad, desto geeigneter sind Formen der Kooperation bzw. der marktlichen Koordination. Denn mit steigendem Spezifitätsgrad erhöhen sich die Transaktionskosten [Picot/Reichwald 1994, S. 563]. Für niedrig spezifische Leistungen eignen sich somit marktliche Koordinationsmechanismen (O bis S1), für mittelspezifische Leistungen (S1 bis S2) kooperative Koordinationsmechanismen und für hoch spezifische Leistungen ist eher eine Koordination über Hierarchien effizient (ab S2). Abb. 6-2 bildet diesen Zusammenhang ab.
Durch den Einsatz von Elektronischen Märkten und anderen Formen der Informations- und Kommunikationstechnologie lassen sich die variablen und die fixen Transaktionskosten senken. Dieser Prozeß ist vielerorts zu beobachten: Physische Transaktionskosten, wie sie in konventionellen Märkten vorhanden sind, werden reduziert, Suchprozesse nach dem richtigen Angebot werden erleichtert, der Dokumenten- und Datenaustausch wird erleichtert und Vertragsabschlüsse können über größere Distanzen flexibel (d.h. weitgehend zeitpunktunabhängig) erfolgen.

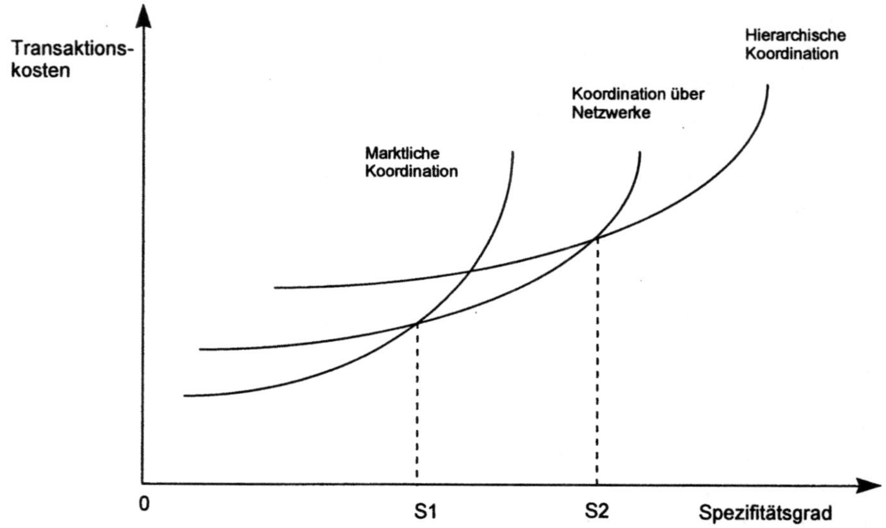

Abb. 6-2: Zusammenhang zwischen Transaktionskosten, Spezifitätsgrad und Koordinationsform [in Anlehnung an Picot 1994, S. 562ff.]

Geht man davon aus, daß der Einsatz Elektronischer Märkte die Transaktionskosten senkt, dann verschiebt sich der break-even Punkt des Übergangs von einer Koordinationsform auf eine andere nach rechts (S1 nach S1', S2 nach S2') [Picot/Reichwald/Wigand 1996, S. 57].

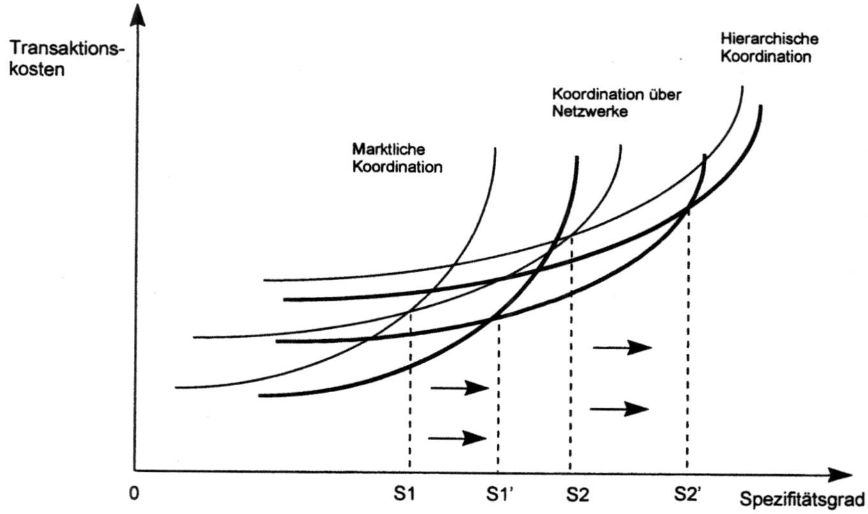

Abb. 6-3: Zusammenhang zwischen Transaktionskosten, Spezifitätsgrad und Koordinationsform im Elektronischen Markt [in Anlehnung an Picot 1994, S. 562ff.]

Dies heißt nichts anderes, als daß sich erst bei einem höheren Spezifitätsgrad als bei konventionellen Märkten der Wechsel von der marktlichen Koordination zur Kooperation, und von der Kooperation zur hierarchischen Koordination lohnt. Mit anderen Worten: Bei gegebenen Transaktionskosten können kooperative und marktliche Koordinationsformen mehr Spezifität verarbeiten. Elektronische Märkte fördern somit die Kooperations- und Marktorientierung von Unternehmen. Abb. 6-3 zeigt dies anschaulich.

6.3.3 Entstehung kooperativer Unternehmens- und Marktformen im Elektronischen Markt

Virtuelle Unternehmen

Wie im vorangegangenen Kapitel gezeigt, fördert der Elektronische Markt die Entstehung kooperativer Unternehmensformen. Virtuelle Unternehmen sind eine solche Unternehmensform. Es ist daher davon auszugehen, daß zukünftig verstärkt virtuelle Unternehmen neben elektronischen Unternehmen im Elektronischen Markt vorzufinden sind.

Bei virtuellen Unternehmen tritt ein Verbund unterschiedlicher Mitarbeiter oder Unternehmen als eigenständiges Unternehmen auf, ohne daß eine unternehmensübergreifende Verflechtung erforderlich wird. Die Zusammenarbeit der Mitarbeiter, die unternehmensübergreifend zusammengestellt werden, ist dabei i.d.R. zeitlich befristet. Die Arbeitsweise hat Projektcharakter.

Virtuelle Unternehmen werden mit Hilfe von Informations- und Kommunikationstechnologien realisiert. Der Elektronische Markt stellt dabei eine mehrerer möglicher Plattformen dar, auf der sich virtuelle Unternehmen etablieren können. Virtuelle Unternehmen können sich aber auch real formieren. Diese Ausprägungsform wird jedoch hier nicht betrachtet. Gemäß dem Gegenstand vorliegender Untersuchung, der elektronischen Bank-Kunde-Schnittstelle, konzentrieren sich folgende Ausführungen auf virtuelle Unternehmen im Elektronischen Markt.

In der Literatur bestehen unterschiedliche Auffassungen über die rechtliche Stellung von virtuellen Unternehmen. So setzt [Hofmann/Kläger/Michelsen 1995, S. 24] die eigene Rechtspersönlichkeit als bedingendes Kriterium virtueller Unternehmen voraus. [Bullinger/Brettreich-Teichmann/Fröschle 1995, S. 18] gehen demgegenüber davon aus, daß virtuelle Unternehmen temporäre horizontale und/oder vertikale standortübergreifende Kooperationen von selbständigen Unternehmen mit unterschiedlichen Autonomiegraden sind. Folgende Ausführungen legen die Definition von [Bullinger/Brettreich-Teichmann/Fröschle 1995, S. 18] zugrunde, wobei in Abänderung dazu das virtuelle Unternehmen auch über eine eigene rechtliche Selbständigkeit verfügen kann. Somit werden sowohl diejenigen virtuellen Unternehmen, die zwar rechtlich verflochten sind, jedoch über keine eigenen Mitarbeiter und Räumlichkeiten verfügen, als auch diejenigen Unternehmen, die nicht rechtlich verflochten sind, als virtuelle Unternehmen erfaßt.

Neben virtuellen Unternehmen sind im Elektronischen Markt auch hierarchische Unternehmensformen, sogenannte elektronische Unternehmen, vorzufinden. Elektronische Unternehmen sind dabei als real existierende Unternehmen zu ver-

stehen, die eine eigene Rechtspersönlichkeit, eigene Mitarbeiter und eigene Räumlichkeiten haben. Sie sind als „elektronisch" in dem Sinne zu verstehen, als daß sie ihre Angebote im Elektronischen Markt einstellen.
Gegenüber elektronischen Unternehmen weisen virtuelle Unternehmen eine Vielzahl von differierenden Eigenschaften auf.

- Leistungen bei virtuellen Unternehmen können von denjenigen Partnerunternehmen erstellt werden, die in dem jeweiligen Bereich der Wertschöpfungskette Kernkompetenz und ein hohes Maß an Effizienz aufweisen. [Bullinger/Brettreich-Teichmann/Fröschle 1995, S. 19]. Mitglieder virtueller Unternehmen besitzen daher oft komplementäre Eigenschaften [Kirn 1995, S. 25].
- Es ist daher davon auszugehen, daß von virtuellen Unternehmen produzierte Leistungen ein höheres Maß an Fachkompetenz aufweisen und i.d.R. schneller und flexibler erstellt werden können.
- Gewachsene Unternehmensbeziehungen werden an Gewicht verlieren. Der einzelne Mitarbeiter und seine Qualifikation wird wichtiger. Die Bedeutung von zeitlich befristeten Projekten wird ansteigen.
- Virtuelle Unternehmen im Elektronischen Markt werden zunehmend branchenübergreifend tätig.
- Die Fluktuation von Marktteilnehmern wird sich erhöhen. Darüber hinaus wird die Lebensdauer von virtuellen Unternehmen aufgrund der projektbezogenen Arbeitsweise häufig zeitlich befristet und i.d.R. kürzer als die konventioneller und elektronischer Unternehmen sein.
- Kleine Unternehmen haben die Chance, durch Kooperationen mit anderen Dienstleistern etwa im Bereich Marketing und Vertrieb ihre Kompetenz und ihre Produktpalette zu erweitern.

Ein Reihe von Vorteilen, die sich für virtuelle Unternehmen im Elektronischen Markt gegenüber konventionellen Unternehmen ergeben, haben auch für elektronische Unternehmen Gültigkeit. Im einzelnen sind dies folgende Aspekte:

- Der Stellenwert der Unternehmensgröße wird sinken. Kleine und mittlere Unternehmen können gegenüber dem Kunden wie eine große Organisationseinheit auftreten und damit in angestammte Märkte von Großunternehmen eintreten. In der Bankbranche bietet diese Entwicklung insbesondere für Volks- und Raiffeisenbanken sowie für Sparkassen Chancen.
- Lage- und Standortfaktoren von Unternehmen verlieren an Bedeutung.
- Die Kosten virtueller und elektronischer Unternehmen sind im Vergleich zu konventionellen Unternehmen, die ein Filialnetz oder einen Außendienst unterhalten müssen, geringer. Präsentiert sich beispielsweise eine Bank ausschließlich elektronisch im World Wide Web (WWW), so kostet die WWW-Präsenz einmalig rund 150.000 DM bis 250.000 DM. Für den laufenden Betrieb kommen monatlich etwa 10.000 DM bis 20.000 DM hinzu [Bartmann/Wörner 1996, S. B2]. Die Security First Network Bank gibt an, daß die Kosten für den Betrieb ihrer elektronischen Bank etwa bei einem Drittel der Kosten einer konventionellen Bank liegen [vgl. George 1995, S. 16].

Virtuelle Marktplätze

Ein virtueller Marktplatz im Elektronischen Markt besteht aus virtuellen und elektronischen Unternehmen. Anfang 1995 existieren im WWW ca. 200 „virtuelle Kataloge" und mindestens genausoviele virtuelle Marktplätze (häufig als Malls bezeichnet) [O'Keefe 1995, S. 36]. Virtuelle Marktplätze erscheinen dem Kunden als ein Kooperationsverbund von Anbietern von Produkten, Dienstleistungen oder Informationen, die sich auf einem gemeinsamen Marktplatz präsentieren. Dieser gemeinsame Marktplatz wird über technische Links realisiert, ohne daß sich dahinter eine reale physische Struktur verbirgt [vgl. Hofmann/Kläger/Michelsen 1995, S. 24]. Vergleichbar realen Shopping Centern übernimmt ein Marktbetreiber die Koordination und das Management der virtuellen Marktplätze. Neben der Vermarktung des virtuellen Marktplatzes über diverse Medien gehört zu den Leistungen des Marktbetreibers häufig auch die Pflege des Web-Servers der einzelnen Anbieter, gemeinsame Werbestrategien und die gemeinsame Zahlungsabwicklung [vgl. O'Keefe 1995, S. 37]. Der Marktbetreiber erhält für die Dienstleistung von den Anbietern eine Gebühr, wobei unterschiedliche Gebührenstrukturen denkbar sind. So berechnet das Internet Plaza für einen „Virtual Outlet" (Link auf die Web-Seite eines Anbieters) eine Gebühr von 250 US $ pro Jahr [vgl. Stockmann 1996, S. 26]. Möglich sind auch Gebührenkonzepte, die sich am Standort innerhalb des virtuellen Kaufhauses (z.B. erster oder zweiter Stock) oder an der Anzahl der Haupt- und Unterseiten (Anzahl der Informationsknoten)[1] des jeweiligen Anbieters orientieren. Ein solches Konzept wurde bei „De digitale Staad" Amsterdam, der weltweit größten imaginären Stadtmetropole,[2] realisiert. Neben einer Grundgebühr, die von der Menge der plazierten Werbung abhängig ist, werden gesonderte Gebühren in Abhängigkeit vom Standort innerhalb „De digitale Staad" berechnet [Schmidt 1996, S. 56].
Virtuelle Marktplätze bieten aufgrund ihrer im Vergleich zu realen Marktplätzen niedrigeren Transaktionskosten den Vorteil, daß sich Anbieter branchenspezifisch zusammenfinden können. In der realen Welt existieren nur wenige branchenspezifische Lösungen (z.B. Autosalons). Denkbar sind virtuelle Bankmarktplätze oder virtuelle Reisemarktplätze.

Elektronische Marktplätze

Elektronische Marktplätze bestehen aus virtuellen und elektronischen Unternehmen. Ebenso wie virtuelle Marktplätze erscheinen auch Elektronische Marktplätze dem Kunden gegenüber als ein Kooperationsverbund von Produkten, Dienstleistungen und Informationen. Im Gegensatz zu virtuellen Marktplätzen basieren Elektronische Marktplätze jedoch nicht auf einer über technische Links hergestellten Zusammenstellung von WWW-Seiten der einzelnen Anbieter. Vielmehr stellt jeder Anbieter sein Angebot direkt im Elektronischen Marktplatz ein. Dieser wird wie bei virtuellen Marktplätzen von einem Marktbetreiber koordiniert. Der Betreiber eines Elektronischen Marktplatzes berechnet für seine Dienstleistungen

[1] Denkbar sind weiterhin Gebührenkonzepte, die sich an der Anzahl der Anker und der Zeiger orientieren.

[2] Unter http://www.dds.nl im Internet erreichbar.

eine Gebühr.
Neben virtuellen und Elektronischen Marktplätzen existieren auch sogenannte hybride Marktplätze. Sie sind sowohl virtueller als auch Elektronischer Marktplatz. Die Barclay Bank in Großbritannien betreibt einen solchen hybriden Marktplatz, das Barclaysquare (http://www.itl.net/barclaysquare/). Im Barclaysquare sind Banken, Versicherungen, Autohäuser und Handelsunternehmen vertreten. Dabei ist beispielsweise die Barclay Bank im Sinne eines virtuellen Marktplatzteilnehmers über einen Link erreichbar. Die Webseite der Versicherung Sun Alliance ist hingegen eine Unterseite der Hauptseite von Barclaysquare und damit als elektronischer Marktplatzteilnehmer zu betrachten.

6.4 Kooperationsstrategien für Banken im Elektronischen Markt

6.4.1 Virtuelle Banken

Eine virtuelle Bank ist in Anlehnung an die Definition virtueller Unternehmen eine temporäre horizontale und/oder vertikale standortübergreifende Kooperation von Bankmitarbeitern oder Banken, deren Hauptarbeitsbasis informations- und kommunikationstechnische Verflechtungen darstellen. Virtuelle Banken weisen gegenüber konventionellen Banken eine Vielzahl von Vorteilen auf, die bereits im Abschnitt über virtuelle Unternehmen ausführlich beschrieben wurden. Folgende Abbildung zeigt, wie eine virtuelle Bank aussehen könnte.

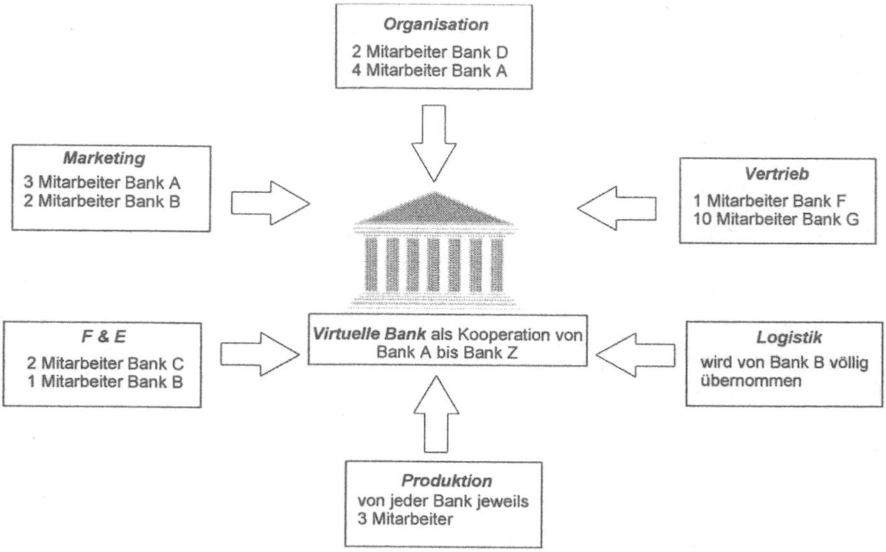

Abb. 6-4: Leistungserstellung in einer virtuellen Bank

Je nach Kompetenz und Kapazität können in einer virtuellen Bank die Teilbereiche des Leistungserstellungsprozesses durch unterschiedliche Partnerbanken oder einzelne Mitarbeiter dieser Partnerbanken wahrgenommen werden [vgl. hierzu auch Heinen 1991, S. 399]. Grundsätzlich muß eine virtuelle Bank nicht sämtliche Teilbereiche des Leistungserstellungsprozesses enthalten. Wie die Abbildung zeigt, kann beispielsweise die Marketingabteilung der virtuellen Bank aus Mitarbeitern der Partnerbanken A und B zusammengestellt werden, weitgehend unabhängig vom physikalischen Standort und der Unternehmensgröße der Partnerbanken. Die Logistik wird völlig von Bank B übernommen, die in diesem Bereich Kernkompetenzen aufweist.

Im Gegensatz zu virtuellen Marktplätzen, die ausschließlich über technische Links realisiert werden und daher nicht unbedingt Formen der rechtlichen Absprache benötigen, sind bei virtuellen Banken Vereinbarungen über die Unternehmensverflechtung, die Koordination, das Risiko, etc. erforderlich. Virtuelle Banken können in Anlehnung an die Definition virtueller Unternehmen sowohl rechtlich selbständig als auch rechtlich unselbständig sein. Die Vereinbarungen zwischen den beteiligten Institutionen an einer virtuellen Bank liegen bei loser Kooperationsform vor allem im Bereich von Vertriebsabsprachen und technischen Beratungsverträgen. Diese Kooperationsform ist insbesondere dann vorzufinden, wenn sich die Existenz der virtuellen Bank lediglich auf das Anbieten von Produkten der beteiligten Banken, ähnlich wie dies bei Finanzdienstleistungsunternehmen der Fall ist, beschränkt. Umfaßt die virtuelle Bank jedoch sämtliche Teilbereiche der Leistungserstellung (Marketing, Organisation, Vertrieb, Forschung & Entwicklung, Logistik, Produktion) dann sind stärkere Unternehmensverflechtungen notwendig. Hier bietet sich die Form des Joint Ventures an.
Die erste Bank, die ausschließlich Finanztransaktionen über das Internet abwikkelt, die Security First Network Bank, ist ein Joint Venture zwischen den Banken Huntington Bancshares, Area Bancshares Corporation, Cardinal Bancshares und Wachovia Corporation [vgl. o.V. 1995o]. Sie ist als virtuelle Bank realisiert. Sämtliche Produkte und Dienstleistungen werden elektronisch erstellt und zur Verfügung gestellt. Teilbereiche der Leistungserstellung werden von Mitarbeitern der Partnerbanken wahrgenommen. So ist der Vorstand der Security First Network Bank weiterhin in der Position als Vorstand für Cardinal tätig.
Die Kooperationsbanken differieren stark bezüglich ihrer Struktur. Dies unterstützt die These, daß in virtuellen Unternehmen der Stellenwert der Unternehmensgröße an Bedeutung verliert (vgl. Abschnitt über virtuelle Unternehmen). Folgende Tabelle zeigt deutlich, daß die Partnerbanken bezüglich ihrer Kapitalausstattung stark differieren.

Kooperationsbank	Bilanzvolumen (31.05.1995)
Wachovia Corporation	40,2 Milliarden US $
Huntington Bancshares	18 Milliarden US $
Area Bancshares Corporation	1,2 Milliarden US $
Cardinal Bancshares	0,607 Milliarden US $

Abb. 6-5: Kooperationspartner der Security First Network Bank

Hinsichtlich ihrer regionalen Ausrichtung weisen die Banken ebenfalls Unterschiede auf. So hat die Wachovia Corporation Zweigstellen in Georgia, North Carolina und South Carolina. Die Filialen der Huntington Bancshares sind hauptsächlich in Ohio, Florida, Illinois, Indiana, Kentucky, Michigan, Pennsylvania und West Virginia [vgl. o.V. 1995o]. Area Bancshares Corporation und Cardinal Bancshares sind demgegenüber Holdings, die verschiedene Bankgesellschaften beinhalten.
Wie anhand des Beispieles deutlich wird, erfolgt durch die Kooperation eine Ausweitung des jeweiligen Geschäftsgebietes über die regionalen Filialstandorte der einzelnen Partnerbanken hinaus. Die unterschiedliche regionale Präsenz der Institute könnte daher durchaus ein Anreiz für die Kooperation gewesen sein.
Gleichzeitig ergeben sich im Rahmen einer solchen Kooperation neue Wettbewerbschancen. Denn eine virtuelle Bank ermöglicht im Vergleich zu Filialbanken einen leichteren Ausbau in Richtung Universalbank. Über die verschiedenen Partnerbanken kann eine erweiterte Produktpalette angeboten werden. Diese Erweiterung der Produktbreite und der Produkttiefe ermöglicht ein höheres Maß an Produktdifferenzierung [vgl. Heinen 1991, S. 679]. Entsprechend der Heterogenität und der unterschiedlichen Präferenzen der Kunden kann mit der höheren Produktdifferenzierung eine feinere Segmentierung der Kundengruppen abgedeckt werden. Virtuelle Banken werden daher zukünftig verstärkt als Konkurrenz zu den Universalbanken zu betrachten sein.

6.4.2 Virtuelle Bankmarktplätze

Virtuelle Bankmarktplätze erscheinen dem Kunden gegenüber in Anlehnung an die Definition von virtuellen Marktplätzen als ein Kooperationsverbund von Anbietern von Bankmarktleistungen. Diese virtuellen Bankmarktplätze werden von Marktbetreibern koordiniert. Im Gegensatz zu Elektronischen Bankmarktplätzen setzen virtuelle Bankmarktplätze keinen aktiven Beitritt des Anbieters voraus. Trotzdem sind sie keine Märkte im klassischen Sinne, bei denen freier Markteintritt und -austritt möglich ist. Da die Plätze in einem virtuellen Bankmarktplatz beschränkt sind, existieren in der Regel auch vertragliche Vereinbarungen der Banken mit dem Marktbetreiber.

Anreize

Es bestehen diverse Anreize für Banken zur Präsentation in einem virtuellen Bankmarktplatz.

- Das Auffinden der einzelnen Banken in bekannten virtuellen Bankmarktplätzen ist einfacher als das Suchen nach isolierten Web-Seiten. „A page has more chance of being seen in an established mall than when just stuck in cyberspace unattached to anything“ [O'Keefe 1995, S. 37]. Insbesondere für kleine und unbekannte Banken erhöht sich damit voraussichtlich die Kontakthäufigkeit. Für neue Banken erleichtert sich der Markteintritt.
- Es können sich Synergieeffekte durch komplementäre Anbieter ergeben, die gemeinsam Produktbündel schnüren. So können beispielsweise im Rahmen

der Zusammenarbeit einer Bank mit einem Reiseveranstalter dem Kunden Reisezahlungsmittel zu günstigeren Konditionen offeriert werden.

- Die gemeinsame Werbung und Zahlungsabwicklung durch den Marktbetreiber ermöglicht Kostenersparnisse für die einzelne Bank.
- Im Zuge eines veränderten Kundenverhaltens gewinnen Problemlösungen immer mehr an Bedeutung. Ein virtueller Bankmarktplatz kann diesen Anforderungen entsprechen, indem er eine Vielzahl unterschiedlicher Finanzdienstleister beinhaltet und damit die gesamte Bankmarktleistungsproduktpalette abdecken kann.

Ein Beispiel für einen virtuellen Bankmarktplatz ist CyberFinance (http://www.cyber-finance.com). CyberFinance beinhaltet u.a. Informationen über Aktien- und Devisenkurse, Investmentzertifikate, Wirtschaftsinformationen und Veranstaltungen.

Sämtliche Informationen, die in dem virtuellen Bankmarktplatz zu finden sind, werden über Links auf Webseiten anderer Anbieter (hier: Brokerhäuser, Informationsdienstleister, Banken, Universitäten) zur Verfügung gestellt.

Erfolgsfaktoren

Der Erfolg eines virtuellen Bankmarktplatzes ist von mehreren Faktoren abhängig. In Analogie zu realen Shopping Centern lassen sich folgende wichtige Erfolgsgrößen nennen:

- Bei Shopping Centern ist der Standort und damit die Erreichbarkeit das wichtigste Erfolgskriterium [o.V. 1990a, S. 405ff.]. Übertragen auf virtuelle Bankmarktplätze bedeutet dies, daß die Einfachheit der Web-Adresse und die Präsenz in bekannten Suchmaschinen (z.B. in Yahoo (150.000 Adressen in 1995) oder Lycos (13 Millionen Adressen in 1995)) erfolgsentscheidend sind.
- Der Branchen- und Mietermix ist ein weiteres wichtiges Kriterium. Bei realen Shopping-Centern ist i.d.R. ein branchenübergreifender, zielgruppenspezifischer Mix erforderlich, um den ganzheitlichen Bedürfnissen der Nachfrager zu entsprechen. Werden virtuelle Bankmarktplätze als Teilmärkte eines Elektronischen oder virtuellen Marktplatzes realisiert, so ist darauf zu achten, daß auch das Angebot der anderen Teilmärkte derselben Zielgruppe entspricht.
- Innerhalb von virtuellen Bankmarktplätzen ist es ebenfalls entscheidend, daß die kooperierenden Banken bezüglich ihrer Zielgruppen zusammenpassen.

Die erwähnten Anreize zeigen, daß es durchaus einige Gründe gibt, die für die Präsenz in einem virtuellen Bankmarktplatz sprechen.

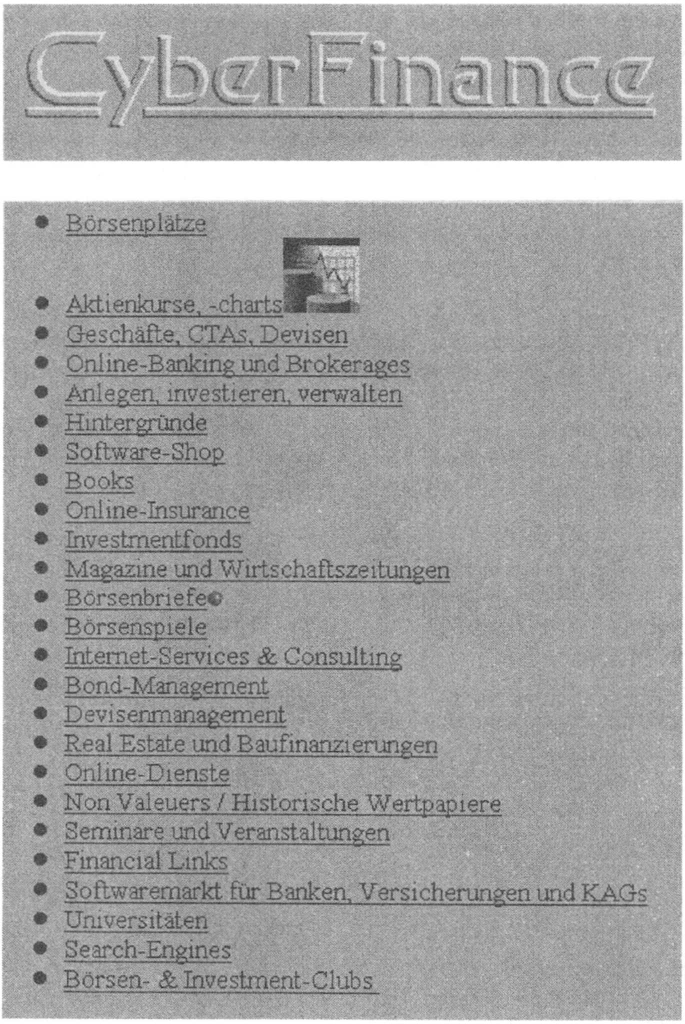

Abb. 6-6: Angebotsübersicht des CyberFinance Marktplatzes im Internet

Es darf allerdings nicht übersehen werden, daß mit virtuellen Marktplätzen durchaus Risiken verbunden sind. Da virtuelle Marktplätze von Dritten ohne jegliche vertragliche Vereinbarung initiiert werden können, können Anbieter zusammengeführt werden, die sowohl von ihrem Image als auch von ihrer Zielgruppe nicht zusammenpassen. Darüber hinaus wäre es durchaus möglich, daß die Beschriftung des Ankers vom Inhalt der Zielseite differiert.[1] Zum gegenwärtigen Zeitpunkt bestehen in diesem Punkt noch keine rechtlichen Regelungen, die dies verhindern

[1] Z.B. Beschriftung des Ankers: Deutsche Bank, Zielseite: Beate Uhse.

bzw. auf deren Grundlage ein möglicher Imageschaden entschädigt werden könnte.[1] [2]

6.4.3 Elektronische Bankmarktplätze

Ein Elektronischer Bankmarktplatz ist in Anlehnung an die Definition Elektronischer Marktplätze ein Kooperationsverbund mehrerer Banken, der durch einen Marktbetreiber koordiniert wird. Dabei kann ein Elektronischer Bankmarktplatz ein Teilmarkt eines Marktbetreibers, der noch andere Teilmärkte koordiniert, darstellen. Ein Elektronischer Bankmarktplatz setzt einen aktiven Beitritt des Anbieters voraus.
Die Anreize, einem Elektronischen Bankmarktplatz beizutreten, sind im wesentlichen dieselben wie bei virtuellen Bankmarktplätzen (vgl. 6.4.2). Wesentliche Unterschiede bestehen allerdings in der Ausgestaltung des Kooperationsvertrages. Da es gewisser Standardisierungen über alle Banken hinweg bedarf, um ein Corporate Design des elektronischen Bankmarktplatzes gewährleisten zu können, ist davon auszugehen, daß die Freiheitsgrade bezüglich Design der WWW-Seite des einzelnen Anbieters, Produktbezeichnung und -präsentation geringer sind als bei virtuellen Bankmarktplätzen. Damit kann ein integrierteres Angebot garantiert werden und gleichzeitig schnellere Zugriffsmöglichkeiten geschaffen werden. Gleichzeitig verringert sich die Gefahr, daß ein Kunde den einmal gewählten Navigationspfad wieder verläßt. Denn je höher das Ausmaß an gegenseitigen Vereinbarungen ist, desto weniger Verzweigungen (Hyperlinks) sind erforderlich. Die Bestandsdauer bei Kooperationen bei Elektronischen Bankmarktplätzen ist daher eher im mittelfristigen als im kurzfristigen Bereich zu sehen. Im Vergleich zu virtuellen Bankmarktplätzen sind die marktplatzspezifischen Investitionen aufgrund der erforderlichen Standardisierungen bezüglich der Präsentation höher. Damit erhöht sich aufgrund der Gefahr von sunk costs tendenziell ebenfalls die Bestandsdauer der Kooperation.
Elektronische Bankmarktplätze weisen gegenüber virtuellen Bankmarktplätzen einen wesentlichen Vorteil auf. Aufgrund der geringeren Dynamik des Marktes, die wesentlich durch eine geringere Fluktuation des Markteintrittes und -austrittes verursacht wird, können Zielgruppen besser erfaßt werden und Kunden direkter angesprochen werden.

6.4.4 Kooperationen mit Informationsdienstleistern

Erschwerte Wettbewerbsbedingungen im Elektronischen Markt

Der Elektronische Markt als neuer Vertriebsweg für Banken weist im Vergleich zu konventionellen Vertriebswegen erschwerte Wettbewerbsbedingungen auf.

[1] Beispielsweise könnte eine dritte Person Beate Uhse gemeinsam mit der Deutschen Bank auf einer Seite präsentieren. Aufgrund fehlender Rechtsregelungen würde der bei der Deutschen Bank entstehende Imageschaden nicht ausgeglichen werden.

[2] In Anlehnung an ein Gespräch mit Herrn Bläser, Eunet, auf der Cebit 1996.

Dies hat mehrere Ursachen.

- Zum einen ist der Elektronische Markt - wie bereits ausführlich dargelegt - durch spezifische Eigenschaften gekennzeichnet. Als wesentliche Eigenschaften sind die Entpersonalisierung und die geringeren Transaktionskosten zu nennen. Sie führen beide zu einer Intensivierung des Wettbewerbs.
- Zum anderen ist der Zugang zum Elektronischen Markt aus Sicht des Kunden mit einem gewissen Mindestaufwand verbunden. Er benötigt einen Dfü-fähigen PC mit Modem, muß sich ins Internet bzw. in kommerzielle Online-Dienste einwählen, muß lange Aufbauzeiten der Webseiten in Kauf nehmen und findet zum gegenwärtigen Zeitpunkt noch keine hinreichend guten Suchmechanismen für das Internet vor, um seine gewünschten Informationen und Produkte schnell zu finden.
- Bankmarktleistungen haben statischen Charakter, d.h. die Bankmarktleistungen und damit auch die im Elektronischen Markt präsentierten Informationen über Bankmarktleistungen verändern sich nur geringfügig im Laufe der Zeit. Darüber hinaus haben Bankmarktleistungen aus Sicht der Kunden derivativen Charakter [vgl. Büschgen 1995, S. 243], d.h. sie sind nur Mittel zur Befriedigung anderer Bedürfnisse.[1] Die Kunden haben daher nur einen geringen Anreiz, entsprechende Informationsseiten im Elektronischen Markt wiederholt aufzusuchen.
- Moderne Suchmechanismen im Elektronischen Markt, wie z.B. die Entwicklung elektronischer Agenten, ermöglichen zukünftig simultane Angebotsvergleiche [vgl. o.V. 1995n]. In Folge erhöht sich die Markttransparenz und die Differenzierungsmöglichkeiten für die einzelne Bank erniedrigen sich.

Kooperation als Strategie zur Differenzierung von Mitbewerbern

Diese Eigenschaften haben zur Folge, daß Banken, die sich erfolgreich im Elektronischen Markt plazieren möchten, ihren Kunden einen gewissen Zusatznutzen bieten müssen. Dieser Zusatznutzen gewinnt in Anbetracht der zunehmenden Homogenität von Bankmarktleistungen und der damit einhergehenden verminderten Differenzierungsmöglichkeiten gegenüber Mitbewerbern eine besondere Bedeutung. Richtig eingesetzt sind Zusatzdienstleistungen, häufig auch als Add Ons bezeichnet,[2] eine wirksame Möglichkeit, den eigenen Bankkunden einen Zusatznutzen zu vermitteln.
Unter Zusatzdienstleistungen werden Sekundärleistungen verstanden, die in Kombination mit einer Primärleistung (der eigentlichen Bankmarktleistung) angeboten werden [vgl. Meffert/Burmann 1996, S. 26]. Diese Sekundärleistungen können entweder unentgeltlich oder entgeltlich zur Verfügung gestellt werden.

[1] So möchte der Kunde primär ein Auto kaufen und schließt zu diesem Zwecke - sozusagen als Folgegeschäft des Autokaufs - mit der Bank eine Autofinanzierung ab.

[2] Meffert verwendet in seiner Marketing-Begriffsterminologie für Zusatzleistungen den Begriff Value added Services. Im Bereich der Telekommunikation wird ebenfalls der Begriff Value added Services benutzt. Er bezeichnet dort Mehrwertdienste wie E-Mail oder EDI. Um dem Problem der Verwechslung von Begriffsdefinitionen zu entgehen, verwendet der vorliegende Beitrag daher den Ausdruck Zusatzdienstleistung bzw. Add on.

Ziel dieses Leistungsbündels ist, bestimmten Zielgruppen einen höheren Wert zu vermitteln als Konkurrenzangebote mit gleicher Primärleistung.
Die Zusatzdienstleistungen können sich bezüglich ihres Affinitätsgrades zu den Primärleistungen deutlich unterscheiden. Beispiele für Add Ons, die einen hohen Affinitätsgrad zu Bankmarktleistungen aufweisen, sind Wertpapierinformationen, in- und ausländische Börseninformationen, Daten zur allgemeinen Wirtschaftsentwicklung oder Unternehmensprofile. Häufig können diese Informationen von den Banken selbst zur Verfügung gestellt werden. In Einzelfällen, etwa bei geringer Betriebsgröße oder sehr spezifischen Informationen, bietet sich eine Zusammenarbeit mit Informationsdiensten, wie Reuters oder Bloomberg, an. Sind die Add Ons mit hohem Affinitätsgrad zielgruppenspezifisch richtig konzipiert, so überträgt der Kunde die positiven Eigenschaften bzw. das positive Image der Sekundärleistung auf die Primärleistung.
Darüber hinaus werden von Banken vermehrt Zusatzdienstleistungen im Elektronischen Markt angeboten, die einen niedrigen Affinitätsgrad zur Primärleistung aufweisen.
Folgende Tabelle zeigt einige Beispiele für Sekundärleistungen mit einem niedrigen Affinitätsgrad zur Primärleistung.

Sekundärleistungen mit einem niedrigen Affinitätsgrad zur Primärleistung	
• Gewinnspiele • Wetter- und Reiseinformationen • Veranstaltungskalender • Jobbörse • Gebrauchtwagenbörse	• Mitwohn- und Mitfahrzentrale • Bibliothek • Kulturinformationen • Sportinformationen

Abb. 6-7: Zusatzinformationen mit niedrigem Affinitätsgrad

Diese Zusatzinformationen dienen den Banken hauptsächlich als Marketinginstrument im Rahmen ihrer Kommunikationspolitik. Die Kommunikationspolitik läßt sich dabei in die Zurverfügungstellung von sachdienlichen Informationen („informative Kommunikation“) auf der einen Seite und der Beeinflussung dienenden Informationen („beeinflussende Kommunikation“) auf der anderen Seite unterscheiden. Die von Banken offerierten Sekundärleistungen mit geringer Affinität zu Bankmarktleistungen sind der beeinflussenden Kommunikation zuzuordnen und dienen damit, vergleichbar dem Kultursponsoring, der Imagewerbung. Ihre Wirkungsweise ist eher langfristig und läßt sich nicht eindeutig dem späteren Absatz von Bankmarktleistungen zuordnen. Ziel ist der Imagetransfer auf die eigenen Bankmarktleistungen.[1] Gegenüber den Add Ons mit einem hohen Affinitätsgrad zu Bankmarktleistungen stellt sich bei Sekundärleistungen mit einem niedrigen Affinitätsgrad das Problem, daß die Kunden der Bank die Kompetenz zur Erstellung der Zusatzdienstleistungen häufig absprechen [vgl. Mef-

[1] In Einzelfällen suchen bestimmte Kunden die Homepage der Bank 24 nur auf, um die neuesten Kulturinformationen abzurufen. In diesem Falle besteht dann die Gefahr, daß die Zusatzdienstleistungen getrennt von der Primärleistung wahrgenommen und bewertet werden. Der ursprünglich mit der Zusatzdienstleistung angestrebte Imagetransfer unterbleibt.

fert/Burmann 1996, S. 27]. Dieses ist de facto in vielen Banken auch nicht vorhanden.

Gleichzeitig ist der Aktualitätsgrad der Zusatzdienstleistungen, sowohl derjenigen mit einem hohen als auch derjenigen mit einem niedrigen Affinitätsgrad zu den Bankmarktleistungen, von entscheidender Bedeutung. Bereits kurzfristig veraltete Informationen leisten einen negativen Imagebeitrag.

Aus diesen Gründen wird eine Vielzahl der Zusatzdienstleistungen, insbesondere mit einem geringen Affinitätsgrad, durch Partnerunternehmen erbracht. Banken greifen somit auf Kompetenzen von Partnerunternehmen zurück, die in ihrem jeweiligen Bereich Know-how, Ressourcen und einen Informationsvorsprung aufweisen.

Als Zusatzdienstleistungen mit einem geringen Affinitätsgrad zu Bankmarktleistungen werden insbesondere Informationen aus den Bereichen Kultur, Freizeit, Sport und Unterhaltung angeboten. Abb. 6-6 zeigt Finanzdienstleister mit ihren zugehörigen Adressen im Internet sowie den angebotenen Zusatzdienstleistungen, getrennt nach hohem und niedrigem Affinitätsgrad zu den Primärleistungen.

Bank	Adresse	Informationen und Dienstleistungen mit hohem Affinitätsgrad zu den Primärleistungen						Informationen und Dienstleistungen mit niedrigem Affinitätsgrad zu den Primärleistungen	
		Aktuelle Angebote	Aktuelle Konditionen	Aktuelle Börsen-infos	WP + Fonds	Sonstiges	Kooperationspartner		Kooperations-partner
Bank 24	http://www.bank24.de	ja	ja	ja	ja	Börsenspiel	Börse Online, Dt. Bank	Time Guide 24: Musik, Kunst, Sport & Fitness, Literatur, Theater, TV/Kino (monatliche Aktualisierung).	Springer & Jacobi
Hypobank	http://www.hypo.de	ja	ja	ja	ja	Spezialservice für Ärzte, Internationale Firmengesch.		Hypo Fun: Monatliche aktuelle Themen, z.B. China, Skifahren (Skigebiete, Schneeberichte, Hersteller), Kunst; Creativ-Wettbewerbe, Gewinnspiele.	
Kreissparkasse Bayreuth-Pegn.	http://www.ksk-bayreuth-pegnitz.de	ja	ja			Steuertips für das Bausparen	IZB Software GmbH	S-Club	
Snet der Sparkassen-organisation	http://www.snet.de	soweit bei Bank vorhanden	soweit bei Bank vorhanden	soweit bei Bank vorhanden	soweit bei Bank vorhanden	Telefonbörse	Partnerunternehmen, Primärsparkassen	Studentenwohnungsbörse, Schulungen zu Internet und WWW, Links auf externe Server (z.B. Deutsche Telecom, Spektrum der Wissenschaft).	
Wells Fargo Bank	http://wellsfargo.com	ja	ja	ja	ja	GAA-Suchfkt.		Wellsfargo Shopping Mall; Nettrail: Beste Web-Seiten; Economic Reports.	Oracle, Media Mart, HotWired, Virtual Vineyards
Landesgiro-kasse	http://www.lgbank.de			ja	ja	Währungen, Börsenspiel		Reiseservice, Job-Börse, Immobilien, Aktuelles, LG-Hotlist (Links zu interessanten Web-Seiten).	
Bank Austria	http://www.telecom.at/ba/	ja	ja			Regionales		EU-Informationen, Bank Austria-Wohnungsbörse, Berufsinformationen.	Bauträger Austria GmbH

Abb. 6-8: Beispiele von Finanzdienstleistern im Internet mit umfangreichen Zusatzdienstleistungen (Stand: Sept. 1996)

Technische Realisierung

Bei der technischen Realisierung von Zusatzdienstleistungen zur Generierung eines Zusatznutzens für den Kunden bzw. zur Differenzierung im Wettbewerb lassen sich technisch zwei Möglichkeiten unterscheiden.
Im ersten Fall verschafft sich die Bank über einen technischen Link Zugang zu den Informationen des Partnerunternehmens. Dieser Fall ist gegenwärtig sehr häufig zu beobachten. Rechtliche Regelungen bestehen zwischen den Unternehmen i.d.R. nicht. Im Extremfall weiß das die Zusatzdienstleistungen zur Verfügung stellende Unternehmen nicht, daß es als Link auf der Webseite der Bank erscheint.[1] Ein Beispiel hierfür sind die Wells Fargo Shopping Mall der Wells Fargo Bank sowie die nationalen und internationalen Fußballergebnisse auf der Homepage der Schweizerischen Kreditanstalt, die von Infosport erbracht werden. Diese Informationen werden von den Anbietern i.d.R. kostenlos zur Verfügung gestellt.
Mit dieser technischen Realisierungsform von Zusatzdienstleistungen sind jedoch spezifische Nachteile verbunden. Zu den wichtigsten Nachteilen zählen:

- Der Einflußbereich der Banken auf die Gestaltung der Informationen ist aufgrund der i.d.R. nicht vorhandenen vertraglichen Vereinbarungen sehr gering.
- Der Exklusivitätscharakter der Zusatzdienstleistungen kann nicht garantiert werden. Denn es ist durchaus möglich, daß andere Banken dieselbe Zusatzdienstleistung ebenfalls anbieten. Damit schwindet der Differenzierungsvorteil beträchtlich.
- Der Aktualitätsgrad der Informationen muß permanent von Seiten der Bank überprüft werden. Denn viele Informationen werden ins WWW einmalig eingestellt, danach aber nicht mehr gepflegt.

Daher empfiehlt sich die zweite Realisierungsform. In diesem Fall einigen sich die Bank und das Partnerunternehmen, daß die Zusatzinformationen direkt auf der Webseite der Bank von dem jeweiligen Partnerunternehmen eingestellt werden. Ein Beispiel hierfür ist der in Zusammenarbeit mit Springer und Jacobi erstellte TimeGuide 24 der Bank24. Als rechtliche Grundlage dient in der Regel die Verhaltensabstimmung, entweder in mündlicher oder in schriftlicher Form. Für die erbrachte Dienstleistung ist ein Nutzungsentgelt zu entrichten.

Die beiden Realisierungsformen unterscheiden sich bezüglich ihrer Koordinationsform. Bei der Realisierung über technische Links handelt es sich nicht um eine Kooperation. Denn das wesentliche Merkmal einer Kooperation, das Bestehen einer Mindestinterdependenz, muß nicht erfüllt sein. Demgegenüber handelt es sich im zweiten Fall, bei dem die Zusatzinformationen direkt auf der Webseite der Bank eingestellt werden, um eine Form kooperativer Zusammenarbeit.
Die aktuelle Entwicklung bei Zusatzdienstleistungen im WWW zeigt, daß immer mehr Banken dazu übergehen, Informationen exklusiv über Kooperationspartner

[1] Nach Aufruf der Zusatzinformationen erscheint die Homepage-Adresse des Unternehmens, das die Sekundärinformation im WWW eingestellt hat.

direkt auf ihrer eigenen Webseite anzubieten.

Wirkungen der Kooperationen bei Zusatzdienstleistungen

Kooperationen bei Zusatzdienstleistungen wirken in mehreren Richtungen. Zum einen sollen sie den Anreiz zur Erhöhung der Kontaktquote der Kunden steigern. Zum anderen sollen sie einen Imagetransfer erzeugen. Weiterhin bewirkt das Einstellen von branchenfremden Produkten, Dienstleistungen und Informationen tendenziell ein Aufweichen klassischer Branchengrenzen. Darüber hinaus erhalten lokale bzw. regionale Informationen (z.B. über die Schneehöhen in bestimmten Skigebieten) nationale bzw. internationale Wirkung, indem sie in die Informationsseiten überregionaler Banken eingestellt werden.
Die Dauer solcher Kooperationen ist aufgrund des hohen Aktualitätsgrades der Zusatzdienstleistungen im kurz- bis mittelfristigen Bereich angesiedelt.

Probleme der Kooperationen

Bei Zusatzdienstleistungen mit einem niedrigen Affinitätsgrad zur Bankmarktleistung kann es möglich sein, daß bestimmte Kunden die Webseite der Bank nur aufsuchen, um die Sekundärleistungen (z.B. die neuesten Kulturinformationen oder Sportereignisse) abzurufen. In diesem Fall besteht die Gefahr, daß die Zusatzdienstleistungen, die vom jeweiligen Kooperationspartner erstellt werden, getrennt von der Primärleistung wahrgenommen und bewertet werden. Der ursprünglich mit der Zusatzdienstleistung angestrebte Imagetransfer unterbleibt. Um diese Gefahr zu reduzieren, kann es sinnvoll sein, die Sekundärleistung mit der Primärleistung zu koppeln.

6.4.5 Kooperationen zwischen Banken und Online-Dienste-Anbietern

Für Banken können Online-Dienste-Anbieter ein interessanter Kooperationspartner für den Vertrieb von Bankmarktleistungen sein. Die Zusammenarbeit mit Online-Dienste-Anbietern kann sowohl als komplementäre Kooperation - im Sinne eines Vertriebspartners - als auch in Form einer horizontalen Kooperation - im Sinne eines Technologiepartners - erfolgen.

Vorteile der Kooperationsstrategie für Banken

Die Kooperationsstrategie weist aus Sicht der Banken diverse Vorteile auf.

- Online-Dienste-Anbieter weisen gegenüber den Banken einen Technologievorsprung bezüglich Elektronischer Märkte auf. Durch die Kooperation können sich Banken den Zugang zu Expertenwissen bezüglich Technik, Implementierung und Marketing (Entscheidung über Werbeform, Gestaltung, Vermarktung) sichern [vgl. Staudt 1992, S. 9].
- Komplementäre Produktangebote ermöglichen die Erschließung eines Neukundenpotentials und die Festigung bestehender Kundenverbindungen bei beiden Partnern. So können beispielsweise Banken Home-Banking-Dienstleistungen ihren Kunden über einen bestimmten Online-Dienst kosten-

frei ermöglichen. Im Gegenzug übernimmt die Bank den Vertrieb der Zugangssoftware des Online-Dienstes. Ein Beispiel hierfür ist die Kooperation zwischen der Citicorp, New York, und Prodigy, einem amerikanischen Online-Dienste-Anbieter. Seit Mitte der achtziger Jahre bietet die Bank ihren Kunden die Möglichkeit an, Home-Banking über den eigenen PC zu erledigen. Die Kooperation mit dem Online-Dienst Prodigy sieht vor, daß sich Prodigy-Kunden in Zukunft kostenfrei in den Citibank-Electronic-Banking-Service einwählen können. Im Gegenzug wird die Prodigy-Zugangssoftware über Citibank-Filialen vertrieben [vgl. o.V. 1996χ, S. 2].

- Im Rahmen der Kooperation kann das Standard-Produktbündel bei Banken mit Girokonto, Kontoführung und Kreditkarte um ein weiteres Differenzierungsprodukt „Online-Dienst" ergänzt werden.
- Gemeinsame Werbung in Printmedien, TV, Publikationen und Pressemitteilungen kann kostengünstiger erfolgen und durch Komplementaritätseffekte, wie gegenseitigem Imagetransfer, eine höhere Wirkung erzielen.

Probleme der Kooperationen

Im Zuge der Kooperation mit Online-Dienste-Anbietern können für Banken mehrere Problemfelder entstehen.

- Die bei Online-Dienste-Anbietern eingestellten Informationen müssen laufend aktualisiert werden und bei allen Online-Diensten konsistent gehalten werden. Inkonsistente Informationen auf unterschiedlichen Trägermedien können zu einem Imageschaden führen. Für Banken entsteht dadurch ein laufender Update-Aufwand.
- Für Online-Dienste-Anbieter stellt das Angebot von Bankmarktleistungen eine wichtige Anwendung im Sinne einer „Must"-Applikation dar. Der Online-Dienste-Anbieter erfährt allein schon durch das Angebot von Bankmarktleistungen einen Nutzen. Für Banken ergibt sich jedoch erst ein Nutzen, wenn Kunden tatsächlich die Bankmarktleistungen beim Online-Dienst in Anspruch nehmen. Es besteht daher die Gefahr, daß der Nutzen von Banken geringer als der von Online-Dienste-Anbietern ist und in Folge Kooperationskonflikte entstehen.
- Die Innovationszyklen neuer Technologien im Elektronischen Markt sind sehr kurz. Es ist daher wahrscheinlich, daß Online-Dienste-Anbieter schnell zu neuen Technologien migrieren. Gegenüber anderen Vertriebswegen entsteht für Banken ein permanenter Anpassungsbedarf der Inhouse-Anbindungstechnologien. Eine Lösung könnte der Aufbau einer Electronic-Banking-Plattform sein.

Zielgruppenspezifische Umsetzung der Kooperationen und Kooperationsformen

Online-Dienste-Anbieter haben klar abgegrenzte Zielgruppen. Je nach Zielgruppe und strategischer Ausrichtung einer Bank können daher unterschiedliche Online-Dienste-Anbieter als Partner geeignet sein.

- Für Genossenschaftsbanken und Sparkassen, deren Wirkungskreis regional begrenzt ist, eignen sich primär die regionalen Anbieter [vgl. Bartmann/Stockmann 1996, S. 111]. Hier bestehen bereits erste Kooperationen. So sind an der Info City Nordrhein-Westfalen, einem von der Landesregierung und den Kommunen initiierten Telekommunikationsnetz, die West LB sowie der Rheinische und der Westfälische Sparkassenverband beteiligt. Da zukünftig über Info City NRW auch Mehrwertdienste angeboten werden, erfolgt ein Ausbau zu einem regionalen Online-Dienst.[1]

- Darüber hinaus können für Banken aus diesem Sektor nationale Anbieter interessant sein, sofern sie eine Marktausweitung, etwa durch die Gründung einer eigenen Direktbank, anstreben.
- Groß- und Privatbanken, die überregional agieren, plazieren sich am besten auf den nationalen und internationalen Online-Diensten.
- Für Banken, die die mittelständische Firmenkundschaft ansprechen wollen, sind Online-Dienste-Anbieter interessant, die die professionellen Nutzer als Zielgruppe haben.

Die zu wählende Kooperationsform wird wesentlich bestimmt von der strategischen Bedeutung, die die Partner der Kooperation beimessen. Je strategischer die Bedeutung, desto höher ist i.d.R. die Bindungsintensität. Da aufgrund der wachsenden Bedeutung des Internet immer weniger Banken exklusiv mit einem Online-Dienst zusammenarbeiten wollen [vgl. Zimmermann 1995, S. 335], ist zu erwarten, daß die Bindungsintensität bei Kooperationen mit Online-Diensten im kurz- bis mittelfristigen Bereich liegen wird. Darüber hinaus fördert das Bestreben der meisten Banken, mit Online-Diensten sämtliche Kundengruppen erreichen zu wollen, daß Banken Kooperationen mit diversen Online-Dienste-Anbietern eingehen werden [vgl. Fittkau/Maaß 1996, S. 12].

6.4.6 Kooperationen zwischen Banken und Internet Service Providern

Den Zugang zum Internet stellen sog. Internet Service Provider (ISP) zur Verfügung. Sie verfügen über ein eigenes Internetteilnetz und eine direkte Anbindung an andere Teilnetze des Internet. Manche Internet Service Provider betreiben auch nur einen Zugangsknoten zum Internet. Der Bankkunde erhält also über die Provider Zugang zu Bankmarktleistungen im Internet. Aus der Zusammenarbeit mit diesen Internet Service Providern können sich für Banken diverse Vorteile ergeben.

Vorteile der Kooperationen mit Internet Service Providern für Banken

- Banken können durch die Zusammenarbeit mit Internet Service Providern ihr Internet-Know-how erweitern. Die Kooperation mit Internet Service Providern hilft, den Lernprozeß zu verringern und damit schneller in das neue Marktfeld Internet einzusteigen.
- Durch die Zusammenarbeit mit Internet Service Providern können Bank-

[1] Ähnliche Entwicklungen bestehen in Bayern. Hier fördert das Land die Entstehung eines Internet-Teilnetzes, Bayern Online, mit einer Summe von 100 Mio DM.

marktleistungen und -transaktionen angeboten werden, die eine erhöhte Transportsicherheit erfordern. Diese Leistungen werden über Firewalls abgeschottet. Sie stehen dann nur denjenigen Bankkunden zur Verfügung, die sich über die Netzinfrastruktur des Service Providers einwählen [vgl. o.V. 1995p].

- Internet Service Provider erreichen durch die Kooperation mit Banken ein erhöhtes Neukundenpotential sowie eine geringere Wechselbereitschaft ihrer Kunden. Ein Teil dieser Synergiepotentiale können die Banken an ihre Kunden in Form von Preisnachlässen weitergeben.
- Durch Kooperationen mit Internet Service Providern können Banken ihre Produkt- und Dienstleistungspalette erweitern. Im Rahmen des Information Banking können den Privat- und Firmenkunden kostengünstig Internet-Zugänge angeboten werden.
- Darüber hinaus ermöglicht die Zusammenarbeit, kundensegmentspezifisch Produktbündel zu schnüren. Diese können neben klassischen Bankmarktleistungen speziell aufbereitete Inhalte, Angebote, Diskussionsforen und Anwendungen, wie E-Mail, enthalten [vgl. Zimmermann 1995, S. 336].

Des weiteren bewirken Kooperationen mit Internet Service Providern, daß bedeutende Faktoren für den Erfolg der elektronischen Bank-Kunde-Beziehung positiv beeinflusst werden können.

- Ein wichtiger Erfolgsfaktor für Internet-Bankmarktleistungen stellen die Zugriffszeiten dar. Durch die Zusammenarbeit mit Internet Service Providern können Banken Einfluß auf die Geschwindigkeit des Netzzugangs nehmen. Des weiteren reduzieren sich die Zugriffszeiten, wenn die bankspezifischen WWW-Informationen auf den Servern der jeweiligen Service Provider zur Verfügung gestellt werden. Agiert eine Bank bundesweit, so kann daher die Zusammenarbeit mit regional unterschiedlichen Service Providern sinnvoll sein, um bundesweit geringe Einwählzeiten zu sichern.[1]
- Ein weiterer Faktor sind die Zugriffskosten des Kunden, die bei der Inanspruchnahme von Internet-Bankmarktleistungen anfallen. Befindet sich der WWW-Server im lokalen Netz der Bank, so muß eine Verbindung, i.d.R. über ISDN oder über eine Standleitung, zum ISP aufgebaut werden. Die dabei entstehenden Telekom-Gebühren sind von der Bank zu tragen. Befinden sich die WWW-Informationen auf den Servern der ISP, so lassen sich damit Telekommunikationskosten einsparen [vgl. Tierling/Lackerbauer 1996, S. 46]. Ein Teil dieser Kosteneinsparungen kann an die Bankkunden weitergegeben werden.

Ausgestaltung der Kooperationen

Die Zusammenarbeit mit Internet Service Providern kann hinsichtlich Bindung und rechtlicher Verflechtung in unterschiedlicher Form erfolgen. Einige innovati-

[1] Die bisher uneinheitliche nationale Infrastruktur bezüglich der Übertragungsraten in den Teilnetzen kann dazu führen, daß selbst bei einem schnellen Netzzugang des ISP lange Wartezeiten in Kauf genommen werden müssen [vgl. Tierling/Lackerbauer 1996, S. 45], da andere Internet-Teilnetze geringere Übertragungsraten aufweisen.

ve Banken haben sich direkt oder indirekt über Tochtergesellschaften als Joint Venture Partner an Unternehmen beteiligt, die Internet Dienstleistungen anbieten. Einer der europa- und deutschlandweit größten Internet Provider, die EuNet Deutschland GmbH, ist ein Joint Venture zwischen Mannesmann Eurocom (40%), der Gesellschaft für Finanzmarketing mbH (20%), einer 100 prozentigen Tochter der Deutschen Bank, und UUNET (40%), dem größten Service Provider in den USA [Buck 1996, S. 38]. Die Stadtsparkasse Köln bietet über die Netzbetreibergesellschaft Netcologne, an der sie zu 25% beteiligt ist, Internet Provider Services an. Die hohe Bindungsintensität läßt darauf schließen, daß diese Banken der Zusammenarbeit mit ISP eine hohe strategische Bedeutung beimessen. Auch das Genossenschaftliche Rechenzentrum Kassel (GRK), eine auf Verbandsebene realisierte Kooperation der Volks- und Raiffeisenbanken Hessens, will sich zukünftig als Internet Service Provider betätigen. Zur Erreichung dieses Ziels konzipiert das GRK gegenwärtig ein gemeinsames Corporate Network mit der konkurrierenden Rechenzentrale der Sparkassen. Die Verbindung dieser zwei Kooperationen erschließt den beiden Institutsgruppen Zugriff auf über 2/3 des Marktes [vgl. o.V. 1996g, S. 1].

6.4.7 Sektorbezogene Entwicklungskooperationen

Bedeutung sektorbezogener Kooperationen

Während innovative Banken und Großbanken umfassende Ressourcen für institutsspezifische Forschungs- und Entwicklungsarbeiten zur Verfügung stellen, nimmt speziell für kleinere Banken aus dem Genossenschafts- und Sparkassensektor die sektorbezogene Kooperation, oder auch Gruppenkooperation genannt, zur Entwicklung und Realisierung von innovativen Vertriebswegen, wie dem Internet, eine bedeutende Rolle ein [vgl. Priewasser 1992, S. 101]. Als Plattform für die Zusammenarbeit sind hier vor allem die unterschiedlichen Bankverbände, die Rechenzentralen sowie die institutsspezifischen Softwareentwicklungszentren zu nennen.

Die sektorbezogene Kooperationspolitik ermöglicht den Genossenschaftsbanken und Sparkassen vor Ort, auch Primärinstitute genannt, Teilaufgaben auf die jeweilige Verbandsorganisation zu übertragen bzw. in Koordination mit dieser durchzuführen. Grundsätzlich können die Verbandsinstitutionen, die von den Primärinstituten gemeinsam getragen werden, Empfehlungen aussprechen. Eine Weisungsbefugnis besteht aufgrund der rechtlichen und wirtschaftlichen Selbständigkeit der Primärinstitute nicht.

Die Verbandsorganisationen können bei der Entwicklung einer Internetpräsenz beispielsweise folgende Aufgaben übernehmen:

- Übernahme der gesamten Entwicklung und Implementation einer Web-Seite eines angeschlossenen Primärinstitutes;
- Entwicklung von einheitlichen Gestaltungshinweisen für Web-Seiten der angeschlossenen Primärinstitute;
- Entwicklung und Implementation einer zentralen Anwendung auf Verbandsebene.

Anreize für sektorbezogene Kooperationen

Die Anreize zur Kooperation auf Verbandsebene sind dabei vielfältig.

- Die zentrale Bündelung von Know-how speziell im Bereich der Technik und des Marketings sowie die Zurverfügungstellung von Personalkapazitäten bei den Verbandsorganisationen hilft den Primärinstituten, ihre betriebsgrößenbedingten Nachteile, die sich mit zunehmender Bedeutung von technischen Innovationen im Bankwesen immer deutlicher zeigen, gegenüber den Großbanken zu vermindern. Insbesondere kleine Institute können sich i.d.R. keine Stabsabteilungen für technologische Entwicklungen leisten. Die Eigenerstellung einer Internet-Homepage scheidet daher häufig aus.
- Des weiteren ermöglicht die Entwicklung, Implementierung und Umsetzung einer Web-Seite auf Verbandsebene Skaleneffekte (Economies of Scope), da Verbundvorteile realisiert werden können (Informationen über Service Provider, Leitungskapazitäten, etc. können mehrfach benutzt werden) und gleichzeitig nur geringfügige Veränderungen zur Anpassung an die Erfordernisse der einzelnen Primärinstitute notwendig sind. Ineffiziente Doppelaktivitäten können so vermieden werden.
- Ebenso erweist es sich als vorteilhaft, daß sich die auf ihren regionalen Einfluß- und Wirkungsbereich beschränkten Primärinstitute als leistungsstarker Finanzverbund mit einer eigenen corporate identity darstellen können. Dieser Effekt wird noch unterstützt, wenn darüber hinaus von den Verbandsorganisationen auch einheitliche Designrichtlinien für die Web-Seiten der Primärinstitute erarbeitet werden. Ziel ist, über die Präsentation des Finanzverbundes als Ganzes durch den Hinweis auf die Verbundgröße und Servicequalität Akzeptanz für die Gesamtleistungspalette der Institute zu erzielen [vgl. Büschgen 1995, S. 244].
- Gleichzeitig ermöglicht die sektorbezogene Kooperation mehrerer Primärinstitute, daß Kooperationspartner, die etwa Sekundärleistungen erstellen, einfacher gewonnen werden können. Denn der Kooperationsanreiz ist gerade für interessante und große Partner umso größer, je mehr Primärinstitute über die Kooperation erfaßt werden.
- Ein weiterer Anreiz besteht in der Verbindung dieser überregional wirkenden Imagewerbung auf Verbandsebene mit den regional bzw. lokal orientierten Präsentationen der Primärinstitute. Gegenüber den hauptsächlich überregional agierenden Großbanken kann hiermit eine erhöhte Kundenbindung erzielt werden.

Probleme sektorbezogener Kooperationen

Obwohl viele Gründe für die Zusammenarbeit auf Verbandsebene sprechen, sind mit dieser Koordinationsform auch einige Nachteile verbunden. Eine wesentliche Einschränkung stellen die erforderlichen Abstimmungsprozesse zwischen den Primärinstituten und den Organen des Verbandes dar. Sie erhöhen den Koordinationsaufwand und bremsen damit eine schnelle Umsetzung. Tendenziell ist damit auch eine verminderte Innovationsfreudigkeit zu verzeichnen. Dies ist insbesondere bei Technologien, die kurze Innovationszyklen aufweisen, der Fall. Gegenüber

einzelnen Instituten aus dem Bereich der Großbanken kann sich somit ein zeitlich bedingter Wettbewerbsnachteil ergeben.
Ein weiterer Nachteil ist in der unterschiedlichen Abhängigkeit der einzelnen Institute des Genossenschafts- bzw. Sparkassensektors von der Zusammenarbeit auf Verbandsebene zu sehen. Diese ergibt sich aus der sehr heterogenen Struktur der Mitgliedsbanken in Bezug auf Betriebsgröße, Kapitalausstattung und regionaler Lage. Große Institute der jeweiligen Bankengruppen können aus bekannten Gründen die Alleingangstrategie wählen. Das Ausscheren eines bedeutenden Institutes einer Institutsgruppe kann die Wirkung der Aktivitäten auf Verbandsebene reduzieren. Sind beispielsweise die drei größten Sparkassen in Deutschland nicht über deren gemeinsame Präsentation der deutschen Sparkassen im Internet erreichbar, so erniedrigt sich die Attraktivität der Informationsseite. Die Gestaltung einer eigenen Oberfläche, die sich nicht an den Designvorgaben des Verbandes orientiert, vermindert die Entstehung einer Corporate Identity der jeweiligen Bankengruppe. Aus diesen Gründen haben sektorbezogene Kooperationen die größten Erfolgsaussichten, wenn sie in einer kleinen Gruppe relativ ähnlich strukturierter Banken stattfinden.
Betriebsgrößenbedingte Unterschiede in den Unternehmensstrategien (z.B. Verteidiger versus Innovator) können darüber hinaus zu Konflikten und Verzögerungen bei der Umsetzung führen.
Tendenziell führt auch die Einschränkung des Handlungsspielraums beim Marketing der einzelnen Institute zu reduzierten Möglichkeiten der Eigenprofilierung. An dieser Stelle muß allerdings erwähnt werden, daß in den Bereichen Konditionengestaltung und Produkt- und Dienstleistungsgestaltung den Instituten noch ausreichend Spielraum zur Differenzierung bleibt.

6.4.8 Praxisbeispiel: Das SNET der Sparkassen

Das SNET der Sparkassen (http://www.snet.de) ist ein Pilotprojekt des Deutschen Sparkassen- und Giroverbandes (DSGV). Ziel ist, die Sparkassen als starken Finanzverbund im Internet zu präsentieren. Auf einer Hauptseite wird die Sparkassenorganisation als Ganzes vorgestellt. Hier werden auch sparkassenübergreifende Zusatzdienstleistungen erbracht, wie z.B. eine Jobbörse und Links auf externe WWW-Server. Die einzelnen Primärbanken sind dann entweder über Links erreichbar, oder sie stellen teilweise auch Unterverzeichnisse der Hauptseite dar. Das SNET der Sparkassen ist daher eine Mischform zwischen einem elektronischen und einem virtuellen Bankmarktplatz.

Es wurde vom DSGV in Zusammenarbeit mit der Universität Kaiserslautern, Imago und den beteiligten Pilotbanken entwickelt. Die dazu notwendigen Vorgespräche fanden im Sommer 1995 statt, im Herbst 1995 startete SNET mit anfangs 4 Pilotbanken im Internet. Im August 1996 sind über 36 Banken über SNET erreichbar, die Mehrzahl aus Rheinland-Pfalz, Nordrhein-Westfalen, Bayern sowie Baden-Württemberg. Die Finanzierung des Gemeinschaftsprojektes erfolgt anteilig zwischen den beteiligten Banken und dem DSGV.
Für die Abstimmungsprozesse wurde ein Projektteam gebildet. In diesem befin-

den sich Vertreter des DSGV, der Pilotsparkassen, der Universität Kaiserslautern sowie des Universitätsinstituts Imago. Das Sparkassen-Informatik-Zentrum (SIZ) übernimmt dabei eine beratende Funktion.
Um ein Corporate Design auf den unterschiedlichen Informationsseiten der einzelnen Sparkassen zu gewährleisten, wurde gemeinsam vom SIZ und DSGV ein Style Guide ausgearbeitet, der gestalterische Vorgaben für die grafische Oberfläche enthält. Denn zum gegenwärtigen Zeitpunkt sind die Informationsseiten der Sparkassen noch nicht vereinheitlicht. Darüber hinaus wurde ein Inhaltskonzept für die Informationsseiten entworfen. Dieses hat empfehlenden Charakter.
Die Vermarktung des SNET erfolgt über den Deutschen Sparkassenverlag. Dieser bietet auch insbesondere für kleine Sparkassen eine Standardversion einer Web-Seite an, die sparkassenindividuell angepaßt werden kann. Die Implementierung, der Service und die Pflege der Informationsseite übernimmt ebenfalls der Deutsche Sparkassenverlag.
Laut Aussage des DSGV erweist sich bei diesem Internet-Projekt die heterogene Struktur der Sparkassen als Hindernis für eine schnelle Umsetzung. Angesichts der Wettbewerbsbrisanz dieses Projektes im Vergleich zu anderen Vorhaben wurden die durch erhöhten Abstimmungsaufwand verursachten Zeitverzögerungen jedoch als geringfügig eingestuft. [1]
Ein vergleichbares Projekt wurde von den Spardabanken realisiert. Bisher (Stand: August 1996) sind aber nur wenige Spardabanken über die Hauptseite erreichbar (http://www.sparda.de).

6.5 Kooperationen bei Zahlungsverfahren für den Elektronischen Markt

6.5.1 Zusammenarbeit bei der Entwicklung kreditkartenbasierter Zahlungsverfahren

Das Internet wird sich nur dann als globaler Marktplatz für den Handel von Waren und Dienstleistungen entwickeln, wenn sichere und einheitliche Zahlungsverfahren bestehen. Aus diesem Grunde haben im Jahre 1995 zum einen Microsoft gemeinsam mit Visa sowie Mastercard gemeinsam mit Kooperationspartnern jeweils getrennt versucht, eigene Standards zur Zahlungsabwicklung zu entwickeln. Im September 1995 veröffentlichten Visa und Microsoft ihre erste Version der Secure Transaction Technology (STT). Einige Tage später wurde dann das Secure Electronic Payment Protocoll (SEPP), das Mastercard gemeinsam mit Netscape, IBM, GTE und Cyber Cash entwickelt hat, veröffentlicht.
Diese zunächst getrennten Entwicklungen mündeten im Februar 1996 in einen gemeinsamen Standard der beiden Entwicklungskonsortien, der den Namen Secure Electronic Transactions (SET) trägt. Visa und Mastercard erwarten, daß die Banken im vierten Quartal 1996 ihren Kunden einen sicheren Zahlungsverkehr

[1] Informationen auf der Grundlage eines telefonischen Gespräches mit Herrn Baumgartl, DSGV, am 15.4.1996.

über das Internet anbieten können [Visa 1996a, S. 3].

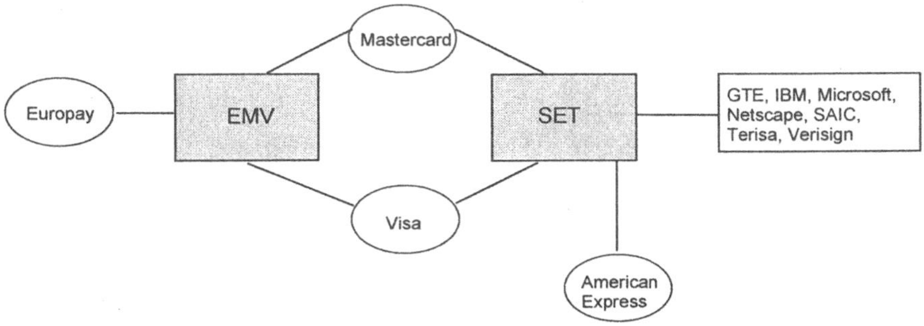

Abb. 6-9: Kooperationen zum Bezahlen im Internet

Die Kooperation bezüglich SET ist nicht unabhängig von den gemeinsamen Standardisierungsbemühungen der Kreditkartengesellschaften im Bereich der Kartenzahlungssysteme zu sehen. So haben Europay, Mastercard und Visa (EMV) Ende Oktober 1994 gemeinsam eine weltweit gültige, dreiteilige Richtlinie für Chipkartenzahlungssysteme entwickelt. Ziel ist, daß zukünftig ein Terminal alle Kartenarten verarbeiten kann [vgl. Fotschki 1995, S. 14]. Allein die Karten von Mastercard und Visa werden damit bei über 25 Millionen Händlern weltweit akzeptiert [vgl. Visa 1996a]. Die Einigung auf einen gemeinsamen Standard bei Terminals ermöglicht den Kreditkartenorganisationen eine erhöhte Interoperabilität sowie eine Verbesserung der Infrastruktur. Gleichzeitig erniedrigen sich für die einzelne Kreditkartenorganisation die Kosten (da auf die Infrastruktur der Partnerunternehmen zugegriffen werden kann). Ziel dieser gemeinsamen Strategie ist eine Erhöhung der Marktpenetration von Kreditkarten. Wird berücksichtigt, daß die Kreditkartenorganisationen zukünftig auf den Kreditkarten auch die kryptographischen Schlüssel für das Bezahlen im Internet speichern möchten, so kann nicht ausgeschlossen werden, daß durch das abgestimmte Verhalten der Kreditkartenorganisationen versucht wird, auch das Bezahlen im Internet zu beherrschen. Obgleich SET als ein offener Standard (und damit jeder Marktteilnehmer diesen Standard benutzen kann) definiert ist, besteht daher trotzdem die Gefahr der Wettbewerbseinschränkung durch das abgestimmte Verhalten.

6.5.2 Ziele und Wirkungen der Entwicklungskooperationen

Der Zahlungsverkehr, sei es der konventionelle oder auch der Zahlungsverkehr im Elektronischen Markt, verursacht eine große Zahl an institutsübergreifenden Zahlungen. Diese erfordern ein Mindestmaß an Koordination zwischen den beteiligten Banken und Institutionen. Einheitliche Standards und Spezifikationen bilden daher die Grundvoraussetzung für ein effizientes Zahlungssystem. Sie sind

gleichzeitig auch Bedingung für jede weitergehende Kooperation. Im Rahmen der Kooperation zur Entwicklung der Spezifikation SET wurden deshalb die Anforderungen bezüglich der Zahlungsinformation, der Autorisierung sowie die Sicherheitsanforderungen der beteiligten Parteien standardisiert.
Darüber hinaus ist die Schaffung eines Sicherheitsstandards als notwendige Basis für einen Güter- und Dienstleistungshandel über das Internet zu sehen. Nur wenn Zahlungen, Bestellungen und Übermittlungen von Dokumenten sicher erfolgen können, wird der Elektronische Markt Akzeptanz finden. Der Elektronische Markt weist damit Merkmale einer Systemtechnologie auf, für die das Kriterium der kritischen Masse Anwendung findet. Die Kooperationen zur Entwicklung eines Sicherheitsstandards sind somit auch als Versuch, ein Systemgutnetz zu schaffen, anzusehen. Das Ziel der durchaus heterogenen Kooperationspartner (Kreditkartenorganisationen, Softwarehersteller, Browserhersteller und Online-Dienstebetreiber) ist damit die Erhöhung des Transaktionsvolumens und damit einhergehend eine direkte bzw. indirekte Erhöhung des jeweiligen Umsatzvolumens.
Die Einigung auf einen gemeinsamen Standard[1] ermöglicht Kosteneinsparungen bei den beteiligten Akteuren. Für die an der Entwicklung beteiligten Institutionen reduzieren sich die Entwicklungskosten, da Parallelaktivitäten vermieden werden. Darüber hinaus können Skaleneffekte erzielt werden, wenn eine größere Anzahl an Zahlungstransaktionen auf dem gleichen Standard basiert. Der Konvertierungsaufwand von einem Standard zu einem anderen erniedrigt sich. Auch für die Anbieter im Elektronischen Markt ergeben sich aus der Kooperation Vorteile. So müssen diese nur einen Zahlungsstandard softwareseitig unterstützen.
Die Einigung auf einen gemeinsamen Standard fördert darüber hinaus die Interoperabilität von Zahlungen. Zahlungsanweisungen eines Kunden im Internet, der seine Bankverbindung bei Bank A aufrechterhält, können problemlos bei der Bank B des Anbieters eingelöst werden.
Obgleich, betriebswirtschaftlich betrachtet, Kostensenkungspotentiale durch eine solche Zusammenarbeit ermöglicht werden, besteht unter volkswirtschaftlichen Gesichtspunkten die Gefahr von Ineffizienzen. Denn wenn sich mehrere Institutionen auf einen gemeinsamen Standard einigen und dessen Marktpenetration forcieren,[2] kann sich möglicherweise ein Standard am Markt etablieren, der beispielsweise unter Sicherheitsaspekten nicht unbedingt der beste ist. Der fehlende Wettbewerb bei der Entwicklung eines Standards kann somit zu Wohlfahrtseinbußen führen.

6.5.3 Zusammenarbeit bei alternativen Zahlungsverfahren

Die gebräuchlichste Zahlungsform im Internet, die Zahlung per Kreditkarte, erfolgt durch die Übermittlung von Kreditkartendaten zwischen Käufer und Verkäufer. Das zunächst geringe Sicherheitsniveau [vgl. Mausberg 1995, S. 151] - zu Beginn der Abwicklung finanzieller Transaktionen über das Internet wurden die Kreditkartendaten unverschlüsselt (und damit ungeschützt gegenüber Abhören,

---

[1] Z.B. von SET, und damit einhergehend die Ablösung der beiden parallel entwickelten Standards STT und SEPP.

[2] Indem beispielsweise SET in bestehende Browser und Server integriert wird [Visa 1996b].

Angriffen und Manipulationen) übermittelt - sowie die prognostizierten Umsatzpotentiale im Elektronischen Markt führten zur Entwicklung alternativer Zahlungsverfahren. Neben der Entwicklung verschlüsselter Kreditkartenzahlungsformen - wie CyberCash und First Virtual - sind dies vor allem bargeldäquivalente Zahlungsformen sowie scheck- und überweisungsähnliche Zahlungsformen. Bei letztgenannter Zahlungsform sind insbesondere das Zahlungsverfahren Echeque der BankNet (einem Joint Venture des MarketNet, einem elektronischen Marktplatz, sowie der Secure Trust Bank) [vgl. Stockmann 1996, S. 27] sowie NetChex zu nennen [vgl. Mausberg 1995, S. 171]. Bei bargeldäquivalenten Zahlungsformen hat Ecash für den Bereich der Kleinbetragszahlungen größere Bedeutung erlangt.
Bei den verschiedenen alternativen Zahlungsverfahren besteht Kooperationsbedarf aus unterschiedlichen Gründen.

- Alle alternativen Zahlungsformen wurden als proprietäres System konzipiert. Sie weisen daher gegenüber offenen Systemen vor allem den Nachteil der fehlenden Interoperabilität mit anderen Zahlungsformen und damit den Ausschluß des Zugangs fremder Nutzer auf. Um die Interoperabilität zu überwinden, sind systemübergreifende Standardisierungen und Normierungen erforderlich.
- Ein weiterer Anreiz zur Kooperation ist in der Schaffung einer kritischen Masse zu sehen. Denn auch bei den alternativen Zahlungsverfahren zeigt sich das für Systemtechnologien (vgl. dazu auch vorheriger Abschnitt) typische Problem der kritischen Masse. Bei der Mehrzahl der genannten Systeme bedarf es - um erste Zahlungstransaktionen leisten zu können - sowohl der Anmeldung des Käufers als auch der Anmeldung des Verkäufers. Häufig muß eine gesonderte Software installiert werden. Es entstehen also auf beiden Seiten Transaktionskosten. Diese sowie die partielle Akzeptanz der Zahlungsformen bei ausgesuchten Anbietern führen dazu, daß die meisten der alternativen Zahlungsformen bisher nur in Nischen eine Bedeutung erlangt haben. Einen größeren Durchbruch - im Sinne des Erreichens der kritischen Masse - werden die alternativen Zahlungsformen erst erlangen, wenn sie gegenseitig einlösbar sind. Voraussetzung für die gegenseitige Akzeptanz sind daher Absprachen zwischen den ausgebenden Stellen des elektronischen Geldes (diese müssen nicht unbedingt Banken sein). Es bedarf Vereinbarungen über die Geschäftsabläufe sowie Standardisierungen im Bereich der auszutauschenden Daten und verwendeten Schlüssellängen. Insbesondere unter dem Aspekt, daß das Internet ein globaler Einkaufsplatz ist, der den weltweiten Handel von Waren und Dienstleistungen ermöglicht, sind weltweit akzeptierte Zahlungsmittel erforderlich. Diese können entweder kooperativ durch kleinere Anbieter oder durch Global Player, wie es die Kreditkartenorganisationen sind, zur Verfügung gestellt werden.[1]
- Ein weiterer Anreiz für Kooperationen besteht in der Reduktion bisher noch

[1] Angesichts der hohen Verbreitung von Kreditkarten und Akzeptanzstellen sowie der mittlerweile sicheren Datenübertragung auf Basis des Set-Standards ist es für kleine Anbieter ohnehin schwierig, gegenüber kreditkartenbasierten Zahlungen zu bestehen.

vorhandener Ineffizienzen. Denn nicht nur zwischen, sondern auch innerhalb einzelner Zahlungssysteme bestehen Inkompatibilitäten. Ein Beispiel hierfür ist das von Digicash entwickelte Ecash. Es sieht vor, daß Banken und auch Nichtbanken Lizenznehmer von Ecash sein können. Die Ecash-Einheiten unterschiedlicher Lizenznehmer sind jedoch nicht kompatibel. Möchte ein Händler Ecash-Einheiten bei seiner Bank B einlösen, die von der Bank A seines Kunden emittiert wurden, so kann dies nur über einen indirekten Verrechnungsvorgang über Bank A erfolgen. Im Gegensatz zu Buchgeld, das direkt verbucht werden kann, sind hier zusätzliche Transaktionsschritte erforderlich. Um die Effizienzverluste zu reduzieren, sind auch in diesem Fall Akzeptanzvereinbarungen zwischen den unterschiedlichen Lizenznehmern notwendig. Für die Anbieter eines proprietären Systems, zumeist Banken, ergeben sich weitere Nachteile. Durch die Inkompatibilität der Zahlungsformen erhöhen sich die notwendigen Transaktionsschritte zur Zahlungsabwicklung. Potentiale zur rationellen und kostengünstigen Abwicklung können damit nicht genutzt werden [vgl. Lengwiler 1987, S. 123]. Eine effiziente Abwicklung kann daher nur auf Basis von anbieterübergreifenden Standardisierungen erfolgen. Weitere Effizienzgewinne sind möglich, wenn sich die Banken - ähnlich wie es im realen Zahlungsverkehr EAF I und EAF II[1] ist - auf ein gemeinsames Clearingsystem einigen. In diesem Falle werden dann nur noch die jeweiligen Salden verbucht. Bei den bisher existierenden Zahlungssystemen im Internet wird jede einzelne Zahlung geroutet. Sollen alternative Zahlungsformen gegenüber Kreditkarten im Elektronischen Markt eine Chance haben, so sind einheitliche Standards, Regelungen und Geschäftsabläufe notwendige Voraussetzung.

- Kompetenzlegitimation ist ein weiterer Grund für Kooperationen bei alternativen Zahlungsverfahren. Die meisten Zahlungsverfahren wurden von sehr kleinen Firmen entwickelt, deren Gründung zumeist auf der Idee einer einzelnen Person beruht. Dementsprechend gering ist deren Kapitalausstattung, Risikofähigkeit und Bekanntheitsgrad einzuschätzen. Ebenso gering ist das Vertrauensverhältnis der Kunden in solche Systeme einzuschätzen. Die Erfolgschancen für einen Markteintritt können hier durch Kooperationen mit Unternehmen, die über Marktmacht, Image, Markenbekanntheit und einen Vertrauensvorsprung verfügen, erhöht werden [vgl. Bosshart 1995, S. 130]. Dies sind sicherlich auch Gründe für die Kooperation zwischen Digicash und der Mark Twain Bankshares, die Ecash als erste Bank akzeptierte. Ebenso ist die Zusammenarbeit zwischen Digicash und Eunet, einem der wichtigsten und bekanntesten Internet Provider, einzuordnen [vgl. o.V. 1996d]. In Deutschland kooperiert Digicash aus diesem Grund mit der Deutschen Bank.

[1] EAF steht für elektronische Abrechnung Frankfurt. Dabei werden Zahlungen kontinuierlich über eine DFÜ-Verbindung von den angeschlossenen Banken bei der LZB Frankfurt eingeliefert und gegenseitig verrechnet [vgl. Lambrecht 1994]. EAF II ist die Weiterentwicklung von EAF I. Gegenüber EAF I verringert EAF II das Systemrisiko und ermöglicht eine frühe Endgültigkeit der Zahlungen.

6.6 Kooperative Informationsagenturen

Nicht nur als Produktionsfaktor, sondern auch als Dienstleistung im Rahmen des Information Banking[1] gewinnt die Informationsvermittlung bei Banken an Bedeutung. Mit dem Ziel, durch Vermittlungsleistungen Wettbewerbsvorteile und Kundenbindung zu erzielen, haben die meisten Banken daher Informationsagenturen entwickelt. Neben konventionellen Beständen (Sacharchiv, Firmenarchiv, Bibliothek, Zeitschriften) werden verstärkt eigene Online-Datenbanken, Datenbanken des Online-Marktes sowie das Internet als Informationspool verwendet. Eine solche Agentur soll dem Anspruch genügen, sämtliche Fragen des Bankkunden möglichst rasch und umfassend zu beantworten. Da eine Agentur nur einen Bruchteil des vorhandenen Weltwissens abdecken kann und damit nur einen Teil der Fragen selbst beantworten kann, sind Kooperationen mit externen Informationsvermittlungspartnern erforderlich [vgl. Kuhlen 1995, S. 384]. So kooperiert die Commerzbank AG im Rahmen ihres „CB-infobank"-Service mit externen Informationsvermittlungspartnern, wie Baumgartner & Partner und der Unternehmensberatung Price Waterhouse.
Darüber hinaus sind die Informationsagenturen der einzelnen Banken im Ring deutscher Kreditwirtschaft zusammengeschlossen. In diesem haben sich als ein Beispiel für eine vernetzte Informationsagentur die Informationseinrichtungen der Banken im deutschsprachigen Raum zusammengeschlossen. Die Dienstleistungen, die von diesem bundesweiten Kooperationsverbund zur Verfügung gestellt werden, sind globaler. Sie umfassen u.a. Projektstudien und Marktanalysen.
Länderübergreifend wird der Informationsbedarf der Bankkunden ebenfalls über Kooperationen mit anderen Informationsagenturen befriedigt. So bieten beispielsweise die Volks- und Raiffeisenbanken einen Kooperationsservice für ihre Firmenkunden an, d.h. sie suchen für ihre Firmenkunden geeignete Kooperationspartner im Ausland. Die Leistungserstellung erfolgt durch das Euro-Info Center GEBI in Zusammenarbeit mit

- den Kooperationspartnerbüros der Institutionen des Genossenschaftswesens,
- dem Euro-Info Center,
- dem Büro für Unternehmenskooperation,
- der Business Datenbank, einer Initiative großer europäischer Banken mit rund 20.000 Inseraten,
- der BC-Net-Datenbank der EU-Kommission mit über 600 angeschlossenen Beratern,
- den Kooperationsdatenbanken EURO und BfAI [vgl. o.V. 1995m].

Die Informationsvermittlungsstellen der Banken sind also in erster Linie Anlaufstellen, die einen Teil der anfallenden Fragen selbst beantworten können, den Rest

[1] [Dolzanski 1994, S.2] definiert Information Banking als alle Leistungen, die von Banken im Rahmen einer marktgerichteten, entgeltlichen Dienstleistung unter Einsatz moderner EDV- und Kommunikationssysteme erbracht werden, um dem Bankkunden Informationen anzubieten, damit dieser seinen Informationsbedarf decken und Informationen im Rahmen seiner Problemstellung zielgerichtet zur Erreichung seiner Unternehmensziele einsetzen kann.

jedoch über Kooperationen abdecken. Das wesentliche Ziel der Zusammenarbeit zwischen diesen Informationsagenturen ist die Know-how-Erweiterung. Durch Kooperationen mit externen Informationsanbietern können eigene Ressourcendefizite überwunden werden. Diese sind i.d.R. fachspezifisch- oder unternehmensgrößenbedingt, wie beispielsweise bei kleineren Banken.
Recherchen über Unternehmensdaten oder neue Märkte müssen aus Sicht der Firmenkunden schnell zur Verfügung gestellt werden können. Ein bereits bestehendes Netz an verbundenen Informationsagenturen ermöglicht der Bank, Suchprozesse zu reduzieren und die gewünschten Informationen schnell zur Verfügung zu stellen.

6.7 Schlußfolgerungen

Bedingt durch die gegenüber konventionellen Märkten spezifischen Eigenschaften des Elektronischen Marktes, wie geringere Transaktionskosten und höhere Markttransparenz, werden sich im Elektronischen Markt zukünftig verstärkt kooperative Unternehmensformen entwickeln. Das Entstehen von virtuellen Banken und virtuellen Bankmarktplätzen unterstreicht diese Entwicklung. Dabei kommt aufgrund der spezifischen Eigenschaften des Elektronischen Marktes der Kooperation mit Informationsdienstleistern, Online-Dienste-Anbietern und Internet Service Providern als Differenzierungsstrategie eine bedeutende Stellung bei. Genauso wie in den beiden Betrachtungsteilfeldern Telekommunikation und Automatenbanking gewinnen damit branchenübergreifende Kooperationen an zentraler Bedeutung. Erfolgsfaktoren für bankübergreifende Leistungen sind dabei die Affinität der Sekundärleistungen zu den Bankmarktleistungen sowie die Kopplung von Sekundär- und Bankmarktleistungen.
Aufgrund der kurzen Innovationszyklen im Elektronischen Markt sind insbesondere Sparkassen und Volks- und Raiffeisenbanken auf Gruppenkooperationen für die Entwicklung und Implementierung elektronischer Bankmarktleistungen im Elektronischen Markt angewiesen. Dabei zeigt sich, daß im Rahmen einer solchen Kooperation sowohl Skaleneffekte als auch Zeitvorteile erreicht werden können.

7 Kooperationen beim Betrachtungsteilfeld Zahlungsverkehr

7.1 Überblick

Die Funktionsfähigkeit des Zahlungsverkehrs ist eine wesentliche Voraussetzung für ein effizientes Wirtschaftssystem. Dem Zahlungsverkehr kommt daher per se eine zentrale Stellung innerhalb der Volkswirtschaft zu. Für Banken stellt die Abwicklung des Zahlungsverkehrs insbesondere im Mengengeschäft der Privatkunden die wesentliche Geschäftsgrundlage dar. Wer den Zahlungsverkehr abwickelt, hat auch den Kunden, so wird häufig behauptet. Doch bei den meisten Banken kann der Zahlungsverkehr nur defizitär abgewickelt werden, obgleich eine Vielzahl von Standardisierungen und Automatisierungen in der Vergangenheit bereits zu Kosteneinsparungen geführt hat. Daher streben die meisten Banken weiterhin eine Verlagerung des kostenintensiven beleghaften Zahlungsverkehrs zum beleglosen Zahlungsverkehr im Rahmen der Kundenselbstbedienung an. Dem Zahlungsverkehr als Teilbereich der elektronischen Bank-Kunde-Schnittstelle kommt daher eine bedeutende Rolle zu.
Im folgenden liegt der Schwerpunkt auf der Untersuchung von Kooperationen im Bereich neuer elektronischer Zahlungsverkehrsprodukte. Dabei wird näher auf die Kooperationen im Auslandszahlungsverkehr, bei kartengestützten Zahlungssystemen sowie bei EDIFACT-Service-Centern eingegangen. Sektorbezogene Kooperationen, wie sie beim Aufbau von nationalen Clearingnetzen vorzufinden sind, werden in diesem Rahmen nicht behandelt. Ausführliche Ausführungen zu diesen Themenkomplexen sind in [Priewasser 1992, S. 101ff.] und [Obst/Hintner 1993, S. 626ff.] zu finden.

7.2 Historische Entwicklung

Der Zahlungsverkehr ist ein Bereich, in dem seit jeher eine hohe Kooperationsneigung festzustellen ist [Obst/Hintner 1993, S. 624]. Dies ist im wesentlichen auf zwei Gründe zurückzuführen. Zunächst weist der Zahlungsverkehr klassische Eigenschaften eines Systems auf. Der Zahlungsverkehr impliziert einen Austausch von Zahlungen zwischen Banken. Um diesen effizient im Sinne von kostengünstig und schnell abwickeln zu können, bedarf es gewisser Regeln, Normierungen und Standardisierungen zwischen den Banken. Dies setzt a priori einen kollektiven Abstimmungsprozeß zwischen den Banken voraus. Eine bedeutende Rolle spielt hier der seit 1953 bestehende Zentrale Kreditausschuß (ZKA), eine Arbeitsgemeinschaft der Spitzenverbände der Bankengruppen [Source 1995a, S. 157]. Hier werden unter Mitwirkung der deutschen Bundesbank in verschiedenen Ausschüssen und Unterausschüssen Abkommen und Vereinbarungen zur Abwicklung des

Zahlungsverkehrs getroffen. Hierzu zählten in der Vergangenheit beispielsweise die Entwicklung von einheitlichen Formularrichtlinien, eines einheitlichen Bankleitzahlensystems sowie die Entwicklung einheitlicher Codierrichtlinien im beleghaften Zahlungsverkehr [Obst/Hintner 1993, S. 624ff.].
Darüber hinaus ist der Zahlungsverkehr ein sehr kostenintensiver Bereich. Der Aufbau von Clearingnetzen und -stellen sowie von Processingcentern für die Abwicklung kartengestützter Zahlungssysteme verursacht hohe Kosten, die von einem Institut alleine häufig nicht getragen werden können. Eine Vielzahl von Kooperationen im Bereich des Zahlungsverkehrs ist daher aus Kostenreduktionsgründen entstanden. Dieser Aspekt hat auch im Jahre 1982 zur Gründung der Gesellschaft für Zahlungssysteme (GZS) geführt, an der die Privatbanken und die Sparkassen zu je 40% und der genossenschaftliche Sektor zu 20% beteiligt sind. Die GZS übernimmt die Kartenabrechnungen, das Clearing, das Sicherheitsmanagement sowie die Pflege des Akzeptanzstellennetzes für die Eurocard, ec-Karte und seit 1996 auch für die Visacard [Source 1996a, S. 1].
Im Bereich des elektronischen Zahlungsverkehrs haben die Banken im Rahmen des ZKA diverse gemeinsame Vereinbarungen verabschiedet. Zu nennen sind hier insbesondere:

- 1976: Die verschiedenen Bankengruppen einigen sich auf die „Vereinbarung über die Richtlinien für den beleglosen Datenträgeraustausch (Magnetband-Clearing-Verfahren)". Wesentlicher Anreiz für diese Vereinbarung waren Kosteneinsparungen auf Seiten der Kunden und der Bank, bedingt durch einheitliche Vordrucke, Qualitätsverbesserungen durch reduzierte Fehlerraten, die durch die Einmalerfassung beim Kunden erreicht werden konnten sowie insgesamt eine Zeitersparnis durch die Übernahme von Summen- und Einzeldaten in Cash Management-Systeme [Terrahe/Schuck 1993, S. 429].
- 1987: Entwicklung eines gemeinsamen Standards im Massenzahlungsverkehr mit dem Ausland, „Clean-Payment-Auslandszahlungsverkehr (DTAZV)".
- 1986: Entwicklung eines einheitlichen Standards für die PC/PC-Kommunikation mit den Kunden, „ZVDFÜ (ZahlungsVerkehrs-Datenfernübertragung)". Mit diesem Verfahren besteht für Kunden die Möglichkeit, Inlands- und Auslandszahlungsverkehrsdateien gemäß den DTA-Konventionen, wahlweise auch mit einer elektronischen Autorisierung, an die am ZVDFÜ-Verfahren teilnehmenden Banken zu übertragen.
- 1990: Entwicklung des BCS (Banking Communication Standard). Dieser ermöglicht die Kommunikation zwischen einem PC-System auf Kundenseite und einem Großrechner-System auf Bankenseite.

Neben diesen bankübergreifenden Kooperationen haben seit den sechziger Jahren auch die institutsgruppenspezifischen Kooperationen stark zugenommen. Insbesondere im Bereich des Clearings und Liquiditätsausgleichs spielen die sektorbezogenen Kooperationsplattformen, wie z.B. die SGZ und Fiducia im genossenschaftlichen Bereich, eine bedeutende Rolle [Priewasser 1992, S. 104].

7.3 Kooperationen beim Auslandszahlungsverkehr

7.3.1 Institutsspezifische Clearingnetze

Im Zuge der zunehmenden Internationalisierung und Integration der Europäischen Union erfährt der Auslandszahlungsverkehr eine steigende Bedeutung. In der Vergangenheit war der Auslandszahlungsverkehr durch eine Vielzahl von Ineffizienzen gekennzeichnet. Daher forderte die Europäische Kommission in ihrem sogenannten „Green Paper" die Banken dazu auf, für kürzere Laufzeiten, eine höhere Transparenz sowie für geringere Kosten im europäischen Massenzahlungsverkehr zu sorgen [Türke/Dortschky 1995, S. 52]. Dies betrifft Zahlungen unter DM 5000,--. Die Banken sind dieser Forderung v.a. durch Schaffung von neuen Kooperationsbeziehungen bzw. durch Reorganisation bestehender Kooperationsbeziehungen nachgekommen. Prinzipiell lassen sich neben der Abwicklung über eigene Niederlassungen im Ausland oder über Automated Clearing Houses folgende Kooperationsbeziehungen im Auslandszahlungsverkehr abgrenzen:

- Eine Korrespondenzpartnerbank pro Empfängerland.
- Mehrere Korrespondenzpartnerbanken pro Empfängerland auf Basis bilateraler Vereinbarungen.
- Eine oder mehrere Korrespondenzpartnerbanken pro Empfängerland im Rahmen einer sektorbezogenen Kooperation der eigenen Bankengruppe.

Bei den Großbanken ist darüber hinaus eine Tendenz zu sogenannten Clublösungen festzustellen. Darunter wird ein Netz von Korrespondenzpartnerbanken verstanden, die von ihrer Struktur durchaus heterogen sind, über Informations- und Kommunikationstechnologien miteinander verbunden sind und die gegenseitig den Auslandszahlungsverkehr abwickeln. Die Großbanken haben zu diesem Zweck gegenseitige Nutzungsvereinbarungen abgeschlossen. Eine kapitalmäßige Verflechtung liegt nicht vor.

Ein Beispiel hierfür ist der Commerzbank Euro-Zahlungsverkehrsservice, der seit 1994 besteht. Gemeinsam mit der britischen National Westminster Bank, der französischen Société Générale, dem italienischen Credito Italiano und unter Einbindung ihrer Korrespondenzpartnerbanken in Spanien, der Banco Hispanoamericano, hat die Commerzbank ein System entwickelt, das es ermöglicht, Kleinzahlungen für ein Land in gebündelter Form vollelektronisch über die jeweilige Partnerbank in das nationale Clearingsystem des Empfängerlandes einzuleiten [Nicolai-Verni/Michalek 1994, S. 28].

Gleichzeitig ist eine Zunahme der sektorbezogenen Kooperationen festzustellen. So hat der Genossenschaftssektor TIPANET, der Sparkassensektor S-Interpay und die Postbanken das System Eurogiro für die institutsinterne Abwicklung des Auslandszahlungsverkehrs entwickelt.

S-Interpay ist eine Kooperation der deutschen Landesbanken und ausländischen Sparkassenzentralbanken und ist seit 1995 in Betrieb. Kooperationspartner sind neben den Sparkassen der EU-Länder auch Island, die Schweiz und Norwegen. Es ist geplant, das System auf Polen, Tschechien, Zypern und die Türkei auszuwei-

ten.[1] Bisher auf Zahlungen bis DM 5000,-- beschränkt, soll das System für einige Länder zukünftig auf DM 10.000,-- ausgeweitet werden. Mehr als 50% der Zahlungstransaktionen werden mit Österreich und den Niederlanden getätigt.
Bei der Abwicklung von ein- und ausgehenden Zahlungen erfolgt eine Aufteilung der deutschen Landesbanken in sogenannte federführende Landesbanken, die für unterschiedliche Länder zuständig sind. Sie führen die gebündelte Zahlungsabwicklung mit einer oder mit mehreren Kooperationsbanken in den jeweiligen Ziel- und Herkunftsländern aus, wobei die Zahlungen elektronisch bis zur Empfängerbank weitergeleitet werden [Gutmann 1994, S. 73].[2]
Das Pendant des Genossenschaftssektors zu S-Interpay der Sparkassenorganisation ist TIPANET, das für „Transfers Interbancaires de Paiements Automatisées" steht. Es handelt sich dabei um einen Zusammenschluß von Genossenschaftsbanken aus zwölf europäischen und nordamerikanischen Partnerländern. Im einzelnen sind dies Dänemark, die Niederlande, Österreich, Schweiz, Belgien, Deutschland, Frankreich, Großbritannien, Italien, Kanada, Spanien sowie die USA [DG-Bank 1995, S. 1]. TIPANET ist ebenfalls ein internationales elektronisches Abwicklungssystem, das die automatische Bearbeitung von Zahlungen bis zum Empfänger ermöglicht. Die Zahlungen werden über die DG Bank in Frankfurt als Sammeldatensatz an die Partnerbanken übermittelt. Das verwendete Tipa-Format ermöglicht die automatische Weiterleitung der Zahlung in das jeweilige nationale Clearing-System.
Auch die Postbanken wickeln den Auslandszahlungsverkehr im Verbund ab. Dazu wurde die „European Post/Giro Directors Group" gegründet. Dies ist eine Kooperation von 14 europäischen Postbanken mit insgesamt 96.000 Zweigstellen/Ämtern/Poststellen und über 40 Millionen Girokonten. Teilnehmer der Kooperation sind die Postbanken der Länder Belgien, Dänemark, Deutschland, Finnland, Frankreich, Großbritannien, der Niederlande, Norwegen, Österreich, Spanien, Schweden und der Schweiz. Assoziierte Mitglieder sind Irland, Luxemburg und Japan [Schneider 1994, S. 36].
Folgende Abbildung stellt die Kooperationen mit ihren wesentlichen Zielen dar.

[1] Laut einem telefonischen Expertengespräch mit Herrn Hegersberg, Deutscher Sparkassen- und Giroverband, Bonn, am 10.07.1996.

[2] So ist beispielsweise die Norddeutsche Landesbank für Schweden und die Niederlande zuständig, die Bayerische Landesbank für Italien und Österreich und die Südwestdeutsche Landesbank für Frankreich und die Schweiz (Laut einem telefonischen Expertengespräch mit Herrn Hegersberg, Deutscher Sparkassen- und Giroverband, Bonn, am 10.07.1996).

Kooperation	Ziele der Kooperation
TIPANET	• Kostentransparenz: Unabhängig von der Betragsgröße kostet eine Überweisung in die angeschlossenen Partnerländer einheitlich DM 20,-- [Barth 1994, S. 12]. Unabhängig von den tatsächlich anfallenden Kosten erhält die TIPANET-Partnerbank DM 6,--, die Kreditgenossenschaft und die DG-Bank jeweils DM 7,--. Allerdings: Keine Gebührenteilung zwischen Empfänger und Auftraggeber möglich. • Beschleunigung der Laufzeiten auf zwei bis fünf Geschäftstage [DG-Bank 1995, S. 1]. • Stärkung der genossenschaftlichen Institutsgruppe.
S-Interpay	• Kostentransparenz: Auftragsabwicklung zu festen Stückpreisen (zur Zeit DM 15,-- pro Auftrag). • Reduktion der Laufzeit der Zahlungen auf maximal 3-4 Tage. Zahlungseingänge für Kunden der Sparkassenorganisation werden am Tag der Einleitung in den Inlandszahlungsverkehr gutgeschrieben [Berndt 1994, S. 6]. • Stärkung der Sparkassenorganisation als Institutsgruppe insgesamt. • Verbesserte Verrechnungsmöglichkeiten durch Nutzung bereits vorhandener Kapazitäten in der Sparkassenorganisation. • Kostenreduktion durch Straffung des Korrespondenzbankensystems und Nutzung bestehender Kapazitäten.
Eurogiro	• Kostentransparenz: Die anfallenden Kosten sind ex ante bekannt [Schneider 1994, S. 38]. Für beleglos eingereichte Aufträge auf Datenträger werden die Gebühren auf DM 1,-- pro Datensatz, mindestens DM 10,-- pro Datenträger gesenkt. • Reduktion der Laufzeit. Abwicklung des Zahlungsauftrages innerhalb von vier Bankarbeitstagen von der Belastung bis zur Gutschrift, wenn Absender und Empfänger ein Postbankkonto haben.

Abb. 7-1: Sektorbezogene Kooperationen beim Auslandszahlungsverkehr

Mit den Verbundlösungen sollen hauptsächlich die Ziele Laufzeitverkürzung, Kostenreduktion und Transparenz erreicht werden.
Die Verkürzung der Laufzeiten resultiert aus einer geringeren Anzahl an zwischengeschalteten Fremdinstituten und einer damit einhergehenden schnelleren Weiterleitung der Zahlungen (durch Verminderung der Medienbrüche, Reduktion der Liegezeiten und damit Verzicht auf die Realisierung von Floatgewinnen). Durch die genaue Kenntnis der weiterleitenden Banken sind die Kosten im voraus abschätzbar und damit den Kunden kommunizierbar. Für die Kunden ergibt sich darüber hinaus durch die schnellere und auch garantierte Abwicklungszeit eine bessere Liquiditätsplanung.
Gegenüber früheren Zahlungsformen werden die Zahlungen nicht mehr als Einzelnachricht versandt, sondern es erfolgt eine Bündelung der Zahlungen. Diese werden einmal täglich per Interbank File Transfer an das Ausland übermittelt. Über die Reduktion der Buchungen können Kosteneinsparungen erzielt werden. Gleichzeitig führt die elektronische Weiterleitung der Daten zu weiteren Kostenreduktionen. Die verbundweite Benutzung eines einheitlichen Datenformates ermöglicht die elektronische Weiterleitung der Zahlung zur Partnerbank und über die Einleitung in das jeweilige nationale Clearingnetz bis zum Empfänger.[1] Die

[1] So benutzen die Genossenschaftsbanken einheitlich das TIPA-Format. S-Interpay bedient sich einheitlich des S.W.I.F.T.-Formates MT 102 [vgl. Gutmann 1994, S. 101].

Reduktion der Medienbrüche sowie der verminderte Konvertierungsaufwand in andere Datenformate führt zu zusätzlichen Kostenreduktionen, die an die Kunden weitergegeben werden können [Rodewald 1994, S. 33]. Die Kooperation im Auslandszahlungsverkehr kann somit zu einer Stärkung der eigenen Institutsgruppe beitragen.
Gegenseitige Vereinbarungen über die Kostenübernahme innerhalb der Kooperation ermöglichen die Schaffung von Kostentransparenz und die Vermeidung von Doppelbelastungen beim Kunden.

7.3.2 Automated Clearing Houses

Neben gruppenspezifischen Lösungen bieten sich auch Automated Clearing Houses (ACH) für die Abwicklung des Auslandszahlungsverkehrs an. Automated Clearing Houses sind nationale, zentrale Verrechnungsstellen für den Auslandszahlungsverkehr. Ziel von ACHs ist, durch eine Bündelung der grenzüberschreitenden Auftrags- und Geldtransfers eine Kostenreduktion insbesondere im Massenzahlungsverkehr unter DM 5000,-- zu erreichen.
In mehreren Ländern, so z.B. in den Niederlanden, USA, England und der Schweiz,[1] wurde der Auslandszahlungsverkehr bereits seit den achtziger Jahren über Automated Clearing Houses abgewickelt. In Deutschland gibt es seit 1995 ein ACH als Gemeinschaftsunternehmen des deutschen Kreditgewerbes. Sämtliche ACHs sind als Gemeinschaftslösungen des nationalen Kreditgewerbes realisiert. Das deutsche ACH, die Bank für Zahlungsservice GmbH, ist ein 100 prozentiges Tochterunternehmen der Gesellschaft für Zahlungsverkehrssysteme, an der die drei größten Institutsgruppen beteiligt sind.
Insbesondere Kosteneinsparungspotentiale sprechen für eine Gemeinschaftslösung bei einem ACH. Durch eine maximale Bündelung der Zahlungsein- und ausgänge pro Land und eine medienbruchfreie elektronische Zahlungsweiterleitung bis zum Empfänger ergibt sich ein minimaler Buchungsaufwand. Gleichzeitig führt die auf Ebene des ACHs für sämtliche Buchungen durchgeführte Datensatzkonvertierung

[1] So gibt es in den USA das ACH Chips, in England das ACH Chaps sowie in der Schweiz SIC.
Chips ist die Abkürzung für „Clearing House Interbank Payment System". Dieses System wird von der New York Clearing House Association betrieben. Die Regeln, nach denen Chips betrieben wird, werden von dem „Clearing House Committee", das aus 12 der der New York Clearing House Association angehörenden Banken besteht, erlassen. Nach diesen Regeln können nur Banken oder Niederlassungen von Banken Teilnehmer des Clearing-Systems werden, die in New York domizilieren und entweder der Bankenaufsicht des Bundesstaates New York oder derjenigen der Federal Bank der USA unterstehen. 12 der Banken sind Mitglieder, die restlichen etwa 100 Banken sind assoziierte Mitglieder [Etzkorn 1991, S. 109].
Chaps steht für „Clearing House Automated Payment System" und wird von den zwölf settlement banks aus England und Schottland getragen. Dieses Clearing House arbeitet seit Anfang 1994. Im Gegensatz zu Chips handelt es sich nicht um ein zentrales Clearing System.
SIC steht für „Swiss Interbank Clearing". Es handelt sich dabei um ein zentrales elektronisches Clearing System, das im Juni 1987 in Betrieb genommen wurde und von der Telekurs AG, einem von Schweizer Banken getragenen Gemeinschaftsunternehmen im Bereich des Zahlungsverkehrs, betrieben wird [Etzkorn 1991, S. 118].

des Sender-Formats in das Empfänger-Format zu Kosteneinsparungen [vgl. Gutmann 1994, S. 31]. Darüber hinaus ergeben sich Größenvorteile durch die gemeinsame Nutzung der Netzinfrastruktur (siehe Ausführungen im Abschnitt Telekommunikation). Die gebündelte Anschaffung von Gegenwerten im Inland ermöglicht die Erzielung besserer Devisenkurse und eine Entlastung der Fremdwährungsbuchführung der einzelnen Institute und damit ebenfalls Kosteneinsparungen [vgl. Walkhoff 1995, S. 236].
Insgesamt können kürzere Laufzeiten ermöglicht werden. Denn die Auftraggeberbanken bzw. die Empfängerbanken kommunizieren, ohne Einschaltung einer weiteren Verrechnungsbank, direkt mit den ACHs. So kann das deutsche ACH Regellaufzeiten von 5 Tagen garantieren.[1]
Von der Kooperation profitieren vor allem Banken mit einem geringen Aufkommen von Auslandszahlungen [Gutschmidt 1992, S. 543]. Demgegenüber eignen sich Clublösungen oder sektorbezogene Kooperationen eher für Banken bzw. Institutsgruppen mit hohen Abwicklungsvolumina, die eine entsprechende Kostendeckung für ein eigenes Clearingnetz ermöglichen.
Die größten Synergien lassen sich erzielen, wenn sämtliche nationalen ACHs miteinander vernetzt sind. In Europa ist ein solcher Verbund nationaler ACHs im Aufbau. Bis Ende 1997 soll dieser realisiert sein.[2] Gegenwärtig sind bereits die Länder Deutschland, Belgien, Frankreich, Niederlande, Großbritannien und Österreich in einem Verbund zusammengeschlossen. Um größtmögliche Einsparungspotentiale zu realisieren, sind auch hier Standardisierungen erforderlich. Daher wird gegenwärtig ein einheitliches Satzformat für die Übertragung von Zahlungen entwickelt.

7.3.3 S.W.I.F.T.

S.W.I.F.T. (Society für Worldwide Interbank Financial Telecommunication) ist ein Datenkommunikationssystem zur Kommunikation zwischen Kreditinstituten, um Nachrichten, vor allem in Verbindung mit Auslandszahlungen, auszutauschen. Im Gegensatz zu den gruppenspezifischen Clearingnetzen bzw. zu den Automated Clearing Houses, über die Zahlungen ausgeführt werden, werden über S.W.I.F.T. nur Nachrichten, etwa in Form von Zahlungsavisen, ausgetauscht. S.W.I.F.T. hat damit keine Clearingfunktion. Die Verbuchung der Zahlungen erfolgt über gegenseitige Kontoverbindungen, über Korrespondenzbanken, institutseigene Clearingnetze oder Automated Clearing Houses.
S.W.I.F.T. wurde 1973 von 239 Banken aus 15 Ländern mit Sitz in Brüssel gegründet. S.W.I.F.T. wurde als Gemeinschaftsunternehmen der Mitgliedsbanken in der Rechtsform einer Genossenschaft gegründet. Die Kreditinstitute sind Genossen von S.W.I.F.T.. Es handelt sich somit um eine Kooperation mit Kapitalbeteiligung der Kooperationspartner. Zum 1.01.1996 zählt S.W.I.F.T. 2845 Mitgliedsbanken in über 135 Ländern [S.W.I.F.T. 1996a]. Bis 1989 konnten nur Banken

[1] Laut einem telefonischen Expertengespräch mit Herrn Grosse-Holtforth, Bank für Zahlungsservice GmbH, Frankfurt, am 11.07.1996.

[2] Laut einem telefonischen Expertengespräch mit Herrn Grosse-Holtforth, Bank für Zahlungsservice GmbH, Frankfurt, am 11.07.1996.

über S.W.I.F.T. kommunizieren. 1989 wurde der Status eines „participants" geschaffen. Damit können auch banknahe Institutionen, wie z.B. Broker, S.W.I.F.T. nutzen [Etzkorn 1991, S. 22]. Die Participants haben kein Stimmrecht auf der Hauptversammlung. Sie haben damit auch keinen Einfluß auf die Gestaltung von S.W.I.F.T.. Zum 1.01.1996 sind 315 Institutionen „Participants" bei S.W.I.F.T. [S.W.I.F.T. 1996a]. Von der Struktur sind die Mitgliedsbanken zumeist Großbanken oder Zentralbanken. Die Primärinstitute der Sparkassen- und Genossenschaftsorganisation sind über ihre Zentralbanken an S.W.I.F.T. angeschlossen.
Dem Gemeinschaftsprojekt der Kreditinstitute lag die Überlegung zugrunde, über die Errichtung eines grenzüberschreitenden Kommunikationssystems wesentliche Verbesserungen im Nachrichtenaustausch zwischen den Banken zu erreichen. Im einzelnen sind dies:

- Qualitätsverbesserung: Unterlagen zu Geschäftsvorgängen (wie z.B. Zahlungen, Zolldokumente, Devisenbestätigungen, Kontoauszüge) können elektronisch übermittelt und beim Empfängerinstitut automatisch weiterverarbeitet werden [Obst/Hintner 1993, S. 647].
- Zeitverbesserung: Nachrichten können minutenschnell übermittelt werden. In der Regel ist eine Nachricht über S.W.I.F.T. innerhalb von zwei Minuten beim Empfängerinstitut [vgl. Türke/Dorschy 1995, S. 38].
- Risikominderung: Risiken, wie Verlust von Dokumenten, Fehlleitungen und Fälschungen, können reduziert werden.
- Dispositionsverbesserung: Durch die frühzeitige Zahlungsavisierung kann die Empfängerbank besser disponieren. Gleichzeitig werden Fremdwährungsrisiken durch die Möglichkeit, frühzeitig Optionsgeschäfte einzuleiten, reduziert.

Eine wesentliche Voraussetzung für die Funktionsfähigkeit von S.W.I.F.T. waren Standardisierungen der Nachrichten. S.W.I.F.T. entwickelte im Laufe der Zeit eine Vielzahl von Standardisierungen, die mittlerweile auch im Interbankenverkehr eingesetzt werden. Hierzu zählen der „Bank Identifier Code (BIC)", der die Bankadresse festlegt und inzwischen von der ISO (International Standardization Organization) übernommen wurde, sowie die standardisierten Nachrichtenarten.[1] S.W.I.F.T. spielt damit nicht nur als Datenkommunikationssystem eine bedeutende Rolle, sondern hat sich im Laufe der Zeit eine bedeutende Position im Bereich der Nachrichtenstandardisierung geschaffen. Gleichzeitig ist S.W.I.F.T. Vorreiter im Bereich des innovativen Nachrichtenaustausches zwischen Banken. So können bereits seit 1994 EDIFACT-basierte Zahlungsnachrichten über S.W.I.F.T. übermittelt werden [S.W.I.F.T. 1996b].
Zukünftig ist daran gedacht, Clearingfunktionen in das S.W.I.F.T.-System zu integrieren. Gegenwärtig bietet S.W.I.F.T. bereits das ECU-Netting an.

---

[1] Jede S.W.I.F.T.-Nachricht (Message Type=MT) weist eine dreistellige Ziffernangabe auf, die auf die Kategorie des zugrundeliegenden Geschäftsvorfalles hinweist. Z.B. MT100: Kundenüberweisung, MT102: Auslandsüberweisung, MT400: Dokumenteninkasso.

7.4 Kooperationen bei kartengestützten Zahlungssystemen

7.4.1 Kooperationen bei der Elektronischen Geldbörse

Der Kartenmarkt und das Kartengeschäft sind in den letzten Jahren mit zunehmender Dynamik gewachsen. Dieser Prozeß wird durch die Entwicklungen im Bereich der Chipkartentechnologie und der Telekommunikation unterstützt. Neben den bereits etablierten Kartenarten, wie den Kredit-, Debit- und Chargekarten, wird gegenwärtig die elektronische Geldbörse als Karte für den Kleinbetragszahlungsbereich in den Markt eingeführt.
Im folgenden soll unter einer elektronischen Geldbörse[1] eine auf einer Trägerkarte mit einem Mikroprozessorchip integrierte Applikation verstanden werden, mittels derer im voraus aufgeladene Geldbeträge in Form von elektronischen Werteinheiten aufgespeichert und bei einer Akzeptanzstelle zur Bezahlung von Gütern und Dienstleistungen sukzessive wieder abgebucht werden können [vgl. Kissinger/Schiller 1994, S. 145]. Ein umfassenderer Begriff sind Wertkarten oder prepaid cards. Geldbörsenapplikationen können mit anderen Anwendungen auf einer Karte kombiniert werden.
Kooperationen unterschiedlichster Ausprägung spielen bei der Implementation eines elektronischen Geldbörsensystems eine bedeutende Rolle.

Anreize der Kooperationen

Zunächst sind kartengestützte Zahlungssysteme und insbesondere die elektronische Geldbörse aus theoretischer Sicht den Systemtechnologien zuzurechnen. Bei diesen Gütern steigt der Nutzen mit der Zahl der Nutzer und der Zahl der integrierten Systemkomponenten. Bei Systemtechnologien stehen nicht die Einzelkomponenten, wie etwa die einzelne elektronische Geldbörse, im Vordergrund, sondern das Gesamtsystem (inklusive Terminals, Geldausgabeautomaten, electronic cash-Terminals, Chipkartenlesegeräte, Aufladetelefone) bestimmt den Nutzen, der sich aus der Interaktion der Komponenten des Systems ergibt. Aus diesen Interaktionsbeziehungen leitet sich ein Kooperationsbedarf ab. Dieser bezieht sich auf sämtliche Ebenen eines elektronischen Geldbörsensystems, auf die organisatorische Ebene, auf die technische Ebene sowie auf die Ebene der Rahmenbedingungen.

[1] Für elektronische Geldbörsen werden darüber hinaus auch die als synonym zu betrachtenden Begriffe „Electronic Purse“, „Electronic Purse-System“ (entsprechend der CEN-Spezifikation) und „elektronisches Geldbörsensystem“ benutzt.

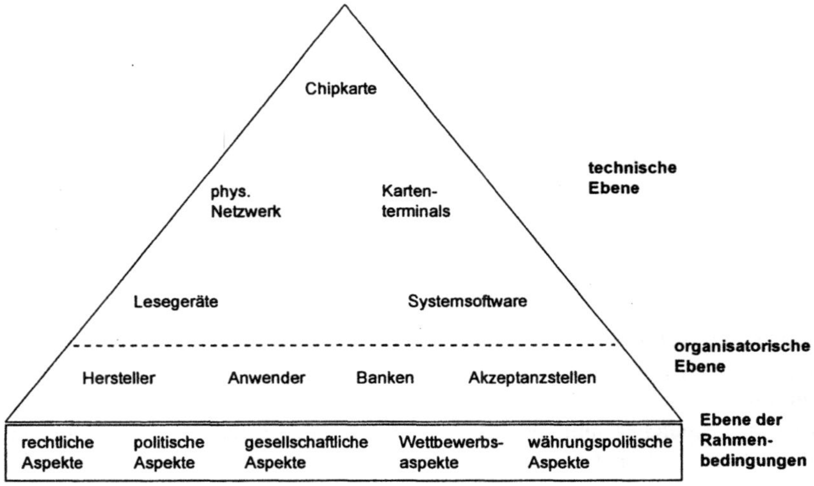

Abb. 7-2: Koordinationsebenen der elektronischen Geldbörse

Auf der organisatorischen Ebene muß ein Interessensausgleich der verschiedenen Teilnehmer, also der Hersteller, Banken, Dienstleister und Anwender herbeigeführt werden. Da die Interessen sehr vielschichtig sind, sollen im folgenden nur die wesentlichen Übereinstimmungen und Abweichungen dargestellt werden.
Interessenskongruenz besteht bei allen Beteiligten bezüglich der Sicherheit, wenn auch die Anforderungen und die Zahlungsbereitschaft für die Sicherheitssysteme unterschiedlich stark ausgeprägt sind. Die universelle Einsetzbarkeit der Chipkarte auf Basis international gültiger Standards wird sowohl von den Herstellern, als auch von den Anwendern und Akzeptanzstellen aus unterschiedlicher Motivation heraus als wesentliches Interesse genannt.
Bezüglich der Anonymität existieren starke Interessensdivergenzen zwischen Anwendern und Akzeptanzstellen. Während die Anwender die Anonymität einer Chipkartenanwendung in ihrer Präferenzordnung sehr weit oben plazieren, bietet gerade die Nachvollziehbarkeit von Zahlungsvorgängen für die Akzeptanzstellen hohe Potentiale. Über die Erfassung, Verarbeitung und Auswertung von Kundendaten mit Hilfe von Database Marketinginstrumenten können Produktpaletten optimiert und Kunden gezielt angesprochen werden.
Die Durchsetzung der unterschiedlichen Präferenzordnungen bei der Gestaltung eines Chipkartensystems ist abhängig von der Organisationsfähigkeit, Artikulationsfähigkeit und Marktposition der Systemteilnehmer sowie deren langfristiger Strategie. Schwierigkeiten haben in diesem Bereich gerade sehr kleine Unternehmen, wie Waschsalon- oder Zigarettenautomatenbetreiber. Für sie besteht die Möglichkeit, über die Bildung von Wirtschaftsverbänden eine akzeptable Größe zur besseren Interessenvertretung zu erlangen. Die gebündelten Interessen können dann in einem Abstimmungsprozeß zwischen den verschiedenen Teilnehmern eines Kartenkonzeptes gegeneinander abgewogen werden.

Auf der technischen Ebene ist im Rahmen der Kooperation festzulegen, wie die Infrastruktur, bestehend aus Lesegeräten, Kartenterminals, der Chipkarte, dem physikalischen Netzwerk und der Systemsoftware im einzelnen, jeweils entsprechend der Nutzungsart, ausgestaltet sein soll.
Im einzelnen ist bei den unterschiedlichen Infrastrukturkomponenten folgende Entscheidung zu treffen:

- Art der Lesegeräte (z.B. Chipkartenleser, Hybridleser, Wallets, Microbank).
- Art (z.B. Kassenterminals, SB-Terminals, GAA, KAD) und Anzahl der Terminals.
- Art der Chipkarte (z.B. Speicher-Mikroprozessorkarte, optische Speicherkarte, kontaktlose Karte, kontaktbehaftete Karte, Combicard) und Kartenmanagement (z.B. Personalisierung, Schlüsselmanagement, Recycling).
- Netzbetreiber (z.B. GZS, Telecash), Clearing, Routing, Knotenrechner sowie Art der TK-Netze (z.B. Mobilfunk, terrestrische Netze, Satellitennetze) und TK-Dienste (z.B. Datex-P, ISDN).

Auf der untersten Ebene, der Ebene der Rahmenbedingungen, beeinflussen rechtliche, politische, gesellschaftliche und währungspolitische Aspekte sowie Wettbewerbsaspekte die Gestaltung eines Kartenkonzeptes. Auf sie soll im einzelnen nicht näher eingegangen werden.
Die Ausführungen zeigen, daß infolge der Systemguteigenschaft der Chipkarte eine erfolgreiche Einführung eines elektronischen Geldbörsenkonzeptes nur über koordinierte Abstimmungsprozesse im Rahmen einer Kooperation aller Beteiligten erreicht werden kann.

Neben diesen auf die Systemguteigenschaft der elektronischen Geldbörse zurückzuführenden Kooperationen sind Marketingüberlegungen ein wesentlicher Grund für Kooperationen. Der Besitz der Geldbörse allein verschafft den Kunden gegenüber anderen kartengestützten Zahlungssystemen, wie Kredit-, Debit- und Chargekarten, keinen wesentlichen Zusatznutzen. Durch die Kopplung mit Loyaltykonzepten, Zusatzanwendungen und Bonusprogrammen im Rahmen des Costumize-Banking kann der Nutzen der elektronischen Geldbörse wesentlich gesteigert werden [Krüger 1996, S. 359]. Kooperationen mit nationalen Unternehmen (Tankstellenketten, Fast-Food-Ketten, Kaufhäuser) sowie mit regionalen Anbietern (Fremdenverkehrsverbänden, Kommunen, Verkehrsverbände) führen zu einer Qualitätssteigerung. Synergien ergeben sich sowohl für die kartenemittierende Bank als auch für die jeweiligen Kooperationspartner, bedingt durch eine Steigerung der Nutzungsfrequenz. Ein Beispiel für eine Zusatzanwendung ist die elektronische Geldbörse der Bank Austria, die in Kooperation mit der Universität Wien mit integriertem Studienbuch und Zugangsberechtigungen zu den Bibliotheken ausgestattet wurde.

Ein weiterer Anreiz für Kooperationen stellt aus Sicht der Kartenemittenten der Zugang zur Endgeräteinfrastruktur dar. Gegenüber anderen kartengestützten Zahlungsformen bietet die elektronische Geldbörse nur dann einen Vorteil, wenn die Karte bequem von zuhause, unterwegs an Geldausgabeautomaten und Telefonen oder an Point-of-Sale-Terminals aufgeladen werden kann. Durch Kooperationen mit Telekommunikationsunternehmen kann der Zugang zur deren Endgeräteinfrastruktur ermöglicht werden. Die Deutsche Bahn AG hat im Rahmen einer solchen Kooperation ein Nutzungsrecht der öffentlichen Telefone von der Telekom zum Aufladen der Pay Card erhalten.

Ebenso führen Standardisierungsüberlegungen zu kooperativem Verhalten bei der elektronischen Geldbörse. Gegenwärtig bilden sich zwei Standards für die elektronische Geldbörse. Zum einen die Standardisierungsnorm des Comité Européen de Normalisation (CEN) und zum anderen der EMV-Standard [Fotschki 1995, S. 12]. Bei EMV handelt es sich um eine Kooperation der drei großen Kreditkartenorganisationen Europay, Mastercard und Visa. Die drei Kreditkartenorganisationen verfügen gemeinsam über ein weltweites Netz an Akzeptanzstellen sowie eine gut ausgebaute Processinginfrastruktur. Durch die Kooperation erreichen sie eine vergleichsweise hohe Marktmacht, so daß gute Chancen bestehen, den EMV-Standard zu einem De-facto-Standard werden zu lassen.

Letztlich stellen Kooperationen auch Abwehrstrategien gegenüber anderen Marktteilnehmern dar. Durch die Bündelung von Know-how, technischen Processingkapazitäten, vorhandener Infrastruktur an POS-Terminals und Aufladestationen sowie politischer Einflußnahme auf Entscheidungsprozesse können elektronische Geldbörsensysteme schnell realisiert werden. Unter diesem Gesichtspunkt ist auch das deutsche Geldbörsensystem, die Geldkarte, entstanden. Durch ausländische Anbieter, wie Mondex oder auch die Kreditkartenorganisationen, die vergleichsweise früh erste Geldbörsenkonzepte auch für den deutschen Markt entwickelt haben, entstand Handlungsdruck. Als Gemeinschaftsprojekt der deutschen Kreditwirtschaft wurde daher in kurzer Zeit in Zusammenarbeit mit dem Zentralen Kreditausschuß die Geldkarte entwickelt. Problematisch erscheint bei diesem Konzept allerdings, daß sowohl zentrale Präferenzen der Kunden als auch der Akzeptanzstellen nicht berücksichtigt wurden. So sind die Gebühren im Vergleich zu anderen Zahlungsverfahren aus Sicht der Akzeptanzstellen sehr hoch. Die Kunden können die Geldkarte nur an wenigen Automaten bei ausgewählten Banken aufladen. Auflademöglichkeiten per Telefon oder PC bestehen nicht.

Probleme der Kooperationen

Kooperationen, die auf Branchenebene realisiert werden, führen aufgrund der großen Anzahl an Kooperationspartnern häufig zu Problemen. Auch bei der elektronischen Geldbörse zeigen sich drei typische Problemfelder. Bedingt durch die hohe Anzahl an Kooperationspartnern besteht die Gefahr, daß einzelne Partner versuchen, eigene Ziele, die den Kooperationszielen durchaus entgegensetzt sind, zu verfolgen. So sieht das Geldkartenkonzept vor, daß Schattensalden geführt werden. Diese verursachen hohe Kosten, die vor allem von den Akzeptanzstellen in Form von hohen Gebühren zu tragen sind, bieten aber den Vorteil der Nachvollziehbarkeit von Transaktionen und sind daher insbesondere für die Privatkunden von Vorteil. Die Privatbanken, die sich im Vergleich zu den Genossenschaftsbanken und Sparkassen durch einen hohen Anteil an Handelsunternehmen

auszeichnen, haben im Verlauf der Kooperation bekanntgegeben, daß sie auf die Führung von Schattensalden verzichten [Source 1995b, S. 1]. Sie erzielen damit einen Kostenvorteil, den sie an die Akzeptanzstellen, ihre Firmenkunden, weitergeben können.
Gleichzeitig führt eine große Anzahl an Kooperationspartnern zu einem erhöhten Koordinationsaufwand. Insbesondere die Abstimmung zwischen einer Vielzahl von Banken, Herstellern und Akzeptanzstellen führt zu Zeitverzögerungen. Der ursprünglich für Januar 1996 geplante Feldversuch der Geldkarte in Ravensburg wurde mehrmals verschoben und startete letztendlich am 29. März 1996. Als ausschlaggebender Grund wurden Lieferschwierigkeiten seitens der Terminalhersteller genannt.
Darüber hinaus zeigt sich bei Branchenkooperationen sehr häufig, daß der Prozeß der Konsensfindung aufgrund der Interessensinkongruenzen sehr schwierig ist und daher häufig der kleinste gemeinsame Nenner als Lösung gewählt wird. So wurden bisher auf der Geldkarte weder Loaltykonzepte implementiert, noch wurden die Auflademöglichkeiten der Karte auf Endgeräte, wie PC oder Telefon, ausgeweitet. Beides sind jedoch zentrale Anforderungen für den Erfolg einer elektronischen Geldbörse [vgl. Bartmann/Fotschki 1995, S. 645ff.].
Letztlich zeigt sich auch bei der Kooperation bei der elektronischen Geldbörse das Problem, daß die verschiedenen Banken unterschiedliche Mitgestaltungsmöglichkeiten aufweisen. Die jeweiligen Möglichkeiten der Einflußnahme auf die Konzeptgestaltung sind abhängig von den bestellten Vertretern des jeweiligen Verbandes, dem in der Bank vorhandenen Kenntnisstand, den abgewickelten Volumina der Bank sowie dem Anteil am durchschnittlichen Geschäftsvolumen aller Banken. Gerade kleine Privatbanken sind mit dieser Problematik konfrontiert. Sie sind zwar im Bundesverband deutscher Banken vertreten, haben aber im Vergleich zu den Großbanken häufig differierende Interessen. Aufgrund ihrer Größe haben sie gegenüber den Großbanken eine geringere Einflußnahme auf die Strategie des Verbandes.

Ausgestaltung der Kooperationen

Das kooperative Verhalten bei elektronischen Geldbörsensystemen kann auf unterschiedlichen Stufen der organisatorischen Verflechtung erfolgen. Bei sehr loser Zusammenarbeit wird zunächst die technische Ebene, insbesondere die Schnittstellenanpassung, koordiniert, es werden Vereinbarungen zur Nutzung der Endgeräteinfrastruktur getroffen.
Je enger die Akteure eines elektronischen Geldbörsensystems zusammenarbeiten und je höher die strategische Bedeutung von den Akteuren eingeschätzt wird, desto stärker ist in der Regel auch ihre organisatorische Verflechtung. Dies kann dann bis zur Gründung eines gemeinsamen Unternehmens führen. So ist beispielsweise das elektronische Geldbörsensystem Mondex aus einer Kooperation von British Telecom und der National Westminster Bank entstanden. Mittlerweile wurde die Kooperation auf 17 Unternehmen ausgeweitet, die in ein Gemeinschaftsunternehmen, die Mondex International Inc., London, überführt wurde [Mondex 1996, S. 1].

7.4.2 Kooperationen beim Kartenprocessing

Kartenprocessing-Center bieten Dienstleistungen in Zusammenhang mit der Abwicklung von Kartentransaktionen an. Das Angebot umfaßt Dienstleistungen für die Kartenemittenten sowie für die Akzeptanzstellen von Kredit-, Debit-, Bank- und Kundenkarten. Zu den Emittenten-Dienstleistungen zählen die Antragsbearbeitung, die Kartenherstellung, die Kartenkontoführung sowie der Forderungseinzug beim Kunden [B + S 1996, S. 3]. Zu den Empfänger-Dienstleistungen zählen die Autorisierung und die Abrechnung der Karten. Die Mehrzahl der Processingcenter bietet inzwischen auch die Installation und Wartung von POS Terminals bei den Akzeptanzstellen an.

Es zeigt sich, daß ein Großteil der Kartenprocessing-Center aus einer Kooperation mehrerer Unternehmen, unter denen sich vor allem Kreditinstitute, Verbände und Technologieunternehmen befinden, hervorgegangen ist. In der Regel handelt es sich um die Kooperationsform des Joint Ventures mit Kapitalbeteiligung. So sind drei der vier größten Kartenprocessing-Unternehmen in Deutschland als Gemeinschaftsunternehmen realisiert. Folgende Tabelle zeigt die Kooperationen mit den jeweiligen Beteiligungsverhältnissen auf, wobei das zweitgrößte Kartenprocessing-Unternehmen, die Citicorp Kartenservice GmbH, als 100 prozentige Tochter der Citibank, nicht dargestellt wird.

Kartenprocessing-Unternehmen	Beteiligungsverhältnisse
GZS	40% Sparkassen, 40% Privatbanken, 20% Genossenschaftsbanken
B + S Card Service GmbH	62,4% Sligos, 15,1% Bankgesellschaft Berlin, 10% Landesbank Berlin, 12,5% Landesgirokasse
Qbos	50% Bank of Scotland, 50% + 1 Stimme Quelle Bank

Abb. 7-3: Beteiligungsverhältnisse bei Kartenprocessing-Unternehmen

Die jüngsten Entwicklungen des Processor-Marktes haben wesentlichen Einfluß auf die Bildung von Kooperationen. So war bis Ende 1995 der Processing-Markt in Deutschland durch die Trennung in Eurocard- und Visa-Prozessoren geprägt. Ab 1996 können in einem Processing-Center Full-Service-Processorleistungen sowohl für Visa als auch für Eurocard erbracht werden [Source 1996a]. Die Dualität im Processing bietet die Möglichkeit, Synergieeffekte in der Abwicklung beider Karten (z.B. geringere Abwicklungskosten) zu erzielen [Balzer-Schnurbus 1996, S. 207]. Durch die Zusammenlegung ehemals getrennter Processingcenter lassen sich Qualitätsverbesserungen für die Kunden, etwa durch ein einheitliches Kartenkonto und Verfügungslimit für beide Konten, erzielen.
Darüber hinaus führt die Liberalisierung der Eurocard-Konzeptstufe 3, die eine Reduktion der obligatorischen Gemeinschaftsleistungen (wie z.B. Reklamationsbearbeitung) eines Processing-Centers vorsieht, zu einer Intensivierung des Wettbewerbs. Teilbereiche der gesamten Processing-Dienstleistung können im Kreditinstitut selbst als sogenannte Inhouse-Lösung oder von anderen Processingun-

ternehmen durchgeführt werden.
Es ist davon auszugehen, daß insbesondere im Bereich der Volks- und Raiffeisenbanken diese neuen Regelungen zur Bildung kooperativer Processing-Center führt. Denn für diese Institutsgruppen kommt aufgrund des geringen Abwicklungsvolumens das Inhouse-Processing nicht in Frage.
So geben im Visa-Bereich die zehn größten Emittenten ca. 85% aller 3,3 Millionen Karten heraus. Die zehn größten Eurocard-Emittenten emittieren dagegen lediglich 25-30 Prozent aller Eurocards. Die Mehrzahl der Karten wird von einer Vielzahl von Instituten insbesondere im Sparkassen- und Genossenschaftsbereich herausgegeben [Balzer-Schnurbus 1996, S. 208]. Für sie bietet sich die Bündelung in einem gemeinsamen Kartenprocessingcenter an. So soll beispielsweise zum ersten Januar 1997 im Sparkassensektor ein neues Processing-Center entstehen, das sowohl Eurocard als auch Visa abwickelt. Es handelt sich dabei um eine Kooperation zwischen dem saarländischen und dem niedersächsischen Sparkassen- und Giroverband [Source 1996b, S. 1].
Neben diesen umfeldbedingten Einflußfaktoren, die zur Bildung von Kooperationen führen, bestehen eine Vielzahl weiterer Anreize. Im wesentlichen sind zu nennen:

- Schneller Einstieg in das Kartenprocessing-Geschäft: Insbesondere Kartenemittenten, die bereits über eine hohe Anzahl an emittierten Karten verfügen, aber das Processing noch nicht selbst durchführen, wählen häufig die Kooperationsstrategie. Sie versuchen, durch die Kooperation Know-how für den Aufbau und Betrieb eines Kartenprocessing-Centers zu erlangen. Dies war beispielsweise der wesentliche Anreiz für die Quelle Bank, gemeinsam mit der Bank of Scotland das Kartenprocessing-Center Qbos zu gründen.[1]
- Einstieg in einen neuen Markt/neues Geschäftsfeld: Technologieunternehmen und auch Banken, die Know-how im Bereich Kartenmanagement- und processing haben, versuchen über Kooperationen im Rahmen einer Diversifikationsstrategie in das Kartenprocessing als neues Geschäftsfeld einzusteigen.[2]
- Zugang zu Neukunden: Über Kooperationen mit Kartenemittenten, die über eine hohe Anzahl von emittierten Karten bzw. Kunden verfügen, kann der Zugang zu Neukunden und damit der Absatz von Cross Selling-Produkten ermöglicht werden.[3]
- Kostenreduktion: Insbesondere kleinere Banken können im Rahmen eines Gemeinschaftsunternehmens eine Investitionskostenteilung erreichen.

Kartenprocessingcenter werden zukünftig verstärkt in Richtung Marketing und Beratung ausgebaut werden. Mögliche Partner könnten dann im Zusammenhang mit Bonusprogrammen oder Life-Style-Ansätzen stehen. Handelshäuser, Banken und die Industrie sind damit denkbare Kooperationspartner.

---

[1] Laut einem Expertengespräch mit Herrn Blauw, Qbos, Nürnberg, am 13.03.1996.

[2] Dies war sicherlich wesentliche Motivation von Sligos (einem der größten Kartenproduzenten weltweit mit 108 Millionen produzierten Karten in 1995) zur Beteiligung an der B + S Card Service GmbH.

[3] So erhält die Bank of Scotland über die Kooperation mit der Quelle Bank Zugang zu den über 24 Millionen Adressen im Quelle Konzern.

7.4.3 Internationale Verbundsysteme bei elektronischen kartengestützten Zahlungssystemen

Entsprechend der Entwicklung bei den Geldausgabeverbundsystemen werden gegenwärtig die verschiedenen nationalen EFTPOS-Systeme, die eine bargeldlose Bezahlung am Point of Sale durch Einsatz einer Karte ermöglichen, vernetzt. Grundlage bildet eine Kooperation zwischen gegenwärtig 20 Ländern,[1] die gegenseitig den elektronischen Einsatz der ec-Karten und Bankkundenkarten garantieren. Der Kooperationsverbund hat den gemeinsamen Markennamen edc/Maestro. Dabei trägt die in Deutschland zum Einsatz kommende europäische Version das edc-logo,[2] die für den weltweiten Einsatz dagegen das Maestro-Logo [Source 1995a, S. 24]. Seit 1994 sind in Deutschland alle eurocheque-Karten und einige Bankkundenkarten mit dem edc/Maestro-Logo ausgestattet. Ausländische Karteninhaber können, sofern ihre Karten über das edc- oder Maestro-Logo verfügen, bei mittlerweile 1000 Händlern ihre Karte einsetzen.
Die Teilnahme und damit auch der Nutzen des Kooperationsverbundes ist im Vergleich der Teilnehmerländer sehr unterschiedlich. International betrachtet verfügt Deutschland mit ca. 56 Millionen Karten über die meisten edc/Maestro-fähigen-Karten, vor den Niederlanden mit ca. 12 Millionen Karten und Großbritannien mit etwa 8 Millionen Karten. In Frankreich werden dagegen mit ca. 245 Millionen jährlich die meisten Transaktionen getätigt [GZS 1996b].
Die Anreize für einen Kooperationsverbund bei EFTPOS-Systemen sind ähnlich denen bei Geldausgabeautomatenverbundsystemen. Im wesentlichen sind dies systemgutbedingte Aspekte, Wirtschaftlichkeitsaspekte sowie kundenbezogene Aspekte. Sie werden daher nicht gesondert untersucht (vgl. Abschnitt 5.6.2).

7.5 EDIFACT-Service-Center

Im Rahmen der zunehmenden internationalen Verflechtung wird ein internationaler, branchenübergreifender Zahlungsverkehrs- und Datenfernübertragungsstandard erforderlich, um einerseits den Konvertierungsaufwand von länderspezifischen Standards zu vermindern und um andererseits Medienbrüche bei der Erfassung und Verarbeitung von Dokumenten zu verhindern und damit eine zusammenhängende Kette von Geschäftsvorfällen zu ermöglichen. Man spricht in diesem Zusammenhang von der Realisierung eines medienbruchfreien electronic loop [Wölfing 1995, S. 42].
Ein Lösungsansatz stellt die grenzüberschreitende Normierung sowohl von Zahlungsverkehrsdatensätzen als auch von Datenfernübertragungsprotokollen dar [Hartmann 1993, S. 413]. Man spricht in diesem Zusammenhang von „International Financial EDI“ (EDI= Electronic Data Interchange). Besondere

[1] Im einzelnen sind dies: Deutschland, Belgien, Frankreich, Griechenland, Großbritannien, Island, Italien, Lettland, Luxemburg, Malta, Niederlande, Österreich, Portugal, Russische Föderation, Spanien, Schweden, Schweiz, Türkei, Tschechische Republik, Ungarn und Zypern [GZS 1996a].

[2] Edc steht für electronic debit card.

Bedeutung hat das von der ISO entwickelte Datenformat EDIFACT (Electronic Data Interchange For Administration, Commerce and Transports) erlangt, das 1988 als ISO-Norm 9735 verabschiedet wurde. Die Darstellung von Geschäftsvorfällen mittels EDIFACT ermöglicht eine branchenübergreifende und internationale Kommunikation.
Für Banken, aber auch für mittelständische Unternehmen, entsteht durch Großunternehmen, wie Siemens[1] oder Metro, die bereits ihren Zahlungs- und Datenverkehr im EDIFACT-Format abwickeln, Handlungsdruck [Wölfing 1995, S. 42]. Wollen Banken nicht nachteilige Auswirkungen auf ihre Wettbewerbsposition in Kauf nehmen, werden sie langfristig das EDIFACT-Format verarbeiten müssen.
Damit kann gleichzeitig auch eine Chance verbunden sein. Denn der EDI-Markt wächst stetig. Und im Zuge dieser EDI-Verbreitung gewinnt auch EDIFACT an Bedeutung. So prognostiziert eine vom Marktforschungsunternehmen Ovum im November 1995 erstellte Studie ein Wachstum des EDI-Marktes von jährlich 28% [o.V. 1996β, S. 31].
Es bietet sich daher an, nicht nur die Zahlungstransaktionen der Firmenkunden im EDIFACT-Format zu verarbeiten, sondern gleichzeitig als Servicecenter für den EDIFACT-Datenaustausch der Firmenkunden mit ihrer Bank bzw. zwischen den Firmenkunden zu agieren.

Für Banken stellt sich damit die Frage nach der Umsetzung. Neben der Alleingangstrategie bietet sich grundsätzlich für Banken eine durch mehrere Banken getragene Gemeinschaftslösung in Form eines EDIFACT-Service-Centers an.
Unter einem EDIFACT-Service-Center[2] versteht man nach Bruns die Gesamtheit aller manuellen, interaktiven und automatischen Funktionen und Dienste, die notwendig sind, um EDIFACT-Geschäftsvorfälle innerhalb eines definierten Zuständigkeitsbereiches nach allgemeinen Regeln zu bearbeiten und mit angeschlossenen Anwendungen und EDIFACT-Partnern ordnungsgemäß auszutauschen. Dazu zählen Nachrichten-Services, Unterstützungs-Services und Management-Funktionen [Bruns 1995, S. 34].

Ein durch mehrere Banken gemeinsam getragenes EDIFACT-Clearing Center bietet den angeschlossenen Banken diverse Vorteile. Dabei gibt es folgende Möglichkeiten, EDIFACT-Service-Center zu implementieren:

- Realisierung eines branchenspezifischen EDIFACT-Service-Centers durch alle Banken, ähnlich der GZS, die als zentrales Dienstleistungsunternehmen für die Abwicklung bargeldloser Zahlungssysteme zuständig ist.
- Realisierung eines institutsspezifischen EDIFACT-Service-Centers, etwa der Sparkassengruppe.

---

[1] Siemens erwartet durch die Einführung des EDIFACT-Formates ein Rationalisierungspotential von einem Promille des Zahlungsvolumens (100 Millionen DM pro Jahr) [Wölfing 1995, S. 42].

[2] Bruns bezeichnet dies als EDIFACT-Clearing-Center. Im Sprachgebrauch der Banken ist der Begriff des Clearing allerdings vorbelegt und bezeichnet dort lediglich den Spitzenausgleich von Zahlungen. Da jedoch EDIFACT-Clearing-Center viel weitreichendere Aufgaben erfüllen, wird in vorliegender Untersuchung der Begriff des EDIFACT-Service-Centers benutzt.

- Realisierung eines regionalen, institutsübergreifenden EDIFACT-Service-Centers.
- Realisierung eines EDIFACT-Service-Centers auf bilateraler Basis zwischen einzelnen Banken.

Aufgrund der erforderlichen Abstimmungsprozesse zwischen den verschiedenen Institutsgruppen und des noch sehr innovativen Charakters von EDIFACT-Service-Centern ist in absehbarer Zeit nicht mit einer bundeseinheitlichen Lösung zu rechnen. Daher scheinen die drei übrigen Möglichkeiten höhere Durchsetzungs- und Umsetzungschancen zu haben.[1] Die kooperative Realisierung von EDIFACT-Service-Centern, insbesondere im regionalen Bereich, bietet die Möglichkeit, den Geschäftsverkehr für die Firmenkunden durchzuführen. Die Firmenkunden können über das EDIFACT-Service-Center der Banken Dokumente, wie Geschäftsavise, Zahlungsavise, Rechnungen, Kostenvoranschläge oder Zolldokumente, austauschen. Für die Firmenkunden ergibt sich somit eine erhöhte Planungssicherheit durch frühzeitige Informationsübermittlung, weniger Medienbrüche und ein verminderter Konvertierungsaufwand, da ein einheitliches Datenformat benutzt wird. Die Banken erreichen durch die umfassendere Bedienung ihrer Firmenkunden eine erhöhte Kundenbindung. Dies führt zu einer Stärkung der Marktposition der Teilnehmerbanken an einem EDIFACT-Service-Center. Das Betreiben eines EDIFACT-Service-Centers durch mehrere Banken bietet sich insbesondere für regional strukturierte kleinere Banken im Rahmen einer sektorbezogenen Kooperation an. Sie können damit das Abwandern von mittelständischen Firmenkunden zu Großbanken verhindern, die durch den Druck von Großunternehmen gezwungen werden, ihre Zahlungs- und Datenübertragung im EDIFACT-Standard abzuwickeln.
Neben diesem wettbewerbsbezogenen Vorteil ergibt sich für die an einem EDIFACT-Service-Center beteiligten Banken eine Kostenersparnis. Diese setzt sich aus einer Vermeidung von Doppelaktivitäten bei den einzelnen Banken, einer optimierten Nutzung der verfügbaren Ressourcen, Investitionskostenteilung sowie aus der Erschließung von Rationalisierungspotentialen zusammen.
Gerade der Aspekt der Aufteilung der Anfangsinvestitionskosten, die sich aus Investitionen in Hardware, Software, räumliche und technische Infrastruktur sowie Know-how-Aufbau zusammensetzen, spielt eine bedeutende Rolle. Allgemein wird davon ausgegangen, daß ein EDIFACT-Service-Center mit den beschriebenen Funktionalitäten Investitionskosten in zweistelliger Millionenhöhe verursacht [o.V. 1996β, S. 32].
Eine Erschließung von Rationalisierungspotentialen ergibt sich für die Banken durch eine Verminderung von Schnittstellen und durch einen insgesamt reduzierten Konvertierungsaufwand, da keine Vielzahl von DFÜ-Protokollen mehr bereitgehalten und gewartet werden muß. Zusätzlich wird durch ein von mehreren Banken getragenes EDIFACT-Service-Center eine Standardisierung vorgenommen,

[1] Doch auch die Etablierung eines EDIFACT-Service-Centers für eine ganze Institutsgruppe gestaltet sich aufgrund der heterogenen Struktur der Mitgliedsbanken als schwierig. So hat der Bankverlag als Organ der Groß- und Privatbanken sein Vorhaben, für seine Mitgliedsbanken ein eigenes EDIFACT-Service-Center zu errichten, wieder aufgegeben.

die einerseits den Firmenkunden eine einheitliche Schnittstelle bietet und andererseits den beteiligten Banken auf Basis dieser Schnittstelle eigene Entwicklungen ermöglicht.
Darüber hinaus ist der EDIFACT-Standardisierungsprozeß teilweise noch nicht abgeschlossen,[1] so daß zum einen noch eine gewisse Normungsunsicherheit besteht und zum anderen Investitionen in den EDIFACT-spezifischen Informationsaufbau getätigt werden müssen. In einem EDIFACT-Service-Center können die Aufwendungen einmalig für alle beteiligten Banken getätigt werden. EDIFACT-Aktivitäten, die sich grenzüberschreitend durch die zunehmende Internationalisierung ergeben, können zentral in einem EDIFACT-Service-Center durchgeführt werden.
Die Kosteneinsparungen bei einer Gemeinschaftslösung sind beträchtlich. So beziffert eine Kosten-Nutzenanalyse, die von acht Teilnehmerbanken an einem EDIFACT-Service-Center ausgeht, die jährlichen Kosteneinsparungen über eine Laufzeit von sieben Jahren hinweg auf ca. 1 Million DM pro Jahr. Eine Reduktion der Anfangsinvestitionen gegenüber der alleinigen Realisierung eines EDIFACT-Service-Centers ergibt sich für das Beispiel in Höhe von DM 200.000,-- pro Bank. Für kleinere Banken, die sich die Teilnahme an einem EDIFACT-Service-Center nicht leisten können, können Kooperationsstrategien beim Erwerb einer Konvertierungssoftware in das EDIFACT-Datenformat ebenfalls hilfreich sein. So kooperiert die SchmidtBank, Hof, mit der Baden-Württembergischen Bank bei der Beschaffung einer solchen Konvertierungssoftware.[2]
Neben diesem unternehmensspezifischen kostenorientierten Ziel einer Kooperation bei EDIFACT-Service-Centern bietet auch die Bündelung von EDIFACT-spezifischem Know-how bei einer zentralen Stelle sowohl für die Firmenkunden als auch für die Teilnehmerbanken Vorteile. Insbesondere die Transaktionskosten reduzieren sich, da nur noch ein Ansprechpartner vorhanden ist.

7.6 Schlußfolgerungen

In Bezug auf das gesamte Bankgeschäft haben Kooperationsstrategien im Zahlungsverkehr die längste Tradition. Ursache hierfür ist hauptsächlich der Systemcharakter des Zahlungsverkehrs. Dabei dominierten bisher Branchenkooperationen. Diese wurden vorwiegend unter Kostengesichtspunkten eingegangen. Verstärkt gewinnen aber auch bilaterale Kooperationen, beispielsweise bei der Entwicklung von De-facto-Standards oder im Rahmen von EDIFACT-Service-Centern, sowie institutsgruppenspezifische Kooperationen an Gewicht. Der Anlaß für diese Entwicklung ist in der Änderung der Motivationsstruktur für Kooperationen im Zahlungsverkehr zu sehen. Zunehmend werden wettbewerbs- und marketingrelevante Anreize neben kostenorientierten Anreizen relevant. Sowohl die Entwicklung bei kartengestützten Zahlungssystemen als auch im Auslandszahlungsverkehr stützt diese These.

---

[1] Mit Ausnahme des Zahlungsverkehrs.
[2] Expertengespräch mit Karl Christian Schmidt, SchmidtBank, am 1.07.1996.

Branchenübergreifende Kooperationen haben im Betrachtungsteilfeld Zahlungsverkehr im Gegensatz zu den Betrachtungsteilfeldern Telekommunikation, Automatenbanking und Elektronischer Markt nur eine geringe Bedeutung. Lediglich bei kartengestützten Zahlungssystemen im Rahmen von Loyalty- und Bonusprogrammen sind sie verstärkt vorzufinden. Hier wird in nächster Zeit allerdings ein deutlicher Zuwachs an branchenübergreifenden Kooperationen zu verzeichnen sein. Zukünftig ist im Retail Banking verstärkt mit branchenübergreifenden Kooperations- bzw. Outsourcingstrategien zu rechnen. IT-Dienstleistungsunternehmen, wie z.B. EDS, bieten sich hier als Kooperationspartner an. Sie können aufgrund großer Abwicklungsvolumina beträchtliche Skaleneffekte realisieren und damit insbesondere für kleine und mittlere Banken den Zahlungsverkehr kostengünstiger abwickeln.

8 Hauptergebnisse

8.1 Gesamtsystematik der Kooperationsstrukturen

Ziel der vorliegenden Untersuchung war, Kooperationen als bankbetriebliche Strategie an der elektronischen Bank-Kunde-Schnittstelle zu untersuchen. Hierfür wurde ein Gesamtmodell der elektronischen Bank-Kunde-Schnittstelle entwickelt. Diesem liegen die drei Bereiche Technologie, Vertrieb und Produkte zugrunde. Der Bereich Technologie wird durch das Betrachtungsteilfeld Telekommunikation abgedeckt. Automatenbanking und Elektronischer Markt sind als Beispiele für elektronische Vertriebswege aufgeführt. Die Untersuchung vertieft den Zahlungsverkehr als typisches Beispiel für Bankmarktleistungen.

Die vier Betrachtungsteilfelder wurden hinsichtlich ihrer Anreize für Kooperationen, der jeweiligen Ausgestaltung und Wirkung der Kooperationen sowie ihrer spezifischen Problemfelder untersucht. Dabei wurde der Betrachtung ein sehr weiter Begriff von Kooperationen zugrundegelegt, um möglichst alle Ausprägungsformen von Kooperationen an der elektronischen Bank-Kunde-Schnittstelle zu erfassen.

Aus den Ergebnissen der Untersuchung lassen sich anhand des in Abschnitt 3.6 entwickelten Merkmalskataloges und der darin aufgeführten Kriterien Kooperationsstrukturen ableiten. Diese sind in den folgenden beiden Tabellen zusammengefaßt.

Merkmale	Betrachtungsteilfeld Telekommunikation	Betrachtungsteilfeld Automatenbanking	Betrachtungsteilfeld Elektronischer Markt	Betrachtungsteilfeld Zahlungsverkehr
Bereich der Kooperation	• Technologie	• Vertrieb	• Vertrieb	• Produkte
Kooperationsform	• Bei Kooperationen zwischen Global Playern des TK-Marktes zumeist Joint Ventures mit Kapitalbeteiligung. • Auch bei regionalen Netzbetreibern verstärkte Tendenz zur Bildung von Joint Ventures. • Bei Kooperationen zwischen Banken und Serviceunternehmen des TK-Bereiches i.d.R. technische Beratungsverträge und Serviceverträge.	• Gegenwärtig dominieren gegenseitige Nutzungsvereinbarungen für die Automaten. • Aufgrund der strategischen Bedeutung des Automatenbanking werden zukünftig Kooperationen mit einem höheren Verflechtungsgrad an Bedeutung gewinnen. • Im Bereich des Automatensharing gibt es bereits heute Joint Ventures.	• Bei Kooperationen mit Internet Service Providern finden aufgrund der hohen strategischen Bedeutung verstärkt Joint Ventures statt. • Bei der Zusammenarbeit mit Informationsdienstleistern ist sowohl die nicht institutionalisierte Form der Zusammenarbeit als auch die Zusammenarbeit auf Basis schriftich fixierter Verträge vorzufinden.	• Bisher dominierten auf nationaler Ebene Branchenkooperationen auf Basis von schriftlichen Vereinbarungen über Regeln, Normierungen und Standardisierungen des Zahlungsverkehrs. • Zunehmend etablieren sich auch in strategisch wichtigen Feldern, wie dem kartengestützten Zahlungsverkehr, Joint Ventures.
Zusammensetzung der Partner	• In der Regel Kooperationen einzelner Unternehmen des Telekommunikationsmarktes. • Bei reinen Telekommunikationskooperationen mindestens drei Partner, um ein flächendeckendes Angebot anbieten zu können.	• Bilaterale Kooperationen zwischen Banken und Nichtbanken bei Standortkooperationen und Automatensharing. • Gruppenkooperationen bei Automatensharing einzelner Institutsgruppen. • Branchenkooperationen bei Geldausgabeautomatenverbunden.	• Gruppenkooperationen bei der Umsetzung/Präsentation im Elektronischen Markt (z.B. SNET der Sparkassen). • Bilaterale Kooperationen zwischen einzelnen Banken und Informationsdienstleistern, Online-Dienste-Anbietern und Internet Service Providern.	• Sehr häufig Branchenkooperationen. • Verstärkt auch bilaterale Kooperationen bei der Entwicklung von De-facto-Standards und Karten-processing-Centern. • Gruppenkooperationen im Auslandszahlungsverkehr.
Branchenbezug	• Zunehmend branchenübergreifendes Engagement von Unternehmen im TK-Markt. Aufgrund der prognostizierten Wachstumsraten treten verstärkt Banken und Medienkonzerne in den Markt.	• Zunehmend branchenübergreifende Kooperationen beim Automatenbanking.	• Zunehmend branchenübergreifende Kooperationen im Elektronischen Markt.	• Hauptsächlich branchenbezogene Kooperationen. • Beim kartengestützten Zahlungsverkehr verstärkt branchenübergreifende Kooperationen.

Merkmale	Betrachtungsteilfeld Telekommunikation	Betrachtungsteilfeld Automatenbanking	Betrachtungsteilfeld Elektronischer Markt	Betrachtungsteilfeld Zahlungsverkehr
Branchenwirkung	• Da Telekommunikationsleistungen in fast jeder Branche als Inputfaktor eingegehen, haben die Kooperationen branchenübergreifende Wirkung.	• Branchenübergreifende Wirkung der Kooperationen, da sich Synergien ergeben, die Auswirkungen auf andere Branchen haben (z.B. Electronic Shopping an der Tankstelle hat Auswirkungen auf den Versandhandel).	• Weitgehend branchenspezifische Wirkungen der Kooperationen. • Bei Zusammenarbeit mit nationalen Online-Dienste-Anbietern überregionale Wirkung regionaler Bankinformationen.	• Weitgehend branchenspezifische Wirkungen der Kooperationen. • Bei der elektronischen Geldbörse auch branchenübergreifende Wirkung.
Größe der Partner	• Bezüglich der Unternehmensgröße der Kooperationspartner sehr heterogene Struktur (z.B. Global TK-Player, Citynetzbetreiber).	Sehr heterogene Struktur der Kooperationspartner hinsichtlich Unternehmensgröße und Branche beim Automatensharing.	• Sehr heterogene Struktur der Kooperationspartner hinsichtlich Unternehmensgröße und Branche.	• Bei Branchenkooperationen heterogene Struktur hinsichtlich der Unternehmensgröße.
Angestrebte Ziele der Kooperation	• Anreize für Kooperationen sind nach abnehmender Priorität der Markteintritt in internationale bzw. branchenfremde Märkte, Kostenreduktionen sowie für Banken vor allem der Zugang zu neuen Kundengruppen.	• Sicherung des Standortes. • Erschließen neuer Vertriebswege. • Qualitätssteigerung des Vertriebsweges Automatenbanking. • Stärkung der Institutsgruppe (bei institutsspezifischem Automatensharing).	• Differenzierung von Mitbewerbern durch das Angebot von Zusatzleistungen. • Erzielen eines Imagetransfers. • Realisierung von Skaleneffekten durch kooperative Umsetzung und Implementierung einer Webpräsenz.	• Qualitätssteigerung des Zahlungsverkehrs. • Realisierung von Effizienzgewinnen (Zeit und Kosten) durch Standardisierungen.
Art der Kooperation	• Horizontale Kooperationen zwischen großen Global Playern des TK-Marktes und regionalen Netzbetreibern. • Vertikale Kooperationen zwischen Banken und TK-Unternehmen. • Komplementäre Kooperationen zwischen Banken, Service Providern und TK-Unternehmen.	• Horizontale Kooperationen bei Geldausgabeautomatenverbund-systemen und bei Automatensharing innerhalb einer Institutsgruppe. • Komplementäre Kooperationen bei Automatensharing zwischen Banken und Nichtbanken sowie bei Standortkooperationen.	• Vertikale Kooperationen zwischen Informationsdienstleistern, Online-Dienste-Anbietern und Internet Service Providern. • Horizontale Kooperationen bei virtuellen Banken. • Vertikale Standardisierungskooperationen.	• Hauptsächlich horizontale Kooperationen zwischen Banken. • Beim kartengestützten Zahlungsverkehr auch Kooperationen mit Nichtbanken.

Merkmale	Betrachtungsteilfeld Telekommunikation	Betrachtungsteilfeld Automatenbanking	Betrachtungsteilfeld Elektronischer Markt	Betrachtungsteilfeld Zahlungsverkehr
Dauer	• In der Regel unbefristet.	• In der Regel unbefristet.	• Bei losen Formen der Kooperation mit Informationsdienstleistern kurze Bestandsdauer, da die Switchtransaktionskosten gering sind; sonst unbefristete Dauer.	• In der Regel unbefristet.
Geographische Wirkung	• Lokal, regional, national, international (je nach Kooperation).	• Nationale Wirkung bei Geldausgabe-automatenverbundsystemen. • Je nach Anbieterstruktur regionale bis nationale Wirkung beim Automatensharing.	• Über Kooperationen mit Informationsanbietern können lokale Informationen überregionale Wirkung erreichen.	• Hauptsächlich nationale Wirkung der Kooperationen. • Beim Auslandszahlungsverkehr auch internationale Wirkung.
Probleme	• Bedingt durch die heterogene Struktur der Kooperationspartner Differenzen in der Unternehmenskultur (Monopolisten versus Wettbewerber). • Starke Verflechtung der einzelnen Kooperationen.	• Heterogene Struktur der Beteiligten bremst tendenziell den Umsetzungsprozeß. • Unterschiedliche Abhängigkeit der Partner vom Bestand der Kooperation.	• Möglicherweise kein Imagetransfer, wenn die im Elektronischen Markt eingestellten Leistungen der Kooperationspartner nicht gekoppelt werden. • Alleingangstrategien einzelner Banken einer Institutsgruppe können zu Imageschäden der gesamten Institutsgruppe führen.	• Da der Zahlungsverkehr den Systemtechnologien zuzurechnen ist, führt der unterschiedliche technische Entwicklungsstand der Banken bei Branchenkooperationen immer wieder zu Zeitverzögerungen bei der Umsetzung.

Abb. 8-1: Gesamtsystematik der Kooperationsstrukturen in den vier Betrachtungsteilfeldern

8.2 Zentrale Aussagen auf Grundlage der Schlußfolgerungen aus der Analyse der Betrachtungsteilfelder

Aus der Betrachtung der Kooperationsstrukturen und den Schlußfolgerungen aus der Analyse der Betrachtungsteilfelder lassen sich die folgenden zentralen Aussagen für die Gesamtuntersuchung ableiten:

- Bei den Kooperationen an der elektronischen Bank-Kunde-Schnittstelle zeigt sich ein zunehmender Wandel von kostenmotivierten Anreizen hin zu wettbewerbs- und marketingmotivierten Anreizen. So wurden beim Zahlungsverkehr Kooperationen im Bereich der Normierung vorwiegend unter Kostengesichtspunkten eingegangen. Die in den letzten Jahren steigende Bedeutung des Auslandszahlungsverkehrs als Differenzierungsinstrument veranlaßte die Kreditinstitute, attraktive Bankmarktleistungen im Auslandszahlungsverkehr zu offerieren. Vorwiegend aus Vertriebs- und Wettbewerbsgründen wurden diese Angebote durch den Aufbau eines multilateralen Kooperationsnetzes innerhalb der eigenen Institutsgruppe realisiert. TIPANET und S-Interpay sind hierfür Beispiele.

- Mit der Einführung elektronischer Vertriebswege im Privatkundengeschäft und dem Entstehen des Elektronischen Marktes werden für Banken branchenübergreifende Kooperationen zum Erfolgsfaktor. Bei der elektronischen Geldbörse erzeugen bankfremde Zusatzleistungen zusätzliche Potentiale zur Kundenbindung und -gewinnung. Als Beispiel läßt sich die Zusammenarbeit der Bank Austria mit der Universität Wien nennen.

- Während in der Vergangenheit im Bankensektor vorwiegend horizontale Kooperationsformen dominierten, entstanden im Zuge der Nutzung elektronischer Vertriebswege verstärkt vertikale und komplementäre Kooperationsformen. So kooperieren Banken im World Wide Web mit Informationsdienstleistern.

- Mit dem Entstehen vertikaler und komplementärer Kooperationen treten neben Branchenkooperationen vermehrt auch bilaterale Kooperationen. Die Zusammenarbeit einzelner Banken beim Vertrieb von Zahlungsverkehrssoftware mit System- und Softwarehäusern stützt diese These.

- Aufgrund der kurzen Innovationszyklen der Technologien bei elektronischen Vertriebswegen sind Sparkassen und insbesondere Volks- und Raiffeisenbanken auf Gruppenkooperationen für die Entwicklung von elektronischen Bankmarktleistungen innerhalb ihrer Verbandsorganisation angewiesen. Beschränkte technische und personelle Ressourcen veranlaßten die Sparkassen zum gemeinsamen Aufbau des SNET.

- Die Telekommunikation bildet die zentrale technische Basis für den elektronischen Vertrieb von Bankmarktleistungen. Ihre Ausgestaltung und Verfügbarkeit wird immer mehr den Erfolg der elektronischen Bank-Kunde-Schnittstelle bestimmen. Kooperationen zwischen Banken und Telekommunikationsunternehmen werden daher zunehmend erfolgsentscheidend. Die Zusammenarbeit der Kölner Stadtsparkasse mit den Stadtwerken auf regionaler Ebene sowie der Banco de Santander mit British Telecom auf internationaler Ebene sind Beispiele für diese Umsetzungsstrategie.

- Im Automatenbanking implizieren veränderte Kundenpräferenzen die Abkehr von losen Kooperationsformen hin zu Kooperationen mit einem höheren Verflechtungsgrad. So sind Direktbanken mit der Zielrichtung erstbankfähig zu sein aufgrund fehlender Filialen und SB-Infrastrukturen auf die Geldausgabeautomaten anderer Institute angewiesen. Auch klassische Filialbanken kooperieren zur Erreichung einer höheren Kundennähe langfristig mit Tankstellen und Kaufhäusern.

- Bedingt durch die gegenüber konventionellen Märkten spezifischen Eigenschaften des Elektronischen Marktes, wie geringere Transaktionskosten und höhere Markttransparenz, werden sich im Elektronischen Markt zukünftig verstärkt kooperative Unternehmensformen entwickeln. Das Entstehen von virtuellen Banken und virtuellen Marktplätzen unterstreicht diese Entwicklung.

- Im Zuge der steigenden Technologisierung des Bankgeschäftes und den damit sinkenden Markteintrittsbarrieren gewinnen Kooperationsstrategien für Nichtbanken als Markteintrittsstrategie in den Bankenmarkt an Bedeutung. Die gemeinsame Entwicklung des SET-Standards zwischen Kreditkartengesellschaften und Soft- und Hardwareherstellern ist ein Beispiel hierfür.

Fazit:
Kooperationsstrategien erlangen im Kontext gesamtbankstrategischer Entscheidungen bei Banken eine wachsende Bedeutung. In den untersuchten Betrachtungsteilfeldern der elektronischen Bank-Kunde-Schnittstelle, insbesondere beim Automatenbanking, wird in naher Zukunft mit einer Vielzahl von Kooperationen zu rechnen sein.
Soweit der Verfasserin bekannt, liegen zur vorliegenden Thematik keine anderen Untersuchungen vor. Aufgrund der Aktualität der Thematik und deren strategischer Tragweite existiert aus Sicht der Verfasserin weitergehender Forschungsbedarf. Dieser besteht insbesondere bei der Evaluierung des gegenseitigen Nutzens von Kooperationen für die beteiligten Kooperationspartner sowie bezüglich der Entwicklung des Anforderungsprofils an die Kooperationspartner. Diese Analyse könnte in Form einer empirischen Untersuchung geschehen. Im Rahmen eines Einzelprojektes könnte eine spezifische Umsetzung der globalen Gestaltungsvorschläge bei kombinierten Produktangeboten beim Automatensharing erfolgen.
Forschungsbedarf besteht auch im Betrachtungsteilfeld Elektronischer Markt.

Dort werden zum gegenwärtigen Zeitpunkt die ersten Kooperationen gebildet - etwa zur Errichtung virtueller Banken und virtueller Bankmarktplätze. Darüber hinaus finden sich Kooperationen mit Online-Dienste-Anbietern, Informationsdienstleistern und Internet Service Providern. Von Interesse ist hier, ob sich die im Rahmen der vorliegenden qualitativen Untersuchung erarbeiteten Synergieeffekte auch in der Empirie bestätigen. Des weiteren erscheint der Verfasserin die Entwicklung der Kooperationsformen im Elektronischen Markt und die dabei auftretenden Problemfelder ein interessantes Forschungsfeld für zukünftige Untersuchungen.

Abbildungsverzeichnis

Literatur

[Albach 1992] Albach, Horst: Strategische Allianzen, strategische Gruppen und strategische Familien, in: ZfB, Nr. 6, 1992, S. 663-670

[Albach/Albach 1989] Albach, Horst; Albach, Renate: Das Unternehmen als Institution: rechtlicher und gesellschaftlicher Rahmen; eine Einführung, Wiesbaden, 1989

[Ambros 1995] Ambros, Hans: Innovationen revolutionieren Vertriebswege, in: Betriebswirtschaftliche Blätter, Nr. 3, 1995, S. 115-119

[B + S 1996] B + S: B + S Card Service - das Unternehmen auf einen Blick, Frankfurt, 1996

[Backhaus/AufderHeide/Späth 1994] Backhaus, Klaus; AufderHeide, Detlef; Späth, Georg-Michael: Marketing für Systemtechnologien, Stuttgart, 1994

[Backhaus/Piltz 1990] Backhaus, Klaus; Piltz, Klaus: Strategische Allianzen - eine neue Form kooperativen Wettbewerbs?, in: Zfbf, Sonderheft Nr. 27, 1990, S. 4-11

[Balzer-Schnurbus 1996] Balzer-Schnurbus, Sabine: Kreditkarten-Processing - Intensivierung des Wettbewerbs, in: à la Card Aktuell, Nr. 10/11, 1996, S. 207-209

[Bankgesellschaft Berlin 1995] Bankgesellschaft Berlin: Informationsbroschüre zur Bank Gesellschaft Berlin, Berlin, 1995

[Barth 1994] Barth, Gerhard: Zur Rolle der genossenschaftlichen Zentralbank im Zahlungsverkehr, in: Bank und Markt, Nr. 11, November 1994, S. 5-14

[Bartmann 1995] Bartmann, Dieter: Jetzt den Anschluß nicht verpassen, in: Geldinstitute, Nr. 11/12, 1995, S. 6-16

[Bartmann/Fotschki 1995] Bartmann, Dieter; Fotschki, Christiane: Elektronische Geldbörse - nützliche Innovation oder technischer Gag?, in: Die Bank, Nr. 11, 1995, S. 644-649

[Bartmann/Stockmann 1996] Bartmann, Dieter; Stockmann, Carsten: Regionalität auch im Internet ein Trumpf, in: Betriebswirtschaftliche Blätter, Nr. 3, 1996, S. 111-114

[Bartmann/Wörner 1996] Bartmann, Dieter; Wörner, Gerald: Die Markteintrittsbarrieren sinken - Konkurrenz für Filialbanken aus dem Internet, in: Frankfurter Allgemeine Zeitung, Nr. 31, 6.02.1996, Seite B2

[Berke 1995] Berke, Jürgen: Monopoly spielen, in: Wirtschaftswoche, Nr. 38, 14.09.1995, S. 68-72

[Berke/Fischer 1996] Berke, Jürgen; Fischer, Manfred: Nach Übersee - Die Fusion zwischen British Telecom und Cable & Wireless bringt deutsche Netzbetreiber in Zugzwang, in: Wirtschaftswoche, Nr. 15, 4.04.1996, S. 64-66

[Berndt 1994] Berndt, Holger: Strategie und Abwicklung des Auslandszahlungsverkehrs im Sparkassensektor, in: Bank und Markt, Nr. 10, 1994, S. 6-14

[Bishop/Mody 1995] Bishop, Veronique; Mody, Ashoka: Den Wettbewerb im Bereich der Telekommunikation nutzen, in: Finanzierung & Entwicklung, Juni 1995, S. 39-42

[Böhnke 1995] Böhnke, Werner: Qualitätsmanagement von Verbundprodukten - „Die verlängerte Werkbank"-, in: Bank Information, Nr. 5, 1995, S. 29-32

[Bolliger 1992] Bolliger, Thomas: Telekommunikationsstrategien für Unternehmen, Dissertation, St. Gallen, 1992

[Bosshart 1995] Bosshart, Olivia: Koalitionen als Strategie in Telekommunikationsmärkten am Beispiel des zellularen Mobilfunks, Dissertation, St. Gallen, 1995

[BPT 1992] Bundesministerium für Post und Telekommunikation: Lizenzierung und Regulierung im Mobil- und Satellitenfunk, Bonn, 1992

[BPT 1994] Bundesamt für Post und Telekommunikation: Internationaler Tarifvergleich: Digitale Mietleitungen, Übertragungsgeschwindigkeit 2Mbit/s, Bonn, 1994

[Bronder 1993] Bronder, Christoph: Was einer Kooperation den Erfolg sichert, in: Harvardmanager, Nr. 1, 1993, S. 20-26

[Bruns 1995] Bruns, Werner: EDI-Management durch ein EDI Clearing Center, in: edi-change, Nr. 1, 1995, S. 32-34

[Buchholz 1993] Buchholz, Wolfgang: Staatseingriffe bei Marktversagen, Vorlesungsskript, Lehrstuhl für Finanzwissenschaft, Regensburg, 1993

[Buck 1996] Buck, Wolfgang: Alle Türen offen - Telekommunikationsanbieter rüsten sich für das Internet-Geschäft, in: Business Online, Nr. 3, 1996, S. 38-43

[Büker/Lambert 1995] Büker, Norbert; Lambert, Erich: Datenverarbeitung im Konzern: Trend zum Servicezentrum, in: Bank und Markt, Nr. 10, 1995, S. 31-34

[Bullinger/Bretteich-Teichmann/Fröschle 1995] Bullinger, Hans-Jörg; Bretteich-Teichmann, Werner; Fröschle, Hans-Peter: Koordination zwischen Markt und Hierarchie - das virtuelle Unternehmen, in: Office Management, Nr. 12, 1995, S. 18-22

[Burr 1995] Burr, Wolfgang: Netzwettbewerb in der Telekommunikation: Chancen und Risiken aus Sicht der ökonomischen Theorie, Wiesbaden, 1995

[Burt 1994] Burt, David: Amerikanische Keiretsu: Die neue Waffe zur Kostensenkung, Düsseldorf, 1994

[Büschgen 1992] Büschgen, Hans, E.: Das kleine Banklexikon, 1. Auflage, Düsseldorf, 1992

[Büschgen, 1993] Büschgen, Hans, E: Bankbetriebslehre - Bankgeschäfte und Bankmanagement, Wiesbaden, 1993

[Büschgen 1995] Büschgen, Hans, E.: Bankmarketing, Düsseldorf, 1995

[Cable & Wireless 1995] Cable & Wireless: Cable & Wireless report & accounts, London, 1995

[Cimiotti 1991] Cimiotti, Gerd: Geldautomaten, Perspektiven für die Zukunft, in: Bankinformation und Genossenschaftsforum, Nr. 4, 1991, S. 40-44

[CNI 1996] CNI: Zahlen, Daten, Fakten, Eschborn, 1996

[Dahl 1993] Dahl, Wolfgang: Bank-Verlag startet online-Verbund im deutschen ec-Geldautomaten-System, in: Die Bank, Nr. 8, 1993, S. 489-490

[DG Bank 1995] DG Bank: TIPANET-Zahlungsverkehrssystem, Frankfurt, 1995

[Dolzanski 1994] Dolzanski, Christoph: Information Banking als Bankdienstleistung - Entstehung, Entwicklung und zukünftige Tendenzen, Commerzbank, 1994, S. 2-8

[Dowling 1995] Dowling, Michael: Deregulierung und Liberalisierung der Telekommunikationsbranche in Europa und den U.S.A.: Einflüsse auf Wettbewerb und Unternehmensstrategie, Athens, 1995

[Dvg 1996] Dvg: EUFISERV yearly network performance 1995 - daily reports from dvg, Hannover, 1996

[Eggert 1996] Eggert, Anselm: Die Lufthansa Chip Card: Fliegen ohne Ticket, in: Die Chipkarte im Alltag - Anwendungskonzepte und Verbraucherschutz -, Kongreßdokumentation Multicard '96, 1996, S. 322-332

[Eilenberger 1996] Eilenberger, Guido: Bankbetriebswirtschaftslehre: Grundlagen - internationale Bankleistungen - Bank-Management, 6. Auflage, München, Wien, Oldenburg, 1996

[Etzkorn 1991] Etzkorn, Jörg: Rechtsfragen des internationalen elektronischen Zahlungsverkehrs durch S.W.I.F.T., Berlin, New York, 1991

[EUFISERV 1993] EUFISERV: Die Zusammenarbeit der europäischen Sparkassen auf dem Gebiet des Zahlungsverkehrs, Informationsbroschüre des DSGV, Bonn, 1993

[Faber 1995] Faber, Matthias: Bewertung der deutschen Telekommunikationsinfrastruktur im internationalen Vergleich, Diplomarbeit am Lehrstuhl für Wirtschaftsinformatik, Prof. Dr. Dieter Bartmann, Regensburg, 1995

[Fittkau/Maaß 1996] Fittkau, Susanne; Maaß, Holger: Erfolgreich werben in Online-Magazinen und Zeitungen, in: Online-Direkt, Nr. 1, 1996, S. 11-13

[Fotschki 1995] Fotschki, Christiane: Analyse von Kartenkonzepten, Studie des Instituts für Bankinformatik, STUDIE/CCM/5081, Regensburg, 1995

[Fotschki/Stockmann 1995] Fotschki, Christiane; Stockmann, Carsten: Situationsanalyse im Automatenbanking, Studie des Instituts für Bankinformatik, STUDIE/CCM/4101, Regensburg, 1995

[Gahl 1991] Gahl, Andreas: Die Konzeption strategischer Allianzen, Berlin, 1991

[Gaida 1995] Gaida, K: Elektronische Marktplätze der Zukunft, in: DATACOM, Nr. 7, 1995, S. 146-148

[George 1995] George, Thea: Security for the future, in: Banking Technology, Nr. 12/1, 1995/1996, S. 16

[Gerybadze 1995a] Gerybadze, Alexander: Management der Schnittstellen innerhalb von Technologie-Allianzen, in: Handbuch Technologiemanagement, hrsg. von Erich Zahn, Stuttgart, 1995, S. 469-488

[Gerybadze 1995b] Gerybadze, Alexander: Strategic alliances and process redesign: effective management and restructuring of cooperative projects and networks, Berlin, New York, 1995

[Gneisenau/Grimmer/Kreindl 1995] Gneisenau, Alexander; Grimmer, Marion; Kreindl, Torsten: Partnerschaft zum Nutzen beider Seiten, in: Blick durch die Wirtschaft, Nr. 116, 20.06.1995, S. 7

[Grebe 1995] Grebe, Michael: Trends und Entwicklungen bei Kundenpräferenzen im Privatkundengeschäft bei Kreditinstituten, Studie des Instituts für Bankinformatik, STUDIE/CCM/5051, Regensburg, 1995

[Grebe/Kerscher 1996] Grebe, Michael; Kerscher, Bernhard: Megatrends im elektronischen Firmenkundengeschäft, Studie des Instituts für Bankinformatik, STUDIE/CCM/6034, Regensburg, 1996

[Grill/Perczynski 1993] Grill, Wolfgang; Perczynski, Hans: Wirtschaftslehre des Kreditwesens, 28. Auflage, Bad Homburg, 1993

[Gronert 1996] Gronert, Elke: Kundenspezifische Lösungen gefragt, in: Handelsblatt, Nr. 32, 14.2.1996, S. 26

[Gruber/Holzwart 1995] Gruber, Peter; Holzwart, Gerhard: Telecom '95: Monopolisten geben sich die letzte Ehre, in: Computerwoche, Nr. 41, 13.10.1995, S. 7-10

[Gutmann 1994] Gutmann, Klaus: Stand und Entwicklungstendenzen des Auslandszahlungsverkehrs innerhalb der EU, Diplomarbeit am Lehrstuhl für Wirtschaftsinformatik, Prof. Dr. Dieter Bartmann, Regensburg, 1994

[Gutschmidt 1992] Gutschmidt, Hans-Ulrich: Leistungsfähige Zahlungssysteme in Europa, in: Die Bank, Nr. 9, 1992, S. 541-546

[GZS 1996a] GZS: Edc/Maestro-Akzeptanz in Europa stark gestiegen, Pressemitteilung GZS, Frankfurt, 2.04.1996

[GZS 1996b] GZS: Europay International - Year-end 1995 Key Statistics (Januar 1995-Dezember 1995), Frankfurt, 1996

[Haag/Ungerer 1996] Haag, Marcel; Ungerer, Herbert: Entwicklungen der Telekommunikationspolitik auf der Ebene der Europäischen Union im Jahr 1995, in: Jahrbuch Telekommunikation und Gesellschaft 1996 - Öffnung der Telekommunikation: Neue Spieler - Neue Regeln -, hrsg. von Kubicek, Herbert et al., Heidelberg, 1996

[Hammes 1994] Hammes, Wolfgang: Strategische Allianzen als Instrument der strategischen Unternehmensführung, Wiesbaden, 1994

[Hanf 1996] Hanf, Werner: Die Motivation einer Sparkasse für eine Initiative im TK-Bereich, in: Konferenzunterlagen der AIC- Konferenz „Telekommunikation für Kreditinstitute", Frankfurt, 1996

[Hansen 1992] Hansen, Knud (Hrsg.): Strategische Allianzen - eine neue Herausforderung für die Wettbewerbspolitik, Dokumentation der internationalen Kartellkonferenz in Berlin, 1992

[Harrison 1994] Harrison, Robert: Study of the International Competitiveness of the UK Telecommunications Infrastructure, Departement of Trade and Industry, February 1994

[Hartmann 1993] Hartmann, Wendelin: Nationale und internationale Clearingsysteme, in: Juncker, Klaus; Priewasser, Erich (Hrsg.): Das Firmenkundengeschäft auf dem Weg ins 21. Jahrhundert, Frankfurt, 1993, S. 182-202

[Haury 1989] Haury, Susanne: Laterale Kooperation zwischen Unternehmen: Erfolgskriterien und Klippen, Dissertation, St. Gallen, 1989

[Heinen 1987] Heinen, Edmund: Unternehmenskultur als Gegenstand der Betriebswirtschaftslehre, in: Heinen, Edmund: Unternehmenskultur - Perspektiven für Wissenschaft und Praxis, München, 1987, S. 1-48

[Heinen 1991] Heinen, Edmund: Industriebetriebslehre - Entscheidungen im Industriebetrieb, 9. Auflage, Wiesbaden, 1991

[Heinen/Dill 1986] Heinen, Edmund; Dill, Peter: Unternehmenskultur - Überlegungen aus betriebswirtschaftlicher Sicht, in: ZfB, Nr. 3, 1986, S. 201-218

[Herbert 1995] Herbert, Ina: Internet - weltweit größtes Computer-Netzwerk, in: Office Management, Nr. 4, 1995, S. 66-69

[Hinterhuber 1992] Hinterhuber, Hans H.: Strategische Unternehmungsführung , 1. Strategisches Denken: Vision, Unternehmungspolitik, Strategie, 5. Auflage, Berlin, 1992

[Hofmann/Kläger/Michelsen 1995] Hofmann, Josephine; Kläger, Wolfram; Michelsen, Ulf: Virtuelle Unternehmensstrukturen, in: Office Management, Nr. 12, 1995, S. 24-29

[Kajüter 1994] Kajüter, Peter: Internationale strategische Allianzen im europäischen Finanzsektor, in: Die Bank, Nr. 4, 1994, S. 196-201

[Kampmann 1993] Kampmann, Frank: Wettbewerbsanalyse der Normung der Telekommunikation in Europa, Frankfurt u.a., 1993

[Katz/Shapiro 1985] Katz, Michael L./ Shapiro, Carl: Network Exernalities, Competition and Compatibility, in: The American Economic Review, Nr. 3, 75(1985) nach Weiber, R., 1992, S. 16

[Kauermann 1994] Kauermann, Karl: Strukturen auf dem Prüfstand - Anmerkungen zum Whole Sale Banking, in: Bank und Markt, Nr. 8, 1994, S. 5-18

[Kaufmann 1993] Kaufmann, Friedrich: Internationalisierung durch Kooperation - Strategien für mittelständische Unternehmen, Wiesbaden, 1993

[Keller 1988] Keller, Berndt: Olsons „Logik des kollektiven Handelns" - Entwicklung, Kritik - und eine Alternative, in: Vierteljahresschrift, 29.Jg., 1988, S. 388-406

[Kerscher 1995] Kerscher, Bernhard: Telekommunikation im elektronischen Bankgeschäft, Studie des Instituts für Bankinformatik, STUDIE/CCM/5052, Regensburg, 1995

[Kessler/Peter 1996] Kessler, Martin; Peter, Michael: Brüchige Basis - Die Stromriesen gefährden den Wettbewerb in der Telekommunikation, die Kartellwächter sind machtlos, in: Wirtschaftswoche, Nr. 12, 14.03.1996, S. 43-44

[Kirn 1995] Kirn, Stefan: Kooperierende intelligente Agenten in Virtuellen Organisationen, in: HMD, Nr. 185, 1995, S. 24-35

[Kirsch 1990] Kirsch, Werner: Unternehmenspolitik und strategische Unternehmensführung, München, 1990

[Kissinger/Schiller 1994] Kissinger, Stefan; Schiller, Gerhard: Die branchenübergreifende elektronische Geldbörse - ein neuer Produktivitätsfaktor, in: Kongreßdokumentation I, Multicard '94, 1994, S. 144-152

[Klöppelt 1994] Klöppelt, Henning: Internationalisierungsstrategien deutscher Banken in Europa, in: Mitteilungen und Berichte des Instituts für Bankwirtschaft und Bankrecht an der Universität zu Köln, Abteilung Bankwirtschaft Prof. Dr. Hans Büschgen, 25. Jahrgang, Nr. 70, 1994, S. 56-79

[Kreuzer 1995] Kreuzer, Martin: Technologieszenario IV: Delphi-Expertenbefragung - Endgeräte, SB Automaten, Online Dienste, Studie des Instituts für Bankinformatik, STUDIE/CCM/5102, Regensburg, 1995

[Kreuzer 1996] Kreuzer, Martin: Elektronische Bankvertriebswege - die zukünftige Entwicklung und Bedeutung elektronischer Kommunikationskanäle und ihre Eignung zum Absatz von Bankleistungen im Privatkundengeschäft, Dissertation, Regensburg, 1996

[Krüger 1996] Krüger, Thomas: Das Privatkundengeschäft im Umbruch, in: à la Card Aktuell, Nr. 20/21, 1996, S. 359

[Kühl 1996] Kühl, Christian: Die Positionierung des Telekommunikationsnetzes - Strategisches Instrument oder Transportmedium, in: Konferenzunterlagen der AIC- Konferenz „Telekommunikation für Kreditinstitute", Frankfurt, 1996

[Kuhlen 1995] Kuhlen, Rainer: Informationsmarkt: Chancen und Risiken der Kommerzialisierung von Wissen, Konstanz, 1995

[Lambrecht 1994] Lambrecht, Armin: Neue Entwicklungen im elektronischen Zahlungsverkehr der Deutschen Bundesbank, in: Konferenzunterlagen der IIR-Konferenz „1. Banken-Automations-Kongreß", Frankfurt, 1994

[Lang/Welzel 1995] Lang, Günter; Welzel, Peter: Zur Effizienz bayerischer Genossenschaftsbanken, in: Bayerisches Genossenschaftsblatt, Nr. 2, 1995, S. 82-85

[Lengsdorf 1996] Lengsdorf, Gerd: Geldausgabeautomaten an Tankstellen: Service mit Zukunft, in: Bank und Markt, Nr. 1, 1996, S. 23-24

[Lengwiler 1988] Lengwiler, Christoph: Kooperation als bankbetriebliche Strategie, Bern, 1988

[Lorange/Roos 1992] Lorange, Peter; Roos, Johann: Management der strategischen Allianzen, in: Bronder, Christoph; Pritzl, Rudolf: Wegweiser für strategische Allianzen - Meilen und Stolpersteine, Frankfurt, 1992

[Luber 1995] Luber, Thomas: Kein Anschluß unter dieser Nummer, in: Capital, Nr. 11, November 1995, S. 70-83

[Lunt, 1995] Lunt, Penny: Payments on the Net. How many? How save?, in: ABA Banking Journal, November 1995, S. 46-54

[Lutz 1993] Lutz, Violet: Horizontale strategische Allianzen: Ansatzpunkte zu ihrer Institutionalisierung, Hamburg, 1993

[Maier-Mannhart 1996] Maier-Mannhart, Helmut: Der Aufmarsch der Telekom-Giganten, in: Süddeutsche Zeitung, Nr. 18, 23.01.1996, S. 19

[Mausberg 1995] Mausberg, Paul: Die Abwicklung finanzieller Transaktionen von Retailkunden in Elektronischen Märkten, Bamberg, 1995

[Meckl 1993] Meckl, Reinhard: Unternehmenskooperationen im EG-Binnenmarkt, Wiesbaden, 1993

[Meffert 1986] Meffert, Heribert: Marketing - Grundlagen der Absatzpolitik; mit Fallstudien , 7. Auflage, Wiesbaden, 1986

[Meffert/Bruhn 1995] Meffert, Heribert; Bruhn, Manfred: Dienstleistungsmarketing: Grundlagen, Konzepte, Methoden, Wiesbaden, 1995

[Meffert/Burmann 1996] Meffert, Heribert; Burmann, Christof: Value-added Services im Bankbereich, in: Bank und Markt, Nr. 4, 1996, S. 26-29

[Meyer-Scheel 1995] Meyer-Scheel, Lutz: Wachstumschancen durch Liberalisierung, Konferenzunterlagen zur ComMunic-Konferenz „3. Forum Telekommunikation", München, 1995

[Michel 1994] Michel, Uwe: Kooperation mit Konzept - Wertsteigerung durch strategische Allianzen, in: Controlling, Nr. 1, 1994, S. 20-28

[Mondex 1996] Mondex: Natwest announces formation of Mondex International, Pressemitteilung, Mondex, 18.07.1996

[Müller 1987] Müller, Jürgen: Deregulierung und Privatisierung: Ökonomische Prämissen und integrationspolitische Konsequenzen im Telekommunikationsbereich, in: Scherer, Joachim (Hrsg.): Nationale und europäische Perspektiven der Telekommunikation, Baden-Baden, 1987, S. 47-68

[Müller 1992] Müller, Alfons: Geldautomatenverbund ohne Grenzen, in: Betriebswirtschaftliche Blätter, Nr. 1, 1992, S. 7-9

[Nasser/Tietz 1996] Nasser, Isa; Tietz, Thomas: Nutzen des TK-Netzes für das Bankgeschäft, in: Konferenzunterlagen der AIC- Konferenz „Telekommunikation für Kreditinstitute", Frankfurt, 1996

[Nicolai-Verni/Michalek 1994] Nicolai-Verni, Claudia; Michalek, Axel: Zahlungsverkehr in Kooperation mit Partnern aus dem Ausland - der Ansatz der Commerzbank, in: Bank und Markt, Nr. 10, 1994, S. 27-30

[Nitsche 1994] Nitsche, Dorothea: Unternehmensstrategien im deregulierten britischen Telekommunikationsmarkt, Frankfurt, 1994

[o.V. 1986a] o.V.: Becks Gesetzestexte - Wettbewerbsrecht und Kartellrecht, München, 1986

[o.V. 1990a] o.V.: Expertenbeiträge - Kriterien und wichtige Voraussetzungen für ein erfolgreich geführtes Shopping-Center, in: DHI Fachdokumentation, 1990, S. 405-409

[o.V. 1995a] o.V.: Allianzen öffnen den Telekommunikations-Unternehmen neue Märkte, in: Frankfurter Allgemeine Zeitung, Nr. 143, 23.06.1995, S. 24

[o.V. 1995b] o.V.: Gold wert, in: Wirtschaftswoche, Nr. 50, 7.12.1995, S. 74

[o.V. 1995c] o.V.: Hypo im Internet, in: Com! das BTX Magazin, September 1995, S. 15

[o.V. 1995d] o.V.: Bankenstatistik der Deutschen Bundesbank, Dezember 1995

[o.V. 1995e] o.V.: Die Ertragslage der deutschen Kreditinstitute im Jahre 1994, in: Monatsbericht der Deutschen Bundesbank, Oktober 1995, S. 19-45

[o.V. 1995f] o.V.: Phoenix soll der Mc Donald's der Telekommunikation werden, in: Frankfurter Allgemeine Zeitung, Nr. 233, 7.10.1995, S. 16

[o.V. 1995g] o.V.: Sommer: Atlas macht Fortschritte, in: Handelsblatt, Nr. 191, 4.10.1995, S. 27

[o.V. 1995h] o.V.: Der Aufbruch, in: Manager Magazin, Juli 1995, S. 117-135

[o.V. 1995i] o.V.: Kapitalverflechtung mit dem Ausland, Statistische Sonderveröffentlichung Nr. 10 der Deutschen Bundesbank, Mai 1995

[o.V. 1995j] o.V.: Die Filiale der Hausbank steht schon im eigenen Wohnzimmer, in: Frankfurter Allgemeine Zeitung, Nr. 223, 25.09.1995, S. 20

[o.V. 1995k] o.V.: Genossenschaftsinstitute bieten dezentrales „Konto Direkt“ an, in: Handelsblatt, Nr. 222, 16.11.1995, S. 35

[o.V. 1995l] o.V.: Bayerns Sparkassen bieten bald Direktbank-Service, in: Süddeutsche Zeitung, Nr. 251, 31.10/1.11.1995, S. 24

[o.V. 1995m] o.V.: Wie Unternehmer ihre Partner in Europa finden - VR-Kooperationsservice mit der Business-Datenbank, Informationsschrift des Euro-Info-Centers der Volksbanken und Raiffeisenbanken, 1995

[o.V. 1995n] o.V.: How to convert on-line „window shoppers“ to buyers by improving „shopability“ - Will Electronic Commerce Malls continue to attract shoppers once the novelty is gone?, in: http://hummsoft.com/hummsoft/shopping.html, Stand: 11.10.1995

[o.V. 1995o] o.V.: Pressemitteilung der Security First Network Bank, Lexington, 24.05.1995

[o.V. 1995p] o.V.: Europe Online im Überblick, Presseinformation von Europe Online, 1995

[o.V. 1995q] o.V.: Vereinbarung über das deutsche ec-Geldautomatensystem, Auszug aus der Textfassung der von den Spitzenverbänden der Deutschen Kreditwirtschaft geschlossenen Vereinbarung über das deutsche ec-Geldautomatensystem, Bonn und Köln, 1995

[o.V. 1995r] o.V.: Public/Transportation Sector Germany: Self Service im „Non Finance“ Bereich, Präsentationsunterlagen AT&T Global Information Solutions, 1995

[o.V. 1995s] o.V.: Telekomnetze und Dienstleistungen verschmelzen miteinander, in: Frankfurter Allgemeine Zeitung, Nr. 230, 4.10.1995, S. 21

[o.V. 1995t] o.V.: Colt beschert Frankfurt ein weiteres Glasfaser-Stadtnetz - Hochleistungsfähige Kommunikationsverbindungen für Banken und Finanzdienstleister, in: Frankfurter Allgemeine Zeitung, Nr. 264, 14.11.1995, S. 30

[o.V. 1995u] o.V.: Thyssen Telecom will DBKom-Beteiligung, in: Süddeutsche Zeitung, Nr. 268, 21.11.1995, S. 29

[o.V. 1996α] o.V.: Sparkassen steigen bei VEW-Telekom ein, in: Süddeutsche Zeitung, Nr. 22, 27./28.01.1996, S. 26

[o.V. 1996β] o.V.: EDI gibt die Rolle des reinen Vehikels für Geschäftsdaten auf, in: Computerwoche, Nr. 15, 12.04.1996, S. 31-32

[o.V. 1996χ] o.V.: Citibanking durch das Internet, in: Online Direct, Nr. 1, 1996, S. 2

[o.V. 1996δ] o.V.: Die französischen Service-Provider stehen bereits in den Startlöchern, in: Computerzeitung, Nr. 9, 29.02.1996, S. 8

[o.V. 1996ε] o.V.: Banker sind happy mit den Citynetzen - in Frankfurt sind die Preise auf Talfahrt, in: Computerzeitung, Nr. 9, 29.2.1996, S. 2

[o.V. 1996a] o.V.: Monatsbericht der deutschen Bundesbank, Januar 1996

[o.V. 1996b] o.V.: Internet-Geschäft wächst, in: Frankfurter Allgemeine Zeitung, Nr. 27, 1.2.1996, S. 9

[o.V. 1996c] o.V.: Gebremste Fahrt für das Internet - IDC erwartet für 1996 harten Wettbewerb, in: Computer Zeitung, Nr. 1/2, 11.1.1996, S. 5

[o.V. 1996d] o.V.: First European Electronic Cash System Opens for Business on the Internet, Pressemitteilung DigiCash, 13.03.1996

[o.V. 1996e] o.V.: Konkurrenz für T-Online wird stärker, in: Computerwoche, Nr. 29, 19.07.1996, S. 22

[o.V. 1996f] o.V.: Bürgernetz für Bayerns Bürger jetzt eröffnet, in: Computerwoche, Nr. 17, 26.04.1996, S. 27

[o.V. 1996g] o.V.: Genossenschaftsbanken nehmen Kurs aufs WWW - Gemeinsames Netz mit den Sparkassen im Aufbau, in: Computerwoche, Nr. 14, 5.04.1996, S. 1

[o.V. 1996h] o.V.: An zehn Tankstellen wird Electronic-Shopping getestet - Deutsche BP/Vor allem die Chemie sorgt für goldenen Rand, in: Handelsblatt, Nr. 34, 16./17.02.1996, S. 19

[o.V. 1996i] o.V.: Telecommarkt freut sich auf fette Jahre - weiterhin gute Chancen auf Europas Informationstechnik, in: Computerzeitung, Nr. 10, 7.03.1996, S. 1

[o.V. 1996j] o.V.: Preiskrieg in Frankfurt - Pfiffige Firmen nutzen eine Gesetzeslücke und unterlaufen das Monopol der Deutschen Telekom, in: Wirtschaftswoche, Nr. 11, 7.03.1996, S. 78

[o.V. 1996k] o.V.: Kommunen mit großen Plänen, in: Handelsblatt, Nr. 78, 22.04.1996, S. 15

[o.V. 1996l] o.V.: Letzte Meile verhindert den Wettbewerb, in: Computerwoche, Nr. 16, 19.04.1996, S. 23

[o.V. 1996m] o.V.: Für globale Geschäfte wollen Anwender Netze aus einer Hand, in: Computerwoche, Nr. 10, 8.03.1996, S. 39

[o.V. 1996n] o.V.: Netscape will Internet-Standard für Verzeichnisdienste etablieren - bisher Unterstützung von 40 Herstellern, in: Computerwoche, Nr. 19, 10.05.1996, S. 11

[o.V. 1996o] o.V.: Standards sollen Microsoft Internet-Einstieg erschweren - Bündnis von Sun, IBM und Oracle, in: Computerwoche, Nr. 20, 17.05.1996, S. 4

[o.V. 1996p] o.V.: Telekom-Wettbewerber bündeln ihre Kräfte - die Entscheidung über die ersten Plätze wird durch Service und Preis bestimmt, in: Computer Zeitung, Nr. 16, 18.04.1996, S. 17

[o.V. 1996q] o.V.: Mit MFS und Uunet fusionieren Telecom- und Internet-Geschäft, in: Computerwoche, Nr. 19, 10.05.1996, S. 1-2

[o.V. 1996r] o.V.: Die Fusion von Cable & Wireless und BT scheitert an Bündnissen, in: Computerwoche, Nr. 19, 10.05.1996, S. 2

[o.V. 1996s] o.V.: RWE, Viag und BT ziehen gemeinsam gegen die Telecom, in: Computer Zeitung, Nr. 7, 15.02.1996, S. 5

[o.V. 1996t] o.V.: Briten zielen verstärkt auf asiatische Telecommärkte, in: Computer Zeitung, Nr. 21, 23.05.1996, S. 17

[o.V. 1996u] o.V.: Sommer baut Beteiligungen an asiatischen Firmen weiter aus, in: Computer Zeitung, Nr. 22, 30.05.1996, S. 3

[o.V. 1996v] o.V.: Zusammen mit Vebacom und Co. wollen die Stadtväter der Telekom ans Leder, in: Computer Zeitung, Nr. 19, 9.05.1996, S. 10

[o.V. 1996w] o.V.: Bayernwerk und Viag gründen Netkom GmbH, in: Computerwoche, Nr. 8, 23.02.1996, S. 10

[o.V. 1996x] o.V.: TK-Allianz Global One startet trotz ausstehender EU-Freigabe, in: Computerwoche, Nr. 7, 16.02.1996, S. 29

[o.V. 1996y] o.V.: Telekommunikation: Wer nicht kooperiert, verliert, in: Computer Zeitung, Nr. 7, 15.02.1996, S. 21

[o.V. 1996z] o.V.: Die Deutsche Netz AG nimmt erste Formen an, in: Frankfurter Allgemeine Zeitung, Nr. 10, 12.01.1996, S. 18

[O'Keefe 1995] O'Keefe, Bob: It's the business, in: Net, June 1995, S. 34-39

[Obst/Hintner 1993] Obst, Georg; Hintner, Otto: Geld-, Bank- und Börsenwesen, hrsg. von Kloten, Norbert und von Stein, Johann, Stuttgart, 1993

[Picot/Burr 1996] Picot, Arnold; Burr, Wolfgang: Ökonomische Vorteile des Netzwettbewerbs in der Telekommunikation, in: Jahrbuch Telekommunikation und Gesellschaft 1996 - Öffnung der Telekommunikation: Neue Spieler - Neue Regeln, hrsg. von Kubicek, Herbert u.a., Heidelberg, 1996

[Picot/Reichwald 1994] Picot, Arnold; Reichwald, Ralf: Auflösung der Unternehmung? Vom Einfluß der IuK-Technik auf Organisationsstrukturen und Kooperationsformen, in: ZfB, Nr. 5, 1994, S. 547-570

[Picot/Reichwald/Wigand 1996] Picot, Arnold; Reichwald, Ralf; Wigand, Rolf, T.: Die grenzenlose Unternehmung: Information, Organisation und Management, Wiesbaden, 1996

[Porter 1992a] Porter, Michael: Wettbewerbsvorteile: Spitzenleistungen erreichen und behaupten, 3. Auflage, Frankfurt, New York, 1992

[Porter 1992b] Porter, Michael: Wettbewerbsstrategie: Methoden zur Analyse von Branchen und Konkurrenten, 7. Auflage, Frankfurt, New York, 1992

[Pribilla 1996] Pribilla, Peter: Telekommunikation im Management: Strategien für den globalen Wettbewerb, Stuttgart, 1996

[Priewasser 1992] Priewasser, Erich: Bankbetriebslehre, 3. Auflage, München, Wien, 1992

[Priewasser 1994] Priewasser, Erich: Die Priewasser-Prognose - Bankstrategien und Bankmanagement 2009, Frankfurt, 1994

[Rath 1990] Rath, Herbert: Neue Formen der internationalen Unternehmenskooperation: Eine empirische Untersuchung unter besonderer Berücksichtigung ausgesuchter Industriezweige des Ruhrgebiets, Hamburg, 1990

[Rees 1989] Rees, Ray: Uncertainty, Information and Insurance, in: Hey, John D.: Current Issues in microeconomics, Basingstoke, 1989, S. 47-78

[Rodewald 1994] Rodewald, Bernd: Offen für weitere Partner: weltweiter Zahlungsverkehr im genossenschaftlichen Verbund, in: Bank und Markt, Nr. 10, 1994, S. 31-35

[Ropella 1989] Ropella, Wolfgang: Synergie als strategisches Ziel der Unternehmung, Berlin, New York, 1989

[Rüdiger 1996] Rüdiger, Ariane: Provider am Start, in: Business Computing, Nr. 5, 1996, S. 86-87

[Rühli 1994] Rühli, Edwin: Kooperationen, Allianzen und Networking; Unternehmenspolitische Chancen und Risiken, in: Kongreßdokumentation ETH Zürich zum 3. Zürcher Wirtschaftsforum: Kooperationen und strategische Allianzen - Erfolgsfaktoren im wirtschaftlichen Aufschwung, Zürich, 1994

[S.W.I.F.T. 1996a] S.W.I.F.T.: Members/Submembers/Participants Statistics, Presseinformation, Brüssel, 1996

[S.W.I.F.T. 1996b] S.W.I.F.T.: S.W.I.F.T.- Serving the global financial industry - S.W.I.F.T. in the Payment markets, Presseinformation, Brüssel, 1996

[Scherer 1995] Scherer, Norbert: Kooperationsentscheidungen in Forschung und Entwicklung, Frankfurt, 1995

[Scherer 1996] Scherer, Joachim: Benutzung öffentlicher Wege nach der Telekommunikationsreform, in: Jahrbuch Telekommunikation und Gesellschaft 1996 - Öffnung der Telekommunikation: Neue Spieler - Neue Regeln -, hrsg. von Kubicek, Herbert u.a., Heidelberg, 1996, S. 97-100

[Schmalensee/Willig 1989] Schmalensee, Richard; Willig, Robert: Handbook of industrial organization, Amsterdam, 1989

[Schmid 1993] Schmid, Beat: Elektronische Märkte, in: Wirtschaftsinformatik, Nr. 5, 1993, S. 65-480

[Schmid 1995] Schmid, Beat; u.a.: Electronic Mall: Banking und Shopping in globalen Netzen, Stuttgart, 1995

[Schmidt 1996] Schmidt, Helga: Auch in der virtuellen Stadt reichlich Klatsch und Tratsch - kommunales Leben im Internet, in: Computerwoche, Sonderausgabe Cebit aktuell, 15.03.1996, S. 56

[Schneider 1973] Schneider, Dieter: Unternehmungsziele und Unternehmungskooperation, Wiesbaden, 1973

[Schneider 1994] Schneider, Günter: Europäischer Zahlungsverkehr: Herausforderung und Chance für die Postbanken, in: Bank und Markt, Nr. 10, 1994, S. 36-38

[Schnoedt 1994] Schnoedt, Eike: Kooperation im Distributionskanal - eine Analyse interorganisatorischer Kooperationspotentiale und -hemmnisse in der Konsumgüterindustrie, Nürnberg, 1994

[Schröder 1995] Schröder, Gustav: NetCologne - eine Allianz für die Zukunft, in: Betriebswirtschaftliche Blätter, Nr. 3, 1995, S. 109-111

[Schubert 1995] Schubert, Thomas: Strategische Allianzen im internationalen Bankgeschäft, Wiesbaden, 1995

[Schultze-Kimmle 1994] Schultze-Kimmle, Horst-Dieter: Zehn Thesen zur Bank der Zukunft, in: Die Bank, Nr. 2, 1994, S. 76

[Schumann 1987] Schumann, Jochen: Grundzüge der mikroökonomischen Theorie, Heidelberg, 1987

[Siebert 1991] Siebert, Holger: Ökonomische Analyse von Unternehmensnetzwerken, in: Managementforschung 1, hrsg. von Staehle,Wolfgang, H. und Sydow, Jörg, Berlin, New York, 1991, S. 291-311

[Singer 1995] Singer, Jürgen: Das Konzept der Drive-in-Bank, in: Banken und Versicherungen, Nr. 2, 1995, S. 48-49

[Source 1995a] Source: Elektronische Zahlungssysteme in Deutschland, Neuwied, 1995

[Source 1995b] Source: Kreditwirtschaft uneins über „Schattenkonten" bei Elektronischer Geldbörse, in: Source, Nr. 9, 1995, S. 1

[Source 1996a] Source: GZS darf Visa abwickeln, B + S startet Eurocard Processing, in: Source, Nr. 1, 1996, S. 1

[Source 1996b] Source: Sparkassen gründen GZS Konkurrenz, in: Source, Nr. 4, 1996, S. 1

[Stalk/Hout 1992] Stalk, George; Hout, Thomas: Zeitwettbewerb: Schnelligkeit entscheidet auf den Märkten der Zukunft, Frankfurt, New York, 1992

[Staudt 1992] Staudt, Erich et al.: Kooperationshandbuch - ein Leitfaden für die Unternehmenspraxis, Stuttgart, Düsseldorf, 1992

[Stauss 1995] Stauss, Bernd: Qualität ist Chefsache, in: Bank Information, Nr. 5, 1995, S. 11-14

[Steinbach 1993] Steinbach, Christine: Mehrwertdienste: wirtschaftliche, ordnungspolitische und gesellschaftliche Rahmenbedingungen, Bergheim, 1993

[Steinhaus 1995] Steinhaus, Bernhard: Deutschland im europäischen Geldausgabeautomatenverbund, Hammer, 1995

[Stock 1995] Stock, Wolfgang: Europas Weg in die Informationsgesellschaft, in: IFO Schnelldienst, Nr. 6, 1995, S. 15-28

[Stockmann 1996] Stockmann, Carsten: Elektronische Märkte, Studie des Instituts für Bankinformatik, STUDIE/CCM/6022, Regensburg, 1996

[Stracke/Geitner 1992] Stracke, Guido; Geitner, Dirk: Finanzdienstleistungen - Handbuch über den Markt und die Anbieter, Heidelberg, 1992

[Süchting 1990] Süchting, Joachim: Strategische Allianzen in der Kreditwirtschaft, in: Zeitschrift für das gesamte Kreditwesen, Nr. 14, 1990, S. 702-704

[Sydow 1992] Sydow, Jörg: Strategische Netzwerke und Transaktionskosten, in: Managementforschung 2, hrsg. von Staehle, Wolfgang, H. und Conrad, Peter, Berlin, New York, 1992, S. 241-311

[Szyperski/Klein 1993] Szyperski, Norbert; Klein, Stefan: Informationslogistik und virtuelle Organisationen, in: DBW, Nr. 2, 1993, S. 187-208

[Terrahe/Schuck 1993] Terrahe, Jürgen; Schuck, Manfred: Elektronischer Zahlungsverkehr in Deutschland: Entwicklung, Status und Tendenzen, in: Juncker, Klaus; Priewasser, Erich (Hrsg.): Das Firmenkundengeschäft auf dem Weg ins 21. Jahrhundert, Frankfurt, 1993, S. 427-457

[Tierling/Lackerbauer 1996] Tierling, Eric; Lackerbauer, Ingo: Der eigene WWW-Server muß nicht der beste sein, in: Computerwoche, Nr. 5, 2.02.1996, S. 45-46

[Turiaux 1993] Turiaux, Josef: Wieviel Selbstbedienung in der Geschäftsstelle?, in: Bank und Markt, Nr. 9, 1993, S. 7-16

[Türke/Dortschy 1995] Türke, Peter; Dortschy, Jochen: Der Zahlungsverkehr mit dem Ausland, Stuttgart, 1995

[Visa 1996a] Visa: Visa und Mastercard einigen sich auf gemeinsamen Sicherheitsstandard für Kartenzahlungen im Internet, Pressemitteilung Visa, 2.02.1996

[Visa 1996b] Visa: What is SET? in: http://www.visa.com, Stand: 27.03.1996

[Vizjak 1990] Vizjak, Andrej: Wachstumspotentiale durch strategische Partnerschaften - Bausteine einer Theorie der externen Synergie, München, 1990

[Volksbank-Raiffeisenbank Landshut 1996] Volksbank-Raiffeisenbank Landshut: Konto Direkt - die neue Art der Bankverbindung, Verkaufsbroschüre, Landshut, 1996

[Walkhoff 1995] Walkhoff, Henner: Die Barrieren fallen in Europa zusehends, in: Betriebswirtschaftliche Blätter, Nr. 5, 1995, S. 234-236

[Weiber 1992] Weiber, Rolf: Diffusion von Telekommunikation: Problem der kritischen Masse, Wiesbaden, 1992

[Weinkopf 1994] Weinkopf, Marcus: Regulierung und Markteintrittsliberalisierung im US-amerikanischen Telekommunikationsbereich, Wissenschaftliches Institut für Kommunikationsdienste, Bericht Nr. 132, Bad Honnef, 1994

[Weishaupt 1996] Weishaupt, Georg: Vebacom will für Alternative zum Tarifwirrwarr der Telekom sorgen, in: Handelsblatt, Nr. 80, 24.04.1996, S. 21

[Wieland 1995] Wieland, Bernhard: Telekommunikation und vertikale Integration - das Beispiel des Bankwesens, Köln, 1995

[Williamson 1975] Williamson, Oliver E.: Markets and Hierachies: Analysis and Antitrust Implications, New York, 1975

[Wittenberg 1994] Wittenberg, Jörg: Das Kreditkartengeschäft deutscher Banken, Dissertation, Hammer, 1994

[Wöhe 1990] Wöhe, Günter: Einführung in die Allgemeine Betriebswirtschaftslehre, 17. Auflage, München, 1990

[Wolf 1995] Wolf, Guido: Qualitätsfaktor Personal, in: Bank Information, Nr. 5, 1995, S. 16-18

[Wölfing 1995] Wölfing, Dirk: EDIFACT im Zahlungsverkehr am Start, in: Geldinstitute, Nr. 9, 1995, S. 42-46

[Wurche 1994] Wurche, Sven: Strategische Kooperation: theoretische Grundlagen und praktische Erfahrungen am Beispiel mittelständischer Pharmaunternehmen, Wiesbaden, 1994

[Zimmermann 1995] Zimmermann, Hans-Dieter: Online-Dienste: Stand und aktuelle Entwicklungen, in: Schmid, Beat, u.a.: Electronic Mall: Banking und Shopping in globalen Netzen, Stuttgart, 1995, S. 315-339

[ZKA 1995] ZKA: HBCI - Homebanking Computer Interface, Entwurf für den Zentralen Kreditausschuß, Bonn, 1995

Experteninterviews

Im folgenden sind ausschließlich persönliche Interviews aufgeführt. Telefonisch erhaltene Informationen sind in den jeweiligen Fußnoten nachvollziehbar.

Herr Blauw, Qbos, Karl-Matell-Straße 60, 90431 Nürnberg, am 23.02.1996.

Dr. Jörg B. Kühnapfel, Communication Network International, Kölner Str. 12, 65760 Eschborn, am 2.03.1995.

Herr Moritz, Herr Maus, Stadtsparkasse Köln, Aachener Straße 1044, 50858 Köln, am 22.03.1995.

Herr Nebel, BB-Data, Brunnenstraße 111, 13355 Berlin, am 12.01.1996.

Herr Ennio Pasqualini, AT&T Global Information Solutions, CH-8301 Glattzentrum, am 30.10.1995.

GPSR Compliance

The European Union's (EU) General Product Safety Regulation (GPSR) is a set of rules that requires consumer products to be safe and our obligations to ensure this.

If you have any concerns about our products, you can contact us on ProductSafety@springernature.com

In case Publisher is established outside the EU, the EU authorized representative is:

Springer Nature Customer Service Center GmbH
Europaplatz 3
69115 Heidelberg, Germany

Batch number: 10815974

Printed by Printforce, the Netherlands